教育と歴史、あるいはその認識と記述

片桐芳雄

世織書房

教育と歴史、あるいはその認識と記述*目次

第Ⅲ部＊日本型教育論の可能性

教育と歴史、あるいはその認識と記述

新しい教育史認識の創造へ

1　教育史研究の「動向」

一九九二年、私は、教育史学会の機関誌『日本の教育史学』に「日本教育史の研究動向」の執筆を依頼され、その末尾に、次のように書いた(1)。

以上まことに大ざっぱな概観となったが、実に膨大な量の研究がなされ、しかも研究分野にも盛衰のあることをあらためて実感する。膨大な研究・未開の分野の開拓から私たちは多くのことを学ぶことができる。しかしそのことによって私たちの教育史認識はどのように変わったのであろうか。新史料の発掘だけではなく、すでに発掘された史料や事実の再解釈や再構成を通して新しい教育史認識を創造する作業もまた、同時に進められなくてはなるまい。もはや「若手」とは呼べなくなった世代にこそ、その仕事はふさわしいのではあるまいか。

この「動向」を書くために私が眼を通したのは、当年一九九二年に刊行された著書四五冊、論文二六三編。作業を終えての率直な感想が、右の通りであったというわけである。

未開分野の開拓に励む研究の繁栄と、その成果の再構成によって得られるはずの教育史認識創造の作業の貧困、という指摘は、既に佐藤秀夫によって繰り返しなされていたところでもあった。たとえば佐藤秀夫は一九七七年の教育史学会シンポジウムの発言の中で、「端的にいえば、個別的あるいは部分的な研究への『安住』が進むあまりに、教育の歴史構造への全体的な認識をつくろうとする志向が弱化もしくは衰微してはいないか」と述べている(2)。私の認識も、佐藤のそれの延長線上にあった。

非力ではあるが、非力であろうとも、あるいは、そのようなことを度外にして、教育史認識創造の作業をせねばならない。右の一文は、「もはや『若手』とは呼べなくなった世代」の一人としての私自身の決意表明でもあった。

これに対して現在、「もはや『若手』とは呼べなくなった世代」の一人と言うべき米田俊彦が、日本教育学会の機関誌『教育学研究』に「一九九〇年代以降の教育史研究の諸動向と『風景』」と題する文章を書いている。この中で米田は、「総じて言えば、教育史研究の射程は一方で広がりを見せ、一方で細分化してきたと言ってよいだろう」(3)と述べる。つまりは、一〇年前に私が、さらにはおよそ三〇年前(!)

に佐藤秀夫が指摘した状況が継続している、と言うことである。三〇年の時を隔てて、三者の、その時々の教育史研究に対する現状認識は一致しているのである。たしかに「新田開発」（佐藤秀夫の使った表現）は、研究発展の、一つの、必然的な趨勢であるから、これはある意味で当然であるのかもしれない。そもそも研究とは、一方で「新田開発」され（射程は広がりを見せ）、他方で細分化され、一層精緻化されて発展するものであろうから。

しかしながらこのような状況をどう見るかという点になると、米田の認識は、佐藤秀夫や私とは違う。米田は、「教育史研究が教育学研究に対する位置づけをもつことは大切であるにしても、細分化され、内容的にも先鋭化してきた教育史の個別研究が、教育学研究という大きな土俵で他のさまざまな領域の個別研究とともに直接に『教育学』という像を結ぶことはもはや困難なのではないか」（傍点—引用者）(4)と述べるのである。私や佐藤が、「新田開発」の繁栄に対比して教育史認識創造への志向の貧困（「弱化」や「衰微」）に危機感を抱いたのに対して、米田の場合は、それを危機ととらえるというよりも、教育史認識の創造——それは当然にも「教育学」との緊張関係の中でなされるべきものである——を、もはや「困難」なこととして放棄しているかに見える。

2　教育史研究と「時代」

研究対象が、一方で「新田開発」され、他方で細分化・精緻化されるのは研究発展の必然である、と述べた。しかし、さらに問われるべきは、その「必然の動向」の内実である。冒頭の引用した一文で言えば、研究対象（分野）の「盛衰」の内実である。

一九九二年の研究動向の中で、新しい、あるいは盛んな動きとして私が見たものは、近世における出産・育児・親子関係史、女子教育史、植民地教育などと連動した教育の対外侵略史、大学史編纂を契機とする高等教育史、教育学説史、初等教育の教育実践史、戦時下教育史などであり、衰微していると見たのは、教育行財政・制度史や教員養成史などであった。もとより、単年度を対象とした動向把握であるから限られたものではあるが、私の見るところ、新しく、かつ盛んになりつつある動向の中には、いわゆる社会史的な方法の影響を受け、教育の意図や理念よりも、その機能に着目したものが少なくなかった。

すなわち、研究対象の盛衰は、その研究に従事する者がどの程度自覚するか否かはともかく、明らかに時代を反映している。より正確に言えば、研究対象の盛衰とは、前述のように「時代」を反映した新しい課題に取り組むか、あるいは、「時代」とは無関係に単に「研究の論理」（と呼ぶとすれば）で既存の枠組みの中でその細分化・精緻化を図るか、あるいは、ある程度の人々によって始められ、まったく未開というほどでもない「新しい」対象をただそれだけの理由で取り上げるか、といった動向の集積なのである。

つまり、日本教育史研究の状況は、単に「研究発展の必然の趨勢」によってだけではなく、これも当然のことであるが、「時代」の影響も受けている。しかしこのことが、どの程度自覚されているだろうか。

「時代」の影響は、研究内的なものと研究外的なものに分けることができる。研究外的なものとは、当該研究分野が置かれた制度的条件とも言い換えることができる。研究の外にいる人にとっては、少々想像しにくい、あるいは〝世知辛い〟ことと思われるかも知れないが、研究が、さまざまな制度的条件によって規定されるということは、案外、当事者にとっては無視できない、また切実なことである。第3章で取り上げた吉田熊次が、制度に規定された「宿命」を背負わされていたなどと論じられるのが、その典型的な姿だと言えよう。

1　教育史研究をめぐる制度的条件

教育史を専門とする研究者のほとんどが大学に職を持ち、あるいは職を持つことをめざして研究している。大学以外の一般企業、それが教育関係の企業であったとしても、そこに職を持つ教育史研究者はほとんど皆無であろうし、教育関係の研究機関においても、文部科学省の国立教育政策研究所（旧・国立教育研究所）などを例外として教育史のポストを置く所はほとんどない。地方自治体の教育センター等研究機関でも、当該自治体の教育史編纂などの事業が行なわれる場合に専任の教育史研究者が置かれることが皆無ではないが、一般的ではない。一般の歴史研究者であれば、高校や中学校の歴史あるいは社会科担当の教師という大きな職場があるが、教育という特定分野の歴史を研究している教育史研究者の場合、このような職を得ながら研究している者はあまり多いとは言えない。

したがって教育史研究者にとって、大学がその専門的知見を活かせる唯一の職場ということになるのであるが、これにもいくつかのタイプがある。まず教育学科や教育学専攻など固有の所属学生を持つ場合と、教職課程センターなど固有の所属学生を持たずにもっぱら教職科目を担当する場合の二つに大別できる。

もちろん前者の場合も所属以外の学生を対象とした教職科目を担当する場合があり、場合によってはこの機能のほうが主になっていることもあるし、逆に後者の場合でも教職課程を副専攻のようにしている場合には半ば固有の所属学生がいるのと同様の機能を果たしている場合もある。つまりは、右のように大別できない中間的な形態もあるということではあるが、総じて言えば、前者の大学の場合には教育学のスタッフを多く抱えることになるので、教育史が固有の「指定席」を持っている場合が多い。それに対して後者の場合に「指定席」があるのは稀であろう。そして前者の場合もその「指定席」は安泰ではない。

教育学科や教育学専攻など固有の所属学生を持つ大学の場合も、さらに二つのタイプに分けることができる。研究者養成を主たる目的として大学院に重点化している場合と教員養成を含む学部教育に力点がある場合である。前者の場合、研究者養成という目的もあって専門性が重視されるから、教育史という専門分野もまたとりあえず安泰であるように見える。その専門分野が確立しているか否かを計る指標は当該の専門学会の確立の度合いによって示されようが、教育史学会は、ともあれ教育学界の中で歴史と伝統のある有力学会としての地位を保持している。しかし、これも安心はならない。大学院に重点化している大学（旧帝国大学や旧高等師範学校を前身として持つ）においても、以前のような各専門分野ごとの講座制が解体され大講座制に移行しているからである。しかも、ただそこに史料があるから調べました、といった態の、現在の教育現実と切り結ばない、いわゆる実証主義的な研究（後章参照）は、他分野の歴史的研究に取って代わられる可能性さえある。「競争的環境」に置かれた大学の中で、各専門分野もまた互いに安泰ではないのである。

学部教育に力点が置かれている場合、一層その「指定席」は不安定である。教員養成を主たる目的としている場合、教師としての実践的能力の育成という圧力が、教員を採用する側（現場）と教員を志望する学生との双方から強まっている。「役に立たない」教育史は、この双方の圧力に挟撃されている。

以上要するに、大学における教育史研究者のポストは狭まっているのである。おまけに、この狭まりつつある教育史のポストを日本・東洋・西洋の各教育史研究者が競合する。この競合でも西洋に比べて日本教育史研究は不利である。西洋教育史研究者は、教育哲学分野の研究者たることができるが、日本教育史の場合、いわゆる実証主義的な研究を重ねるだけでは、それを兼ねることは難しい。

このような事態を知る者にとっては、米田俊彦が、先の文章の中で教育史認識創造の「困難」の背景として、「一方、現在の大学院では、（教育史研究の―引用者）教育学研究に対する位置づけを明確にする、あるいは課題意識をはっきりさせる、といった手続きはあまり重視されなくなったのではないだろうか」と述べ、さらにこれが「院生たちが、そして場合によっては院生を指導する教員たちが、院生の研究を形にすることを急がされ、学位論文までの最短直線コースを歩かされている（走らされている）ことの結果でもあるだろう」[5]と述べていることの意味が、よく理解できる。縮小するパイをめぐる争奪のためには、米田の言う「最短直線コース」に向かわざるを得ない。これが、その争奪戦に参加する必要条件となるからである。

そしてこれが、院生の「（研究）生活」のためであるだけではなく、前述のような「競争的環境」下の大学において、指導する教員の側（あるいは教員が属する組織や部局）の評価にもつながるのであるから、事態はより深刻であると言える。「競争的環境」に放り込まれた大学が演じなければならない悲劇であり喜劇である。

しかしこのような対応は、同じく、院生を指導する立場にある私も、事情が分からぬではないが、あまりに即自的な、あるいは抜け駆け的な対応だと言うべきである。このような対応がもたらすものは、既存の教育史研究の安易な再生産であり、結果において、教育史研究の縮小と荒廃を招くことになるであろう。教育史研究がもはや「時代」に対応できないのであるなら、これもやむをえない。しかし、教育の現実は、その歴史的研究を必要とし、ますます教育史研究が果たさねばならない役割は大きくなっている。右のような研究態度は、このような教育史研究の現代的要請に逆行するものである。

2　教育史研究と「時代」の変化

教育史研究が、本質的に、受けなければならない「時代」の影響とは、以上のようないささか〝世知辛い〟制度的な条件ではなく、「時代」の変化に対応して、「時代」をよりよくとらえるためのものでなければならない。言うまでもなく、過去を知るための歴史研究とは、現代、そして未来の時代の意味をとらえるための方法的営為であるから、その方法や内容もまた時代の変化に応じて変らざるを得ないのは当然である。このような「時代」の影響こそ、研究にとって、本質的であり、研究内的なものである。

教育史研究を取り巻く時代状況は、どのように変化しているのだろうか。私は、一九九三年の教育史学会第三七回大会のシンポジウム（テーマは「教育史教育と研究のあり方をめぐって」）の報告において、それに先立つ約二〇年間の教育と教育学を取り巻く状況の変化について、大要、次のように述べたことがある(6)。

① 経済大国化と日本「会社主義」(馬場宏二)は学歴獲得競争を一層激化させるとともに、反面において高校中退者の増加に見られるように、この競争からのドロップ・アウト者を増加させた。このような学校観の二極分化は、学校内部における競争主義と管理主義の激化を共に現出した。学校は「繁栄」すると共に「荒廃」し、不登校、いじめ等の教育病理を発生させた。

② 「生涯学習社会」論に端的に表れているように、学校教育の相対化が進行し学校外教育への関心が高まった。「教師のための教育学」から「教育者のための教育学」への主張が登場し、教育史研究においても学校外教育を取り上げるものが増加した。

③ 東欧社会主義の崩壊と国内の「革新勢力」の衰退は、教育分野では日教組の変容と国民教育研究所の解体に象徴される。日教組運動を支え、また逆にそれによって支えられていた戦後教育学は行きづまり、教育史の分野では制度史研究や運動史研究が後退し、他方「社会史的な」研究が増加した。「権力」(国家)対「反権力」(国民)という構図では読み解けない問題への関心が高まり、女子教育史、産育史、教育「関係」史、家族教育史等が盛んになった。

④ 前項とも関連するが「政治」への関心が減少し「生活」への関心が増加した。「自分流」を求める生活スタイル、個別・具体的指向、「普遍」や「一般」への懐疑が進行し、「大きな物語」が崩壊した。

しかし既存の枠組みへの懐疑は同時に新しい枠組みへの渇望を生んでいる。教育史研究における教育社会学からのアプローチは、このような状況の中である種の新鮮さを与えている。

⑤　国際社会における日本の地位向上、国内への外国人労働者の大量流入及びその子どもたちの就学、さらに大学に勤務する者にとってより直接的には留学生の増加、といった事態に象徴されるいわゆる「国際化」の進行は、日本社会を相対化する視点を生み、日本教育もまたそのような視点からその特質を明らかにする必要を促した。

この報告から一五年余を経た今日、このような変化は一層明らかである。二〇〇二年実施の学習指導要領をめぐるいわゆる学力低下論争も、①に記した学校観の二極分化をめぐって生起した問題であろう。さらには、IT革命と称される情報技術の急速な発達が変化をさらに加速させている、と言えるだろう。パソコンはもとより、インターネットによる情報取得・交換や電子メールの使用は、もはや日常のものになった。情報は個人化し、他方世界化している。教育現場や子どもの世界にまで広がったこの状況が、さまざまな問題を生み出している。

9・11同時テロを契機とするアメリカのアフガニスタンとイラクへの侵攻や、日本国内的には朝鮮民主主義人民共和国をめぐる拉致問題などを契機とするナショナリズムの高揚も、「国家」の枠組みの強固さを示す事態であると同時に、「国家」の枠組みではとらえられない新たな動きを示すものでもあるであろう。このような事態の中で、政治のみならず教育をめぐる状況は、明らかに、「近代」の枠組みではとらえられないものとなっているのではないだろうか。近代を引き継ぎながら、近代とは異なる新たな状況が生み出されているとすれば、歴史研究の知見によって、そのような新たな事態は、少なくとも「説明」されなければならないだろう。教育の歴史的研究は、米田の言う「最短直線コース」を走っていてはならない。そのような教育史研究では、この変化を説明することはできない。若い研究者が「最短直線コース」を走らなければならない現実的要請があるにしても、そこを走りながら、あるいは、そのコースをはずれたところで、新たな教育史研究が模索されねばならないのである。

それでは、どのようにすればよいのか。はっきりしているのは、冒頭の引用にもあるように、ある意味で「最短直線コース」を走らざるを得ない若い研究者の知見をも活用しながら、それを再解釈し再構成することによって得られる新しい教育史認識の創造が、より自覚的、より積極的に行なわれなければならないということである。この営為を通して、教育史研究の個別研究が教育学研究の中に意味づけられ、また逆に、教育学研究に意味のある、教育史の個別研究の対象が選択されることになるであろう。

3　本書の内容

本書は、このような状況に対する、すなわち冒頭の引用で示した決意表明の、私なりの実践の過程を示したものである。その時々の課題に突き動かされながら書いた文章を集めたものであるので、当初から体系化を意図したものではないが、これらの文章を三部に構成してみた。なお、一書としての体裁を整えるために、必要最少限の修正を行なっている。

第一部は主として教育史の方法に関するものである。

第1章は、森田尚人、藤田英典、黒崎勲、佐藤学の四人とともに創刊した『教育学年報』（世織書房）の第一号のために書いたものである。第一号特集のテーマは「教育研究の現在」であった。文字通り、「教育研究の現在」に批判的に対峙する編者共通の姿勢のもとに、教育史研究のあり方を論じたのであった。これに対しては寺﨑昌男の「失望」を招いてしまったのは遺憾であった(7)。表現に気負いがあって、いま読むと気恥ずかしいところもあるが、書いた内容は今でも至当なものであったと思っている(8)。

第2章は、近代教育思想史研究会（現・教育思想史学会）第四回大会の同名のフォーラムでの報告をもとにしたものであるが、第三節は削除した。このフォーラムは同研究会が初めて日本近代を正面から扱ったものであった。この報告には、石井正司、山内芳文、河原国男がコメント論文を寄せている(9)。

第3章は、教育史学会第四二回大会シンポジウム「教育学への教育史研究の貢献――教育学説史の再検討――」の報告に大幅な加筆をしたものである。当日の、他の報告者は牧野篤（「中国近代教育史における『近代化』」）と山﨑高哉（「教育学への教育史研究の貢献」）であった。

第4章は、『教育学年報』第八号の特集「子ども問題」に向けて書いたものである。

補論は『教育学年報』第七号に書評として書いたものだが、内容が関連するのでここに入れることにした。

これらの文章の中で、私は、それぞれの課題に即しながら、日本教育史研究が自覚的に用いるべき方法として、官庁史料を主とし民間史料を雑史料と呼ぶような史料の序列化の再検討とともに、文書史料以外の、聞き取りの方法の検討、近代以降であれば統計資料の活用、他地域との比較による相対化の視点、言説研究などの意義について論じた。研究方法論として、依然として断片的であるが、教育史研究は、このような新しい方法にもっと果敢に挑戦すべきだと考える。

第二部には現代の教育課題を解く手掛かりを得るために、近代日本の教育の歴史的意味を問うた文章を集めた。これらの多くは、『教育学年報』の特集のテーマに即して書かれたものであるが、同時に、近代日本教育史を再構成する視点を示したものでもある。

各章に対応する『教育学年報』の特集テーマはそれぞれ、第5章「学校＝規範と文化」、第6章「教育のなかの政治」、第8章「個性という幻想」、第9章「教育と市場」であり、また第7章は、中内敏夫編集の叢書〈産む・育てる・教える—匿名の教育史〉の第5巻「社会規範—タブーと褒章」のために書いた。

これらの文章は、文字通り試論（*essai*）と呼ぶにふさわしいものである。もとよりもっとほかの視点も提起されるべきであろうが、このような、現代と切り結ぶフレッシュな視点から、より広く深く日本の近代教育史が論じられねばならないだろう。私自身もこれらの試論を、あらためて、より本格的なものとして論ずる機会を是非持ちたいものだと思っている。特に第8章には鵜殿篤の批判があり（「『教育的』及び『個性』——教育用語としての成立」東京大学大学院教育学研究科教育学研究室『研究室紀要』第二七号、二〇〇一年六月）、第9章に関しては、その後井田進也らによって『福澤諭吉全集』収録の『時事新報』論説が果たして福澤自身のものかどうかについての疑問が出されている（「福澤諭吉『時事新報』論説の真贋」『図書』五六四、一九九六年六月)。これらの成果をも取り入れながら、再論される必要がある(10)。

以上のような模索の中から、私は、日本教育史研究は、日本教育の歴史的特質をより自覚的、積極的に明らかにすべきではないかと考えるようになった。第三部の論文は、そのような関心のもとで書かれたものである。

第10章は、教育思想史学会第一〇回大会のフォーラム「読み書きの思想史」における森田伸子の報告「近代教育と読み書き思想」に対するコメント論文として書き、また第11章は、日本教育学会機関誌『教育学研究』の特集「公教育とリテラシー」のために、編集委員会の求めに応じて書いたものである。これらの文章を書く中で私は、教育を、文字やことば、読み書きといったより広い文化の中で考えることの必要にあらためて思い至るとともに、「日本」を、より広い地理的空間とより長い歴史的時間の中で考えることの重要性について、あらためて考えさせられたのである。

最後の第12章は、『教育学年報』編集委員の交代を前にした第一〇号の特集「教育学の最前線」のために書いたものであるが、この論文で私は、あえて「日本型教育論」という表現を使った。もとより、「日本型教育論」といった言辞は安易に使われるべきではない。あえて私が、この語を括弧で括るのはそのためである。この語を使うためには、戦時下に溢れかえった「日本教育論」の、丁寧な総括がなされなければならない。その作業は必要であり、かつ私はそれを怠っていること、そのことを私は十分自覚したうえで、この文章を書いた。

第Ⅰ部　教育史研究の方法

1章

教育史研究論ノート

1　はじめに——教育史研究の状況

一九九〇年の一〇月に開かれた教育史学会のコロキウムの一つに「外国教育史研究の存在理由」というのがあった。私はここで〈日本教育史の立場から〉報告を求められたのだが、言うまでもなく、「存在理由」を問われているのは外国教育史のみではない。日本教育史も同様である。

このコロキウムのオルガナイザーとして、西洋教育史の立場から報告した立正大学の岩本俊郎は、存在理由が問われねばならない直接的な問題状況として、教育職員免許法の改正によって「西洋教育史」の講義が削られることや、自らの講義体験から、現実主義的な最近の学生の外国教育史への関心が薄いことをあげていたが、このようなことは、何も外国教育史に限ったことではない。教育学の各分野だけではなく、大学教育全体に共通することである。

ただ、私の漠然とした印象では、最近の教育史学会での発表数を見ていて、たしかに外国教育史、特に西洋教育史の発表数が少なくなっているのではないかという気がする。このことを確かめるために、私の手元にある過去一五年間の教育史学会のプログラムで当たって見ると、おおよそ次のようなことが言える。①教育史学会全体の発表数が特に八〇年ごろから増加している。②なかでも特に日本教育史の急増ぶりが目立つ。③東洋教育史も増加の傾向にある。④それに対して西洋教育史は年による変動があるものの横ばいかむしろ漸減傾向にある。

前記のコロキウムの開催に当たってのプログラムのコメントに、「明治以来、外国教育史研究は、欧米教育史研究を意味していた。『脱亜入欧』『追いつき、追い越せ』の国策に緊縛されてきた」と、ある。今日に至るまで、このような意味で「国策に緊縛されてきた」か否かはともかくとして、日本の教育の歪みや問題の解決のために、他国をモデルにしようとする傾向があることは否定できない。自前の解決策を作るよりも、他のフリを見て自らのフリを直すことを、われわれは得意とするからである。このようなモデル探しが外国教育史研究の「存在理由」であったとするなら、今日、むしろ逆に、当のイギリスやアメリカが日本をモデルに教育改革を図ろうという状況まで生まれてきているのだから、「『追いつき、追い越せ』の国策に緊縛されてきた」外国教育史研究がその動機《モチベイション》を失い衰退してくるのは当然ということになる。

しかしひるがえって八〇年代に入ってからの日本教育史の、少なくとも教育史学会の発表数の増加に見られるような盛行は、そのまま日本教育史研究の盛行として喜ぶべきであろうか。十分調べたわけではないけれども、おそらく、このような発表数の増加を支えているのは、若い世代の発表数の増加であろう。これが、「研究」といえば、外国の（この場合欧米の）文献を読むことといった後進国的コンプレックスから、若い世代が解放されてきたことを意味するとすれば、そのこと自体喜ぶべきことではある。しかし、佐藤秀夫が学会での日本教育史の発表について、若手の「気楽な」発表が多すぎると批判したのは一九七九年の「動向」欄であった(1)。そのような傾向はこの年だけの特異な現象とは思えない。前述のように八〇年代からの日本教育史分野における発表数の急増はこのような傾向がますます一般化したことによるとするなら、これは、喜ぶよりも、むしろ憂うべきことだということになる。

とくに近年における社会史研究の影響は、脱イデオロギーの風潮と相乗して、従来ならば一顧だにしなかった卑近な事象を研究対象にすえる傾向を醸成することになった。たしかに社会史研究の影響で研究対象は広がった。しかし、方法に無自覚な、ムードに乗ったものがあるとすれば、一層「気楽な」研究を多くしているということにならないだろうか。九〇年の教育史学会でのいわゆる若手の研究には、一方で社会史の方法的自覚にたった注目すべきものが現れたことによって、逆に、一層その傾向を際立たせたように、私は思う。

このようにして、問われているのは「外国教育史研究の存在理由」だけではない。問われるべきは、日本教育史研究を含む教育史研究そのものの存在理由である。

もっとも、一九八六年の教育史学会の「今後の教育史学への提言」というシンポジウムにおいて、麻生誠が、教育社会学の立場から次のように言っている。

「教育社会学の研究者として、私は、日本の教育史研究の成果を高く評価するとともに、それに非常に恩義を感じております。一つは、教育学研究の中で、もっとも安定した着実な研究をしていることです。例えば、教育学研究の領域の中で、学士院賞を受賞したのは、教育史研究のみです」云々(2)。

もちろんこれは、お招きいただいた教育史学会への御挨拶といったものであるが、同様の言辞を当の教育史学会を代表する立場にある人物から聞いたことがある。もちろんこれも大会後の懇親会かなんかの席であって、座の雰囲気を盛りあげるための景気づけであったのだが、学士院賞受賞などということで喜んではいられないことは言うまでもないのである。

学士院賞といえば二つとも日本教育史の分野である。さきの麻生の発言にこだわれば、この分野こそ、教育史研究の中で、「もっとも安定した着実な研究をしている」ということになるであろうか。そういえば、教育史学会のシンポジウムの中で、「なぜ外国教育史を研究するか」というテーマが設定されたり(一九七五年)、今回のように「外国教育史の存在理由」が問われたことはあっても、日本教育史について同様のことが行なわれたことはない。これが「もっとも安定した着実な研究をしている」アカシであるとするなら、まことにめでたい。しかし、どうもそうとは思えないのは、日本教育史を専攻している私の、思い過ごしなのであろうか。

2 教育社会学の場合

これに対して私はむしろ、麻生誠が所属する日本教育社会学会の機関誌『教育社会学研究』の第四七集のほうを大変興味深く拝見した。「教育社会学の批判的検討」という特集のもとに、その中を「教育社会学の視座」「教育社会学の方法」「教育社会学の反省と課題」の三つに分け、「視座」と「方法」を主として三〇代の「若手」が、「反省と課題」を、門外漢の私でも知っている「高名な」五〇代半ば過ぎの人達が、自らの研究生活の道程を振り返りつつ書いている。

行論の関係で言うと、「高名な」一人、天野郁夫の「辺境性と境界人性」という一文が、教育社会学研究の置かれている位置（と天野が考えるところ）を、きわめて率直に述べていて、とりわけ興味深かった。

天野によれば、「教育社会学は『辺境』に位置する学問であり、教育社会学の研究者は『境界人』である」(3)。なぜなら、教育社会学は、社会学から見ても、教育学から見ても、その中心からもっとも遠く、組織的にも、教育学部の中で、教育社会学の講座や学科目は周辺的な位置にあり、また何よりも日本の社会学自体が、理論的にも方法的にも、欧米の借り物に大きく依存している。この意味で教育社会学は二重にも、三重にも辺境性を約束されているというのであるが、最終的には次のように言うのである。

「あえて教育社会学の辺境性、その研究者の境界人性にこだわるのは、それが可能性としてもつ自由さと『革新』性のゆえである」(4)。

そしてさらに、この特集の意義に言及して次のように言う。

「戦後四〇年をへて、いまだに学問としての性格を問い、『批判的検討』を加えようとする教育社会学の『青臭さ』は、そうした辺境性、境界人性の健在ぶりを証明するものとみたい。その『青臭さ』が失われるのは、教育社会学とその研究者たちが、辺境性、境界人性をのりこえて、教育研究の『中心』として、真にエスタブリッシュされた地位を獲得するときなのか、それともまったく逆に、学問としての自立性を失ってしまったときなのか」(5)。

なるほど、教育史学会だって「教育史研究の批判的検討」といった趣旨の、「青臭い」テーマでシンポジウムを開いたことは幾度か、あるにはある。とくに、かの大学闘争によってあらゆる研究のレゾンデートルが問われた時期、「教育史学とは何か――教育史学と教育学との関連について――」(一九六九年)、「教育史学とは何か」(一九七〇年)、「戦後における日本教育史研究の成果と課題」(一九七一年)といったテーマのシンポジウムが開かれたのであった。

しかし、例えば、教育社会学会の機関誌が「教育社会学の批判的検討」を特集するようなことを、教育史学会はその機関誌でやったことがあっただろうか。

もちろん、機関誌の性格が違う、と言われるかもしれない。なるほど一九八九年から始まった教育史学会の機関誌『日本の教育史学』の新編集方式は、学閥支配を廃し公平に、をモットーに二重、三重に規定され、「審査手続」などは当該会員でも、複雑すぎて、一度読んだぐらいでは分からないような厳重なチェックが施されている。しかし、要は年次大会で口頭発表した者が投稿すれば掲載される(ただし現状では日本教育史分野の場合、掲載数は投稿数の約三分の一から四分の一という狭き門）というものである。

このような教育史学会の、「公平」な編集方式になじんでいる者からすると、『教育社会学研究』第四七集の当誌編集委員会委員長の執筆にかかる「編集後記」の次のような一節に驚かされる。

「投稿論文は一三本とかなり多かったが、三本のみの採択ということになった。採択率が低かったのは、問題提起に終始している論文が多かったことや、研究のオリジナリティ（オリジナルな概念的考察、事象の解明、仮説の検証など）と論証・実証の確かさという点で説得力のある論文が少なかったことによると思われる」(6)。

このうえで『教育社会学研究』は、前記の特集のため編集委員会が依頼したとみられる論稿一一編を掲載しているのである。

「隣の芝生はよく見える」のかもしれない。しかし私は、ここによくも悪くも、天野の言う「辺境性と境界人性」に居直った、「革新」性への希求を見るのである。

3　日本教育史研究と「理論ぎらい」

これに対して教育史学会（界）の方はどうか。ここでは、とくに、現在、日本教育史研究の分野で主導的な役割を果している寺﨑昌男と佐藤秀夫に御登場願わねばならない。

寺﨑の教育史研究への考え方を検討するのであるならば、まずは当然『講座・日本教育史』第五巻（第一法規、一九八四年）巻頭の〈研究動向と問題点〉「総説・学界の動向」などを取り上げるべきであるが、その前に、いささか旧稿に属するが、東京大学教育学部教育史・教育哲学研究室『研究室紀要』第六号の「教育史研究についての二、三の断想」という一文を取り上げよう。

この文章は、自身の属する研究室の紀要に、「主に大学院生の人を〝読者〟と考える気持ちで」、つまりはかなり気楽な気持ちで、「ここ数年間日本教育史研究について考えてきたことの断片を、ノート風に」(7)書いたものである。

この中で寺崎は、当然にも「この数年、日本教育史にかぎらず、教育史全般についてのあり方がひろく問われてきていること」(8)を問題にする。そして「教育史学とは何か」という、自ら司会をつとめた七〇年のシンポジウムにおいて、個別分野の研究を歴史研究の方法で行なってきた研究者たちが、「切実な課題意識に動かされて現実問題へのとりくみを深め、その深まりの過程の中で個別領域への史的研究を進め、その地点から先行のいわゆる教育史学への批判を行い、教育史学と教育研究・教育学とのかかわりを問題にするというシンポジウムの進み行きの中で、私などは大いにショックをうけたものです」(9)（傍点―原文）と述べている。

つまりは教育史研究の現状に大いなる危機感を抱いているのである。

しかし、その寺崎にしてからが、この文章の最後の部分で、「若干の教師らしい（?）感想を記してみましょう」という段になると、「史哲研究室の〝室風〟といえる〝理論志向〟の雰囲気」をたしなめて、「とくに歴史研究においては、理論志向とあいともなって、一種の筋肉労働的な作業志向とでもいったものがきわめて重要です」と述べるのである。もちろん私も、寺崎の言うように、歴史研究において、「とくに単純な『総括』や『整理』は控えるべきであろう」（傍点―引用者）と思う。

しかし、次のように言われると、にわかには首肯しがたくなるのである。

「東大という大学の学風には、先行研究をきちんと整理し、鮮やかな柱を立て、その柱に沿って整然と進めていくこと、それが研究の王道だ、といったところがあります。いささか乱暴な言い方をすれば、それは『受験に強い』学風だといってもいいでしょう」。

先行研究を検討しそのうえで方法的自覚をもって研究に取りかかるという当然の手続きを、「『受験に強い』学風だ」と、皮肉ることは、明らかに「乱暴な言い方」だ。

寺崎は、「とくに歴史研究においては、理論志向とあいともなって、一種の筋肉労働的な作業志向とでもいったものがきわめて重要です」と両者の重要性を強調しつつ、結果的には、おそらく、寺崎自身の意図にも反して、「たとえば文献目録づくり、史料さがし、その校訂、批判、現地調査、史料解読等々の、いずれかといえば筋肉に訴え」るところの、「筋肉労働的な作業」に「惑溺」することを、むしろ奨励することになってしまっているのではないだろうか[10]。

歴史学を専攻しようとする者ならば誰でも身に覚えがあるように、右に言うような「筋肉労働的な作業」にこそ、歴史研究の醍醐味がある。歴史研究者のおちいりやすい陥穽は、むしろこれに惑溺することであって、「理論志向」に陥ることではない。そもそもいったい、これまで、教育史研究にどのような理論が登場したといえるであろうか。

以上私は、寺﨑が、自分の属する研究室の紀要に、「断片を、ノート風に」書いた文章を取り上げてきた。これは、寺﨑自身が断っているように、あまり練られていない「断想」であって、このような文章をここで問題にするのはフェアでないというお叱りを受けるかもしれない。しかしこのような主張（断想）は、一人寺﨑にとどまるものではないところに問題がある。私の見るところ、これは、少なくとも日本教育史研究者に、多かれ少なかれ共通するものであり、これが没方法的な研究を生み出す温床になっている。そしてまた、これが他分野との交流の障害となっているのではなかろうか。

私はここで、もう一人、少なくとも日本教育史研究の分野では若手に対して、寺﨑同様大きな影響力を持っている佐藤秀夫についてもまた、同じようなことを指摘しておかねばならない。

佐藤には、「教育史研究の課題――日本教育史の場合――」なる一文がある。これは一九八〇年一一月の北海道大学教育学部での講演に修正加筆したもので、北大教育学部教育史・比較教育研究室『教育史・比較教育論考』第八号に掲載されているものである。先の寺﨑の文章と偶然にもほぼ時を同じくするが、これまたそうとう気楽な講演がもとになっている。

この中で佐藤は、研究方法の問題を取り上げ、「思想史研究に『コンプレックス』を持っている私としてはこの研究方法論というのは一番苦手の分野であります」(11)と断りつつ、基本的な問題として二つのことを取り上げる。その第一が「実証の重視」である（もう一つは時期区分論）。ここで佐藤の言う「実証の重視」とは、要するに「史料研究」の重要性を強調することである。

特定のまだ誰も見ていないと思われる史料を簡単に使いまして研究論文に発表する方が「業績」としては、今日の学界の常識として通りやすいわけです。ところが、ある史料群が、その当時の教育史研究を進めた結果非常に重要であると思ったら、その史料群をきちんと克明に一つずつ吟味をし、そしてそれを位置付けをする、これは大変時間がかかるんです。とりわけ、目録を作ったり索引に作ったりというふうな作業が必然的に含まれてきます。つまり、それを使って誰かが研究論文にまとめる便宜を提供するわけです。ですからこれはある意味では「敵に塩を送る」ような研究で、しかしそれをあえてする必要があるのではないかと思います。領域としての教育史研究者はそういう「義務」を負っているのだと思います(12)。

これが教育史研究者の「義務」だというならば、たぶん私は失格である。

佐藤によれば、教育史研究者はこのような「義務」を履行することによって「誰かが研究論文をまとめる便宜を提供する」のだという。私に言わせれば、言うところの「史料研究」の「義務」を免除されて、もっぱら「研究論文をまとめる便宜を提供」される研究者などというものが、もう一方に存在しうるとすれば、そちらの方こそ問題ではなかろうか。

そして、ここで問題とすべきは、じつは、右の引用に言う「領域としての教育史研究」なる概念なのである。

佐藤によると、教育史研究は「方法としての教育史研究」と「領域としての教育史研究」の二つの類型に大別される。これは右の文章以前、すでに一九七八年刊の第一法規出版の『教育学大事典』の「教育史研究」の項でも述べられているところである（ただし、九〇年刊の『新教育学大事典』ではこの項はない）。

これによると、「方法としての教育史研究」とは、「広義における教育史研究であって、教育事象の特定の分野・問題等に関する研究を展開するために、その方法の一つとして歴史研究を用いる場合である。教育制度についての研究を深めるために制度史あるいは行政史を行い、教授学研究の一環として教授学説史や教材史を取り上げるというのが、これである。ここでは研究の対象が限定されているから、課題の設定は鮮明であり、それぞれの分野の研究成果と内的連関性の強い教育史研究の成果が期待されうる。しかし同時に、他の教育分野もしくは問題との構造的連関性が薄くなりがちであり、また史的研究法に必須な史料検討が課題の固有性に引きずられて不十分になるおそれなしとしない」(13)。

これに対して「領域としての教育史研究」とは何か。「これは、教育史研究を教育研究上の相対的に独自な一領域として設定し、自己目的的に展開する研究であって、狭義における教育史研究といえる。この研究に従事する研究者には、特定の時代あるいは分野・問題についての個別研究だけでなく、ある時代の教育諸事象を通ずる教育の歴史的構造性の解明、さらに幾つかの時代にまたがった教育の通史的把握の構築、およびその観点からの教育史料の検討とその体系的整理などが、固有の役割として求められる。大学における教育史講座担当者、専門研究機関における教育史研究員など、いわゆる教育史学専攻の研究者に期待される研究が、これである。そこでは、教育事象の多様性・多面性に対応して広範な教育への研究関心と、歴史研究法への習熟、史的構造把握への力量などが、第一義的に問われることになるのである」(14)。

この二分法はある意味で、はなはだ分かりやすい。例えば私は教育史の講座出身者であり、また現にその講座担当者であるから、まぎれもなく「領域としての教育史研究」者である。他方、例えば教育制度の講座担当者で歴史研究をやっている者は、「方法としての教育史研究」者であるというわけだ。大学において、どの講座に属するかは日常的に意識せざるをえないことであるから、この二分法は、要するに、「俗耳」に入りやすい。おまけに、教育史研究をこのように二つに分けることは、「領域としての教育史研究」のテリトリーをはっきりしてくれているかのような安心感を与えられるという意味でも、「俗耳」に入りやすい。

しかし少し考えてみるとこの二分法の意義も怪しくなってくる。この二分法は、教育史研究と、教育制度の歴史研究等、教育の個別分野の歴史研究（「個別教育史研究」とよんでおこう）との間に当てはまるだけではなく、いわゆる一般の歴史研究（「一般史学」と言っておこう）と教育史研究の間にも当てはまるのではないだろうか。佐藤の言い方を借りて「一般史学」と教育史研究を対応させれば、前者は、「領域としての歴史研究」であり、後者（佐藤の言う「領域としての教育史研究」）は、「方法としての歴史研究」の一つだ、ということになる。そうであるなら、「領域としての教育史研究」の説明は、佐藤の言う「方法としての教育史研究」の説明をそのまま借用して行なうことが可能になりはしないか。曰く「ここでは研究の対象が（教育事象に）限定されているから、課題の設定が鮮明であり、それぞれの分野（すなわち教育学―引用者）の研究成果と内的連関性の強い」歴史研究の「成果が期待されうる」、というふうに。

逆に「個別教育史研究」も、さらにその分野の特定の事項を歴史的に研究しようとする研究に対しては、

「領域としての教育史研究」としての性格を持つことになる。例えば、就学義務を歴史的に研究しようとする場合、これは、「個別教育史研究」としての教育制度史研究に対しては、「方法としての教育史研究」であり、他方、ここでは、教育制度史研究は、就学義務の歴史的研究に対しては「領域としての教育史研究」となる、というふうに。

つまり佐藤の言う「領域としての教育史研究」は、「一般史学」に対しては「方法としての」研究になるし、「方法としての教育史研究」はまた、さらに個別事象の歴史的研究に対しては「領域としての」研究の性格を持つことになるのである。したがって、「方法としての」研究の説明として、「ここでは研究の対象が限定されているから、課題の設定は鮮明であり、それぞれの分野の研究成果と内的連関性の強い教育史研究の成果が期待されうる」と、言ってみたり、「領域としての」研究の説明として、さきのように「この研究に従事する研究者には、特定の時代あるいは分野・問題についての個別研究だけでなく、ある時代の教育諸事象を通ずる教育の歴史的構造性の解明、さらに幾つかの時代にまたがった教育の通史的把握の構築、およびその観点からの教育史料の検討とその体系的整理などが、固有の役割として求められる」と、言ってみてもあまり意味がないことになる、であろう。要するに、歴史研究である以上、両方のことが求められるのであり、しかし、遺憾ながら、多くの一般の教育史研究者は、分かってはいても(?)、両方とも不十分にしか行なえないのである。

ずいぶん、まわりくどい説明になってしまって恐縮だが、私の言いたいのはこうである。

「史料研究」こそ教育史研究者の最低の「義務」だと称して、そこに「惑溺」するのは止めよう。「敵に塩を送る」ことに専念するだけではなく、教育史研究者も、自分で作った塩だけではなく、他人から送られる塩をも大いに賞味しよう。そして、「研究対象を限定し、課題の設定を鮮明に、それぞれの分野の研究成果と内的連関性の強い教育史研究をめざす」べきである。

寺﨑昌男と佐藤秀夫への言及に思わざる紙数を使ってしまった。念のために言っておくが、この二人とも歴史研究における「史料研究」の重要性のみを主張しているわけではない。御両人とも課題意識の重要性についても強調しているのである。しかし二人とも（「領域としての」）教育史研究の固有性を強調したいがために、結果的に「史料研究」の意義のほうを強く主張することになってしまっているのである。このことが、もともと「史料研究」に「惑溺」しがちな、とくに日本教育史研究の分野において、課題意識稀薄な研究を醸成することになってはいないか、と思うのである。

4　日本史研究の「『国史』学的体質」

右に、「とくに日本教育史研究の分野において」と書いた。課題意識稀薄な研究は、とくに、この分野において著しい、というのが私の観察である。そしてそれは、じつは日本史研究全体についても言えるのではないだろうか。

私はこのことを黒田俊雄「『国史』と歴史学――普遍的学への転換のために――」という論文を手掛かりにしながら述べていこう。

この論文は、日本史研究が、今日、依然として「国史」学的体質を引きずっており、このことが日本史研究の、学問としての「思想的有効性」を失わしめていることを批判したものである。

黒田は、まず、日本における「国史」学成立の過程をたどったうえで、その体質として次の四点をあげる。

(1)「歴史学としての内容が政治史ないし制度史を主軸とし特色とするものになった。」

(2)「右のこととの関連で、『国史』学は天皇中心主義と『国体』信仰の枠から離れることがきわめて困難な仕組を、その体質にしてしまった。」

(3)「『国史』学は、明治期の日本の国家としての存在を起点としており、日本列島の範囲の『日本国』なるものを有史以来のものとしてほとんどア・プリオリに前提していた。そのため、日本列島的規模の空間が、自己完結的といわぬまでもいわば自足的な歴史的世界であるかに予定しそれを自明のこととしていた。つまりは島国的な歴史像から出発する学問であった。」

(4)「その結果わが国における歴史研究に、『国史』『東洋史』『西洋史』の三学科分立の原理が不可避的に成立していった。」(15)

戦後、「国史」は「日本史」と改称されるようになった。しかし、黒田によれば、「『国史』学の実証主義的側面と、マルクス主義歴史学の発展段階論的展望や社会構成史的観点とが、だいたいのところ適当に結び合って『日本史』像の骨骼をつくりあげ、皇国史観を表舞台から駆逐し、そして近年に至った」(16)に過ぎない。

そして戦後に現れた「日本史」も、次の二点で依然として「国史」学的体質を克服できていない、というのである。少し長い引用になるが、黒田の説明を聞こう。

第一に、日本の歴史は基本的にはあい変らず島国的世界の歴史であった。そこでは、「世界史の基本法則」つまり普遍的・人類史的観点をあらわす歴史の発展段階の理論が、少くも日本については、典型的にいわゆる〝一国的発展段階説〟として受けとられ、社会科学の名において煩瑣なまでにスコラ的に論議された。当時の国際的および国内的なマルクス主義理論の水準にそれが関連していたことも、いうまでもなかろう。また、それがそれなりに人類史的・世界史的視野へ日本人の歴史認識を導いた積極的意義も確認しておかなければならない。だが、皮肉にもその「一国的」理解という形式は、日本を他から隔絶された世界として固定的に把握した「国史」学の歴史像を素地にもつ者に、すなおに適合していたにすぎなかったのである。

第二に、社会構成史の理解が国家史や制度史に接近し近似していく傾向をもった。歴史を生産関係ないし社会構成史を基軸にすえて把握するマルクス主義歴史学の方法は、必ずしも社会構成の歴史そのものの解明を究極目的とするものではなく、ひろく社会生活や政治・文化全般の歴史を合法則的に解明するためのものであり、近年のいわゆる「社会史」へも通ずる観点の一つであると私は理解するが、戦後の「日本史」研究においては、階級的諸関係や社会構成の探究は、究極支配権力の本質や権力機構ないし国家権力の性格の問題に集約され結論づけられる傾向がつよく、したがって民衆の社会生活史や思想・文化の人間的発露を豊かに解明し論述する方向へではなく、むしろ国家史的分析・論述へといわば逆行する性格をもっていた。（中略）

このようにみてくれば、「国史」学とは理論・方法においてまったく立場を異にし旧来の観点を克服するはずのマルクス主義歴史学の「日本史」研究も、なお「国史」学を克服しえなかったといわなければならない(17)。

「日本史」研究と、日本教育史研究は、ちがう、と言われるかもしれない。マルクス主義の影響もこれほど直接的ではなかった。また、そもそも、右のような黒田の「日本史」研究理解にも検討の余地があるかもしれない。しかし、黒田のあげた二つの点は、そっくり日本教育史研究にもあてはまるのではないか。日本教育史研究もまた、「基本的にはあい変らず島国的世界の歴史」であり、「国家史や制度史」が中心で「民衆の社会生活史や思想・文化の人間的発露を豊かに解明し論述する方向」へはなかなか向かない。要するに「史料」に依拠するという実証主義的方法以外に、教育史研究としての取りたてた方法がないとき、日本教育史研究も、黒田の批判する「日本史」研究のぬるま湯の中に、無自覚につかってしまっている、ということにはならないだろうか。そして黒田の批判する「国史」学的体質は、おそらく「近代日本」の体質そのものに通底しているから、その根は深いと覚悟すべきであろう。

5　中内敏夫の「新しい教育史」の場合

以上、私が本稿において言いたいことの一つは、要するに、実証主義を越える教育史の方法の必要性であった。考えてみればこのことは、すでに中内敏夫が『新しい教育史』の中で述べていることでもある。その「はしがき」に言う。

「教育の歴史理論の発達をさまたげているもうひとつの条件は、歴史の研究にそのようなものは有害無益であって、その実証性をさまたげるものであるとする考え方である。（中略）理論をもつことが実証性をそこなうという考え方からすれば、今日その『実証性』を僭称している『教育史』には理論がないということになる。たしかに、それは無理論であるが、そのことは、既成の教育史が、なんらの『歴史』観も『教育』観も前提にもたない不偏不党の認識体系であることを意味するものではない。本書はあわせてこの点を明らかにすることに努める結果にもなった」(18)。

私たちはようやく、中内の「新しい教育史」の入り口に立ったと、いうことになるのであろうか。中内の文章には、読者に謎をかけるような不分明な表現がときどきあって、理解するのに難渋することが少なくないのに閉口するが、現在たんに教育史研究のみならず、教育学研究の分野でもっとも精力的な仕事をしている研究者の一人である。彼のいう「新しい教育史」については、『教育学第一歩』（岩波書店、一九八八年）などとともに、改めて検討の機会を得たいが、次のように、「実証主義史学」による日本の公教育制度研究の問題性を指摘していることは重要である。

ところが、この実証を方法として一九世紀に定型をととのえた実証主義史学の方法で、日本の教育史とりわけその公教育史にとりくみはじめるやいなや、わたしたちはひとつの自家撞着に直面する。それは、日本の公教育制度が、ひとつの歴史的宿命としてせおったその制度としての観念性に起因する。認識の対象である制度そのものが観念性をおびていたから、既成実証主義史学が基本史料とする公文書史料によっていたのでは、教育の過去をある時点で現実的なものとしてよみがえらせるといっても、そこに再現実化されてくるものは制度の政策プランや立法意志の現実にとどまる。同時代の教育として現実的であったものを現実的なものとしてよみがえらせるうえに、限界がでてくる。その現実的であったものの方こそ教育史学のよみがえらせなければならない対象のはずであるのに、それを知るてだてては、この方法からはでてきにくいのである(19)。

かくして中内の場合「制度史から社会史への試み」(『新しい教育史』副題)ということになるのだが、中内の所説をよりよく理解するために、「実証主義史学」の立場に立つと思われる寺﨑昌男の、戦後の日本教育史研究に対する所説とのちがいを述べておこう。

寺﨑昌男は日本教育史研究の戦後に現れた動向として三つをあげている(20)。

一つは「教育史研究を教育の社会科学的研究の一環として位置づけ、方法的には史的唯物論の立場に立ち、研究視点としては、教育史実の社会的・経済的背景を重視するもの」である。具体的には海後勝雄らの「教育史研究会」の研究活動に代表される。

二つには「近代日本の教育の流れをとくに教育政策・制度の側面から、その形成過程に立ち入って分析し、他方、これらをそれが生み出した教育実態との関連で分析しようとするもの」である。具体的には「海後宗臣を中心とする研究グループの成果」に代表される。

そして第三は「戦後における史・資料集編纂の盛行」である。

行論の関係で、重要なのは、もちろん前二者である。

これに対して中内敏夫は『新しい教育史』第四章「制度の国家史から制度の日常史へ」の第三節「戦後派教育史学の推移」の中で「戦後派教育史学の誕生を公然化させた事件は、まずなによりも、一九五〇年代の」「海後勝雄ら教育史研究会の人びとの一連の業績であった」と述べ、さらに「戦後派教育史学に第二の曲り角をつけたのは、周知の柳田民俗学との出会いであった」と述べている(21)。

柳田民俗学との出会いが、戦後派教育史学に「第二の曲り角をつけた」かどうか、は別に、検討を要する。しかし、寺﨑と中内の戦後における教育史研究の総括の中で興味深いのは、両者が、ともに戦後の教育史研究に現れた事件として教育史研究会をあげながら、寺﨑の言う第二の流れを、中内はあげていないことである。これは、中内の言う「戦後派教育史学」なる概念と関わっている。

中内の言うところは、こうである。

「既成の日本の教育史学が実証主義だけをその方法論にしているとみるのは正しくないだろう。教育史学が研究対象にしている『国家ノ事務』としての教育史のほかにもうひとつ別世界がかくれていることは、早くから日本の研究者によっても気づかれていた。そこで『教育』内政・外交史とでもいうべき伝統史学に代わるものを求める動きが、第二次大戦後になって、民間教育史、教育運動史、教員組合運動史といったかたちをとって現われてくることになった」(22)。

中内の言う「戦後派教育史学」とは、戦後に新しく登場した研究の方法をさす。この視点からすると、寺﨑の言う第二の流れは、「『教育』内政・外交史とでもいうべき伝統史学」、言い換えれば、「旧(実証主義)史学」(23)の範疇に入るというべきだろう。もちろん寺﨑が『講座・日本教育史』第五巻の別の論稿で明治期教育史研究に関わって述べたように、「戦前・戦中の日本教育史研究の一特徴は、人物研究・学校研究に重点がおかれていたことであった。この背後には先人の思想的・実践的『偉業』を顕彰することが教育史の目的なのだという学問外在的な国家的要請があり、それが日本教育史研究の御用学的な体質と呼応するという側面が存在していたのである。教育制度史・政策史研究への戦後の移行は、このような体質への反省という意味をになっていた。また一方、戦前日本の教育総体に対する批判——戦後教育民主化への要請——も、制度史・政策史研究への機運をもたらした」(24)ということも事実ではあったが。

そして中内の場合、総じて、子ども不在、基底体制還元説、イデオロギー過剰等々と一蹴されてしまうことの多い教育史研究会の仕事について次のように述べていることが注目される。

教育史研究会がかかげた教育史に「社会科学」の成果をもちこむという指標、つまり教育の社会経済史的研究が、この分野にリアリズムをもたらすひとつの途であったことはうたがうべくもない。じっさいのところ、『近代教育史』（全三巻、一九五四年）以下の教育史研究会の人びとの一連のしごとは、人びとの教育の担い手としての、あるいは発達の当事者としての国民的常識を培い、その未来を洞察する力を育てるうえになにほどかの寄与をしたのである。その歴史叙述には子どもがでてこない、親も教師もいないという批判がこれにたいしてなされたことがある。周知のように、こうした批判もからんで教育史研究会は、まもなく共同著作を発表する集団としては公的舞台から下りることになる。しかし、『近代教育史』以下の論著をよく読みなおしてみると、この批判は必ずしもあたっていない。そこには、社会経済史の方法による、その可能な範囲での子どもと親たちの生活がとらえられているのである(25)。

6 「教育の社会史」研究への批判

このようにして、中内敏夫は「教育の社会史」研究を提唱することになった。しかしこれに対して、とくに日本教育史の分野で、オーソドックスな研究をしてきた人々が、総じて冷淡であることが気になるところである。

例えば、佐藤秀夫は「近年標榜されている『教育の社会史』には、その概念そのもの、方法、および研究の現状（その研究にくみしている人びとの研究への構えをも含めて）には、いく分の共感とともに、それにも増して疑問と批判とを抱かざるをえない境地にある」と述べている(26)。そのうえで彼が批判する「教育の社会史」研究の現状は、

(1) モノグラフの不足(「日本の教育史的事実について『教育の社会史』に立つ衝撃的なモノグラフがどれほど公表されているか」)

(2) 思想史的分析への偏り(「日本の教育制度史や教育政策史においてこそ、自分たちの異なる研究を対置すべきではないだろうか」)

(3) 欧米の社会史研究の紹介に終始しがちであること(『新しい』知見は海の彼方からやってくる、それは幕末・明治初年から戦前・戦後を通じて飽き飽きするほど味あわされてきた、近代日本の学術研究の問題性を、あどけなくも再演しているようにみえてならない」)

等である(27)。そして、総じて、「今日の『社会史』は、(中略)方法論議のみで『事実の検証』が不十分のように思えてならない」(28)と、いうわけだ。

中内の批判するように、「既成実証主義史学」によって現実化されるものが、「制度の政策プランや立法意志の現実にとどまる」とするならば、それは、実証主義そのものの本質に根ざすのではなく、むしろ「実証」の不徹底に問題がある、ということであろう。

このような批判の背後には、少なくとも日本の教育の歴史であるかぎり(佐藤の言う「慣行史および教育を規定づける『もの』」を含めて)、「史料」に基づき実証し得るという自信のようなものが存在する。

同様のことは、佐藤よりも少々若い世代に属する花井信も述べている。

「社会史研究で何が見えてくるか。従来の方法では明るみに出てこないものが、社会史的手法で新しい像が浮かび出てくるから、これを採るのであろう。しかし、教育の社会史的方法は、対決すべき教育史の方法を相手にもっているのであろうか。一般的に実証主義といわれる立場は、石川謙らの系譜をついで、現在どの程度徹底的におこなわれているのだろう。／わたしの考えでは、社会史研究で新しい教育史像が作られるのではなく、これまでの教育史研究が中途半端にとどまっているから、見えない部分がいまだ多いということになる」(29)。

そして花井は自分の研究（「通信簿史考」『静岡大学教育学部研究報告（人文・社会科学編）』第三二号、一九八二年、のち『近代日本地域教育の展開』梓出版社、一九八六年、所収）をあげ、「わたしのこの論稿は自分では社会史的方法だと思っている」(30)というのである。

要するに、教育の実態を求めて「事実の検証」を積み重ねていけば、史料調査は、官庁文書から在方文書へと緻密化せざるをえず、「公文書史料」を「基本史料とする」「既成実証主義史学」（中内）なるものは、当然にも克服される、というのである。

しかし同時に、中内の言うように「日本の公教育制度が、ひとつの歴史的宿命としてせおったその制度としての観念性に起因する」ためであろうか、結局のところ、「制度の政策プランや立法意志」を明らかにすることをめざす「実証主義史学」のみが目につくことも、素直に認めるべきだろう。もちろん、このような研究が無意味というのではない。しかしながら、これに偏しているのではなかろうか。

「制度」から「実態」へ、というのは、おそらく、口で言うほど、たやすいことではないのである。言い換えれば、佐藤が、「私は自分の手がけている研究には『学校の文化史』『教育の慣行史』『モノを通じてみる教育史』などと呼んでも、社会史とはあえて名付けないことにしている」(31)と称している諸研究や、花井の「通信簿史考」などの研究は、本人達がどの程度自覚しているかは知らないが、社会史研究の提唱の中でこそ、いや、もっと正確に言えば、社会史研究を提唱するのと同じ土壌のうえでこそ登場したものなのである。

このことは、さきに引用した黒田俊雄が「『国史』学的体質」と呼び、「基本的にはあい変らず島国的世界の歴史」と批判したものは、佐藤の言う「事実の検証」を積み重ねていれば、その延長のうえにおのずと克服されるようなものではない、ということを再思三考すべきだということにもなるであろう。

7　宮澤康人の仕事

さて、私が本章を書くにあたって当初に意図したことは、私達が「民衆教育史」や「地域教育史」、あるいは「民間教育史」の旗印のもとで行なってきた研究と、「教育の社会史」研究の名で登場してきた研究とを架橋しようとすることであった。しかし、あわれ、その本題に入るまえにすでにして時間切れである。西洋教育史研究の立場から、教育史の研究方法について、長い探究を続けてきた宮澤康人が、その論稿の中でしばしば嘆いていたように、このような教育史の方法論議に足を踏み入れることは、とらえどころのない泥沼に足をとられることになるのであろうか。

しかし、教育の社会史的研究というのであれば、その宮澤の仕事と、近年の教育社会学の分野の人々の仕事にも、駆け足になってしまってまことに遺憾だが、ふれないわけにはいかない。

宮澤康人の研究の前提には、いろいろなところでしばしば引用される、勝田守一の、あまりにも有名な、「教育の歴史的研究」についての次の規定がある。

（教育の歴史的研究は—引用者）人間存在の歴史的諸条件（経済的・政治的・理念的・文化的な）に規定されつつ、教育の諸価値がどのように形成されたかを研究することを通じて、教育概念を歴史的に究明する研究である。したがって、教育の歴史的研究は、仮説的な教育概念に導かれながら、それ自身が教育概念を認識する過程である。この循環を含まぬ歴史的研究は、けっして教育史を構成しない。仮説的な教育概念は、教育的価値を表示するものとして、現実の教育的実践の課題意識につながりその内容をふまえて構成されるのだから、教育の歴史的研究そのものが現実の教育課題を離れては成り立たない(32)。

この文章は、教育史の方法について語るときもっとも多く関説されているものであろう。大学での教育史の講義などでは、まずここから説きおこす者も多いにちがいない。教育史研究について、誰でも知っている規定ではあるが、しかし、はたしてこの規定に基づいて、どのような研究が行なわれたかと改めて問うてみれば、首をかしげざるを得ないと言うのもまた事実であろう。私見によれば、宮澤の、「教育関係」

史にいたる粘り強い探究の過程は、この勝田の規定を忠実に実行しようとしたものにほかならない。
宮澤康人の諸論稿から学ぶことは数多いが、ここではとりあえず、次の言を引用しておこう。

この二人（宮澤が「先達として仰ぎたい」という上原専禄と林達夫―引用者）の、全く対照的な洋学者は、歴史家である、という共通性のほかに、共通して日本と日本人について驚くほど深い理解をもっているように思われます。これは、日本のことしかみていない者には、日本のこともよくみえない、ということを裏から例証しているのでしょうか。この二人の西洋認識に関する仕事は、柳田国《ママ》男の日本民俗学の仕事と力点の置き方を逆にしながら対応しているように感じるのは私の独断でしょうか。しかし、柳田が若いときに西洋の文学と文化に親しんだこと、自分の民俗学をつくり上げる途上で、西洋の民俗学の方法論を意識的に学習したことがもっと強調されれば、私の解釈もそれほど見当はずれとは言えないでしょう(33)。

佐藤の言うように「『新しい』知見は海の彼方からやってくる」ことに、腹立たしい思いを抱くことは分からぬではないが、われわれは、まだまだ「海の彼方」からも学ばねばならぬのである。
宮澤の諸論稿は、所属した研究室の紀要などに載せられたものが多く、いささか、ひとめにつきにくいのが残念である。私はこれがなるべくはやく一書にまとめられて公刊されることを待望している。その研究の過程から、われわれは多くの示唆をえることができるのである。

8　教育社会学による歴史研究

これについては一点だけふれておきたい。

私は過日、天野郁夫らを中心とする東大教育社会学研究室の若手による、丹波・篠山をフィールドとする学歴主義の制度化過程についての研究（天野郁夫編『学歴主義の社会史』有信堂、一九九一年）を読んで大いに刺激されるところがあった。ここでは中学校や高等女学校の同窓会誌に載せられた卒業生の回想文や直接の聞き取りなどがふんだんに史料としてつかわれ、学歴主義というこんにちきわめてアクチュアルな問題の、制度化の歴史の内実にせまっているからである。これはたんなる実証主義史学からは絶対にでてこない方法ではないだろうか。実証主義の立場からは「回想文」などの史料価値はきわめて低いものだし（「事実」かどうか「検証」のしようがない）、聞き取りをそのまま「史料」に使うなどということはあり得ない（「史料研究」の手掛かりにはなりえても）。

しかしこの方法は、実証主義史学の権化のように言われる海後宗臣が、『明治初年の教育』などで使用した方法でもあったのである。

なお冒頭に紹介した『教育社会学研究』第四七集に、右の天野らのグループの一人広田照幸が「教育社会学における歴史的・社会史的研究の反省と展望」を書いていて、この種の研究の動向を知るうえで参考になる。また筒井清忠編『「近代日本」の歴史社会学——心性と構造——』（木鐸社、一九九〇年）も、社会学による歴史研究の動向を示してくれる。これによると最近の社会学による近代日本の歴史研究の動向の中で、教育社会学は先駆的にして中心的な役割を果たしているらしく、御同慶の至りだ。

9　まとめにかえて

日本教育史研究の若手によっておよそ一〇年前に日本教育史研究会が発足した当初、その会の『日本教育史往来』を見て、「短い論説のなかに若手・中堅研究者の焦燥にも似た方法論の渇望・探究が察知される」、と書いたのは『日本の教育史学』第二五集（一九八二年）の「日本教育史の研究動向」欄執筆者・名倉英三郎であった(34)。じっさいその後の、例えば、主として中堅研究者の、「動向」欄の中には、「焦燥にも似た方法論の渇望・探究が察知される」。しかしその「中堅研究者」にしてからが、例えば中内の「新しい教育史」の提唱や、宮澤の、最近の「教育関係史」にいたる粘り強い探究の過程や、あるいは近年の、教育社会学の側からの歴史研究の成果に対して、あまりに口をつぐみすぎているのではないだろうか。

例えば、論争をもっとも得意とするはずの、「中堅」の一人花井信にしてからが、次のように書いている。「日本教育史研究に論争が少ないことは、よく指摘されている。（中略）もちろん論争は教育学理論の展開、ないし確かな実証に裏づけられた一編の論文でもってすすめられるべきであり、生産的な論争はそこから生まれるはずである」(35)。佐藤秀夫の言うように、まず「モノグラフを！」というわけであろうか。

しかし教育史の理論研究はそれはそれとして、もっと、論争的に、活発に行なわれる必要がある。がらにもない役をかってでて、この文章が、その触媒の役割を果たせるとは思えぬが、そのささやかな口火にでもなれば幸いである。

2章

日本教育史における近代問題

1　はじめに

近代教育思想史研究会の発起人に一人の日本教育史研究者もおらず、その会員にもほとんど日本教育史研究者がいない。このような事態は日本教育史研究者として遺憾なことだし、何よりも日本で組織されている「近代教育思想史」研究会として奇妙なことである。

もっとも、「近代の教育思想は、西洋に固有の思想である」(1)とするなら、とりあえず、西洋教育思想の研究者によってのみ「近代教育思想史」の研究が行なわれるのは当然とも言えるのかもしれない。そのような立場から出てくる、最も単純な結論は、日本の近代は、要するに「西洋化」なのであるから、日本の近代教育思想を明らかにするためには、まずは「原型として」の西洋の近代教育思想を明らかにすることが先決だというものであろう。

しかし、仮に日本の近代を「西洋化」としてとらえるにしても、日本が、そのような近代と出会う以前に、日本固有の長い歴史を過ごしてきた以上、「西洋化」にともなう独自の（日本的）「近代」をどのように形成したかという課題は、当然のことながら、なくなるわけではない。

ましてや、もし、「近代」と接触する以前の江戸時代においても、「近代」的要素を日本固有の歴史の中で形成しつつあったと考えるならば（そう考えないと、なぜ、かくも容易に日本社会は「西洋化」しえたか、が分からない）、日本そのものを対象とする近代教育思想史研究が、アタリマエのことだが、重要な研究課題となる。逆から考えれば、西洋の近代自体、ある種の普遍性を持っていたからこそ、日本（あるいは西洋以外の諸地域）においても、それは受容されたのであろう。そうだとすれば、西洋の「近代思想」の方も、より一般的な視点から研究されねばならない。

そう考えて、近代教育思想史研究会の会員になったら、今度は、フォーラムの報告者にさせられてしまった。

これは近代教育思想史研究会が、日本の近代教育を視野に入れている証左であるから、日本教育史研究者としてはこれをお断りするわけにはいかない。報告はまだ半年以上も先のことなのだから、報告の中味は、まあ何とかなるだろう、と比較的簡単に引き受けてしまったが（これがいつもの悪い癖だ）、フォーラムが近づくにつれてだんだん気が重くなってきた。これまでのフォーラムの記録『近代教育フォーラム』の諸論考を読むにつけ、はたして私の使いなれた言葉はフォーラム参加者諸氏に通じるであろうかと不安になってきたのである。

不安は二重である。一つは前述のように、私は日本教育史研究者であるのに対してフォーラム参加者のほとんどが西洋教育（思想）史研究者であるということ、そして第二は、私は、教育思想に強い関心を持つ者ではあるが、私のこれまでの仕事はもっぱら実証的な教育史研究にあり、『近代教育フォーラム』の諸論考から判断すると、「歴史」研究よりも「思想」研究の方に偏っていると思われる参加者の関心を得られるような報告ができるであろうかということ、である。この不安はフォーラム第一日目の報告を聴きながら一層強くなったが、あらためて報告をまとめ直している現在においても、続いている。

第一の問題は、いわゆる「西洋対日本」問題として、ひどく通俗的なようであるが、「学問後進国日本」としては、やはり避けて通れぬ問題である。最近も、日本を研究するのに西洋のことなど知る必要はない、と言わんばかりの言説に出会って愕然としたが、逆に、思想（や哲学）を「本格的に」研究しようとするなら、まず、西洋（それも実は、あいも変わらず、せいぜいのところ、英・米・独・仏ていどなのだが）の思想（や哲学）を研究せねばならないと堅く信じている人々も少なくない、というのが、いまだ日本の学問状況であるからである。

また第二の問題は、当の西洋近代教育思想史研究者諸氏にとっても、気掛かりなことであるらしいことは、フォーラム後の懇親会での話やあとで送られてきたニュースレターに載った感想文で知った。この点について私はかねがね、あまりに実証主義的な日本教育史研究の現状の解毒剤として、西洋教育研究者の、むしろ、非実証主義的研究態度（理論志向）に学ぶものがあると考えてきた者だが、それにしても、もう少し、教育思想史研究は教育の実態に即して、実証的に、行なわれる必要があると思う。

2 日本教育史研究の問題

私は、日本（教育）史研究は、もっと国際的視野から研究される必要があると思っている。私がこのことを強調するのは、日本教育史研究の現状が、実証主義的主観主義というべきものに陥っているのではないかと考えるからである。

日本教育史研究に限ったことではないのかもしれないが、歴史研究においては、新史料の発見に基づく新事実の紹介が重視される。しかしこの「新事実」の紹介は、しばしば、既存の枠組みや歴史認識を対象化する作業を抜きに、むしろこれを前提に行なわれるから、既存の枠組みや歴史認識を構築し直したり構成し直したりすることには寄与せず、自覚的にか無自覚的にか既存の枠組みや歴史認識を補強する結果になる場合が少なくない。かくして史料至上主義的な実証主義は、基本的に、通俗的な保守主義に堕し易く、結局は主観主義に陥ることになるのではなかろうか。

本来、歴史的認識とは、現在を対象化し、これを相対化するためのものであるのに、むしろ現在（あるいは現在のわれわれが囚われている諸認識）を正当化する役割を果たしているとしばしば批判されるのは、このような傾向から逃れることが、口で言うほどには容易でないためであろう。

私が歴史研究における国際的視野の重要性を強調するのは、このようなわれわれが陥りやすい傾向から逃れるためにも、一国の時間軸に依拠するだけではなく、空間的な広がりの中でこれを相対化する必要があるのではないか、と考えるためである。

国際的視野で、言い換えれば他国との比較史的視点で日本近代教育史を見直すとどのような歴史像が見えてくるのだろうか。

一般に、日本近代教育史は、次のように説かれる。

西洋列強の圧倒的な軍事・経済力（「黒船」に象徴される）によって強権的に世界資本主義体制の中に組み込まれた（「開国」させられた）日本は、西洋列強による被植民地化の危機の中で、急速に、したがって中央集権的に（「上から」の）資本主義化を果たす必要があり、そのために、学校教育は最大限に利用された（奉仕させられた）。その制度は森有礼の教育政策を経て教育勅語によって天皇制教育体制として確立されるが、そこでは「教育」と「学問」は分離され、一般大衆のための初等教育段階においては「学問」から切り離された「教育」のみ与えられ、「学問」はエリートのための高等教育段階においてのみ開かれていた。久野収の言葉を借りれば、初等教育段階では一般大衆のための「顕教」が教えられ、真の学問としての「密教」は高等教育段階においてのみ、限られたエリートに授けられたのであった（鶴見俊輔との共著『現代日本の思想』岩波書店、一九五六年）。そして一般大衆のための初等学校においては、卑近な日常生活に必要な「実用」的知識と、天皇を中心とする国家にひたすら奉仕する臣民としての「道徳」が教育勅語に基づき教えられた。一般大衆（臣民）の教育にとって欠落するものは、貶められた「実用」と「道徳」によっては決して得られることのない「科学（的認識）」や「芸術（的情操）」であり、それは今日に至るまで日本の学校教育から本質的に欠落しているものである。本来、主体化さるべき知（真の「科学」と「芸術」）は、依然として外在的なものに止まっている（「学ぶこと」と「生きること」の乖離、又は「学校知」と「生活知」）。

このような日本近代教育史の通説的理解のキーとなる考え方は、「教育」と「学問」の分離＝大衆教育とエリート教育との分離＝民衆にとっての知（顕教）とエリートにとっての知（密教）との分離、そして要するに西洋（外つ国）からやってきた「科学」や「芸術」とは無縁の大衆と、輸入された「科学」や「芸術」を受容・修得したエリート（知識人）との分離という観念である。そしてこのような観念の裏側には、これらが分離した後進国日本に対して、「科学」「芸術」が自生した西洋近代（市民革命を経験した「真の近代」）においては大衆とエリートは一体であった（にちがいない）という〝認識〟（あるいは幻想）がある。

無知な大衆と、「科学」「芸術」を修得したがゆえの孤独なエリートたち。思えば、戦後の学生運動は、この意識に支えられて、激しく展開されたのであったし、戦後知識人のさまざまな啓蒙活動（戦後民主主義の運動）もまたそうであった。

しかし、とにもかくにも経済的な繁栄を謳歌している今日の日本を考えるとき、この〈認識〉は重大な疑問にさらされているのではないだろうか。

疑問の一つは、最近の西洋近代史研究の成果に学ぶならば、そもそも、西洋近代において、大衆とエリートは一体であったのか、そうではなくて西洋においても「科学」や「芸術」は大衆とは無縁であったのではなかったか、この乖離を学校を通しての大衆教育によって埋めようとする努力がそれほどなされていたのか、むしろその努力を忌避する力が常に働いていたのではなかったか、といったものであり、もう一つの疑問は、逆に、分離していた（又はいる）とされる日本の大衆とエリートは、はたして本当に分離していたのか、さらに日本の学校教育はその分離を促進・固定化する方向で積極的な役割を果たしていたのかというものである。

もとより、一体か分離かというのは相対的な問題であろう。つまりは程度問題ではないのか。だとするなら、日本と外国（ここではとりあえず西洋）との、比較の視点が重要となるのではなかろうか。

「比較」というのであれば、ある視点をもって日本と外国を直接に見る必要がある。とりあえず、「比較」の視点をもって日本の教育を研究した外国人の研究を最初の手掛かりとしよう。

W・K・カミングスは *Education and Equality in Japan*（邦訳『ニッポンの学校』）のまえがきで、次のように述べている。

> 日本の学校の可能性に関する私の論文に接して、多くの読者は驚くであろう。しかし、私の経験によれば、多くの日本通は日本の実状に関してバランスのとれた認識をしていない。たとえば彼らは、日本が収入、権力、富の点で著しく不平等だと考えている。それはたしかに誤った認識ではないが、日本の不平等はアメリカのそれよりも小さいし、過去二〇年間にわたってこの不平等は縮小し続けてきたのである。彼らは、日本のきわめて競争的な試験制度と、それがいかに多くの不幸な若者たちを

学習にしばりつけているかについては知っているかもしれない。しかし彼らは、日本の幸福な小学校については何も知らないのである。子どもたちは、そこで、友情を育て、音楽を楽しみ、美的感覚を発展させ、さらに読み、書き、算を学んでいるのである(2)。

じつは私自身もカミングスのこの本を読んで、「驚く」というほどではないが、違和感を感じたものの一人である。カミングスは、いかに日本が平等な社会であり、その実現のためにいかに学校教育(特に小学校教育)が貢献しているか、を述べているのだが、それは、日本の小学校教育を含む学校教育が持つ画一性や抑圧性に問題を感じている私自身の〈常識〉とは異なるものであった。

さらに、カミングスは日本の学校教育について、次のように述べている。

日本では常に、学校教育は、個人の能力の限られた部分を発達させるというよりも、むしろ「人間全体」(原文“whole people”—引用者)を発達させるべきものだと、考えられてきた。そして明治維新以来、日本の小学校は、この過程で最も重要な役割を果たしてきたのである。すなわち、共通の文化(原文“a common culture”—引用者)を伝え、若者たちに上級学校での教育の継続への動機づけを与えるという役割である(3)。

“whole people”は「全国民」とも訳せるが、カミングスはこれを「全人教育」を意味する“wholeperson education"とともに使用しているから、前の拙訳のように一人の「人間全体」を意味すると解するのがよいだろう。すなわち、カミングスは、日本の、少なくとも小学校教育が、「明治維新以来」(!)、いわば、戦後の教師たちがめざした「全面発達」を、志向してきたと主張するのである。

今も教育現場でしばしば言われる「人間形成としての教育」は、日本の（学校）教育伝統に深く根ざしているというわけである。

そして彼が強調するのは、このような日本の学校教育観のもとで、小学校は国民に「共通の文化」を伝えようと努力し、このことによって、大衆とエリートが分離されたというよりも、むしろ両者の壁を取り払うのに役立ってきたということである。

このような見解は、前述の日本教育史の通説とは著しく異なるものであり、日本教育史の通説を"常識"とする者が違和感を持つのは当然である。

カミングスの主張で興味深いのは、彼が、少なくとも近代以降の日本社会におけるエリートと大衆の相対的一体性（"平等"）を、人間全体を教育しようとする学校教育観、それ故の教育内容の共通性と幅広さ、ということと関連させていることである。

日本の初等教育におけるカリキュラムの多様性を指摘する外国人研究者はカミングスにとどまらない。例えばカリキュラムの日米比較を行なったビクター・N・コバヤシが日本の中等学校を含めたカリキュラムについて、「カリキュラムには、より多くの科目が含まれている。アメリカの学校は、数学、理科、読み方、そして『基礎的な生き残り技能』を重視しているが、日本の学校は、基礎科目の概念を拡張して、国語、社会科、理科、数学だけでなく、古典、外国語、芸術、音楽、技術科、家庭科そして体育までを、その基礎科目に含めている」(4)と述べているのもその一例である。

しかしいまここで私が問題とするのは、カミングスら外国（欧米）人研究者の見解の当否ではない。重要なのは彼らの眼から見るとこのように見えるということであり、またなぜこう見えるのかということである。このように見る彼ら自身の社会や教育はどのようなものであるのか。それは私達日本人自身が「真の近代」のそれとして思いこんできたようなものとは異なるのではないか、と考えさせられるのである。

この点で、大田直子『イギリス教育行政制度成立史』は大変興味深いものであり、私は多くのことを教えられた。

この書は従来、まさに「真の近代（教育）」の典型と信じられてきたイギリスの公教育制度の本質をその成立過程にさかのぼって明らかにしようとした労作である。「パートナーシップ原理の誕生」という副題を持つこの書は、「パートナーシップ原理を理念とするイギリス教育行政制度とは、その実態において、民主的モデルとして期待できるほど民主的なものなのであろうか」(5)という問題意識を出発点としている。

「パートナーシップ」という語は、イギリス教育史に不案内の私にはなじみのないものだったが、大田によれば、「パートナーとは、中央教育当局、地方教育当局、学校、その他教育関係者を指し、そこでいわれるパートナーシップとは、これら相互の間に協力関係が働き、教育行財政活動（教育政策の立案・執行）が、調和ある状態の下で行なわれることを強調するものである」(6)。つまり、戦後教育学における教育行政についての中心的な考え方、国家によって行なわれる教育行政の責任範囲は外的事項としての条件整備に限定され、国民の生き方に直接関わる教育内容・方法等は内的事項として、国家はこれに干渉せず、公選制教育委員会や学校によって国民に直接責任を負って、行なわれるべきだとする、あの考え方のモデルとなったものである。大田が言うように、イギリスにおける教育行政の〝民主的な歴史的伝統〟は、戦後日本の教育行政がめざすべき「民主的モデル」と考えられてきた。

しかし大田のこの書は、このような考え方が、いかにイギリス教育行政制度の歴史的実態とずれたものであるかを次々と明らかにする。

行論との関係で、私にとって最も印象的だったのは、イギリス社会において、労働者階級と支配者階級の教育、すなわち基礎教育と中等教育とを分離し、労働者階級を知識から切り離して彼らを文字通り肉体労働を売り物とする労働者の地位に貶めておこうとする保守派の力が、いかに根強かったかということである。

大田によれば、一九〇二年教育法と一九〇四年教育法によってパートナーシップ原理の原型が形式的にも内容的にも完成されたのであるが、これでさえ、「多くの研究者が指摘しているような基礎教育と中等教育の接続を実現するものでは全くなく、逆に両者を明確に区分し、分断させるために考え出された中央と地方の単一教育当局の設置、地方における教育の民衆統制の否定と教育専門官僚による支配の確立という教育行政制度構想を実現したものであったのである。そして、ここで成立したパートナーシップ原理の原型は、一九四四年教育法においても変更されることなく、基本的には現在まで継続しているのである」(7)という。

私が本書第5章の論稿執筆のさいに参照した井野瀬久美恵『子どもたちの大英帝国』は、一九〇四年教育法の「初等教育の目的は『子どもたちの性格強化、知性の成長を保証し、少年少女が知的に、そして現実に生涯仕事に適した人材を育成すること』にあると明言」したとしたうえで、「この新しい目的を実現すべく、根本的なカリキュラムの見直しがすすめられた」、「このとき、3R'sとともに必修化されたのは、体育、地理、歴史、自然観察、美術、音楽、そして女子に対する家庭科である。そのうち、子どもたちの自宅付近の風景観察や動植物の写生を主とする『自然観察』は、日常のごくありふれた事物に対する観察眼を養い、自然に対する理解を深め、自らの体験を通じて五感をとぎすまし、集中力、比較・対照力、分析力を高めるという精神的効果が期待された」(8)などと述べているが、これは次のような大田の見解とは、かなり異なっていると言える。

大田によれば、一九〇〇年前後、基礎教育のカリキュラム内容はたしかに拡大されたが(9)、一九〇二年と一九〇四年の教育法制定の中心人物であったR・モラントにとって、「基礎教育はあくまでも労働者階級のものであり、支配者階級のための中等教育とは別体系でなければならなかった」(10)。あまつさえ中等教育学校においてもパブリック・スクールをモデルとして考えていた彼は、当時の中産階級の子弟を対象とする多くの私立中等学校における科学・技術教育への傾倒さえ問題視していた。「モラントには、たとえば、科学・技術教育を通じての実験的・観察的態度を養い、真実を解明するといったような、科学・技術教育が持つ教育としての固有の価値を認める発想や思想が全くなかった」(11)。とするなら井野瀬の言う初等教育カリキュラムにおける「自然観察」の意義なども相当割引きしなければなるまい。

3　日本近代教育の特質

以上のようなカミングスや大田直子の研究を通して、日本教育史研究者としての私があらためて学ぶのは、①日本の大衆教育（初等教育）において、たしかに「科学」や「芸術」は欠落していたが、これは日本の後進性の故、あるいは「科学」や「芸術」が輸入されたため、というよりも、より一般的に（日本に限らず）、近代資本主義形成期の大衆教育のあり方に根ざしたものではないかということ、②「学問」と「教育」の分離に基づく大衆教育とエリート教育の分離という考え方は、日本では欧米社会に比べれば相対的に弱く、日本の中等教育（あるいはそれ以上の教育）は、大衆にも開かれていた、と言えること、言い換えれば日本では、少なくともイギリスのように大衆を中等以上の教育から制度的に分かつものはなかったということ、③日本の小学校の教育内容は、少なくもイギリスに比べ遠足、運動会、修学旅行のような学校行事を含めてはるかに多様な内容を持っていたこと、そしてこれは②とも関係し、日本人の歴史的に形成された（学校）教育観、ひいては人間（関係）観に深く根ざしているのではないかということ、などである。このような視点は、前述の日本近代教育史の通説的理解の修正を迫るものとなるであろう。そして、このような視点からあらためて日本（教育）史の諸研究を学びなおしてみる必要がある。特に最近の日本史研究の新しい動向には注目すべきものがある。

牧原憲夫の「文明開化論」は、近代日本の大衆にとっての天皇と国家を、豊富な史料をもとに論じた好論文である。牧原は、文明開化の最終目標は、「文明国の国民にして天皇の臣民」（傍点—引用者）(12)を形成することにあった、という。この一見矛盾した目標を達成するために西洋の文物を積極的に輸入するとともに、日本古代を理想化した「復古」のイデオロギーが最大限に利用された。散髪も洋服（ツーピース）も肉食も石造りの家も、中国式を模倣する以前の古代日本ではむしろ一般的だったのであり、これらの風俗を受け入れることは決して、新しい、異物としての洋風に染まることではない、と説明された。「開化」は同時に「復古」である、「開化」と「復古」は矛盾しない、との説明が神道家や国学者からもなされた。「神道家・国学者と文明開化は必ずしも正面から対立しておらず」「小学校で使われた五十音図は一見西洋的だが、これも、小さな子どもに『色は匂へど』などという仏教的無常観を教えるべきではないという主張と、賀茂真淵『語意考』などの『言霊（ことだま）』研究に基づいていた」。

　そして、「近世社会に根づいた民衆の信仰や日常生活は、〝西洋近代〟と〝日本古代〟の双方から挟撃されたのである」(13)。

「挟撃」の目標は均質な国民の形成にあり、そのために、士農工商等の身分制や特定集団に与えられた特権が「挟撃」の対象とされた。天皇の下での均質な国民形成のために一君万民論が最大限に利用され、かくして「〈開化＝復古〉の図式によってはじめて明治天皇が開明的君主として国民の前に姿をあらわすことができた」(14)のである。

　しかし牧原もその一方で言うように、「他のアジア諸国に比して『文明』が急速に受容されたところに日本の特質があり、その原因のひとつが明治以前の歴史的蓄積にあったことはいうまでもない」(15)であろう。そしてこの「歴史的蓄積」は、文明開化のスローガンのもと、均質な国民を形成するのに大いに役立ったのであったが、同時にそれは「〝西洋近代〟と〝日本古代〟の双方から挟撃された」近世身分制社会の中でこそ熟成されたものでもあったろう。この、「歴史的蓄積」とは、いったい何なのであろうか。

尾藤正英『江戸時代とは何か』は、これを考えるヒントを与えてくれる(16)。

尾藤は、「役」という語に注目する。「役」は「ヤク」とも「エキ」とも読むが、「エキ」と読む場合、労役、使役、兵役等々、苦しく、できれば逃れたい、文字通り苦役(くえき)としての義務を意味するのに対して、「ヤク」と読む場合には、役目、役割、役人、あるいは重役等々、ある種の責任を果たさねばならないのだが、「それは外部から権力などによって強制された義務ではなく、むしろ逆に自発的に、その責任を果すことに誇りを感じて、遂行されるような義務」(17)を意味する。「役(えき)」は中国語の原義に近く、「役(やく)」と読む場合の意味は日本において独自に発達したのではないかという。尾藤によればこの「役(やく)」の観念は一五、六世紀の戦国時代以降、新しい国家観念と新しい社会的関係の成立の過程で形成されてきた。そして近世、江戸時代の中でこの観念はますます社会的に共有されるようになった。「『役』に服務することが、それぞれの身分に属していることの象徴的表現とでもいうべき性格が強くなって、強制的な義務でありながらも、同時にそれが個人の自発性に支えられたものとなった点に、大きな変化があったのではないか」(傍点―引用者)、というわけである(18)。

すなわち武士の「役」は、「個人としての主君に対する奉仕であるよりも、全体としての国家の軍事的・行政的な組織を構成する一員としての義務というのに近い性格をそなえる」(19)。また、農民の「役」も「一面では、領主に対して生産物を貢納し労働力を提供する義務という意味で、封建的なものといえるが、また一面からすれば、かれらは領主の私有民ではなく、国家的な基準にもとづく貢納の義務を負うという意味では、それらの負担が国家の公民としての『役』という性格をそなえていたことは否定できないのである」(20)。

このように江戸時代の中で、単なる苦役としてではなく、義務でありながら自発的に支えられ、時には誇りさえ感じて遂行される「役（やく）」の観念が、士農工商の身分制やその身分の中でさらに細かく分割されたさまざまな職制（「役割」分担！）に依拠しつつ拡大し、同時にそれが決して特定の主君や領主に対する奉仕としてよりも、全体としての国家（「公儀」）に対する義務として考えられていたのではないか、という指摘はきわめて興味深い。そうであるがゆえに、自らの果たすべき「役（やく）」（「役（えき）」ではない！）に対して、時に誇りさえ感ずることができたのである。

この「役（やく）」の観念が江戸時代の中で普及し根づいていたからこそ、明治維新後、比較的容易に、均質な国民を天皇のもとに形成することができたのではなかったか、というのである。

幕藩体制のもとでの「公儀」の百姓とその領主との関係は、一面では「私領」の被支配者と支配者との関係でありながら、他の一面では、それぞれの身分に応じて国家から与えられた「役」を担当するということを通じて結ばれた関係であり、その限りでは対等に国家の構成員であると考えられるような意識が、潜在的に両者の間に存在していたとみられるからである。維新の変革により身分の差別が撤廃されたとき、その国家意識は、伝統的な天皇の国家という観念として顕在化したといえるのであろう（傍点――引用者）(21)。

このような見解のもとにあらためて明治維新後の教育史を眺め直してみると、立身出世の手段としての教育に対する期待の大きさや、それに基づく学歴主義の浸透という差異化志向の陰で、逆にそれらを忌避する均質化志向もまた根強かったことに気づく。

文字文化は、柳田國男が、「近代の新現象」(22)と呼ぶ以前に、すでに近世後期に寺子屋等を媒介としてかなりの普及をみていたことは高橋敏や梅村佳代らの研究によって知ることができるが(23)、他方、丸山教の教義書に「学問は四書五経迄、学校是はいけないものだ。身をずるくりてしまふ。はいされて仕舞のだ」(24)などとあるように、明治も半ばになってなお、学校が大衆を共同体から引き剥がし、個人として競争の坩堝の中に投げ入れることへの（願望と同時に）不安の意識もまた根強いものがあった。大衆の素朴な感覚としての平等主義は、初代文部大臣森有礼が、「尋常科ニ代用スル」ものとして普及に熱心だった授業料非徴収を原則とする小学簡易科が、「貧民学校」として「厭嫌」され、政府の期待通りに普及しなかったことにも表れている(25)。

日本の大衆の「勤勉」や「努力」は、一個人として、集団（みんな）から抜きん出たい、と考えるよりも、集団（みんな）の中にいたい、集団（みんな）から落ちこぼれたくない、と考えるところに発するものでもあって、学校は必ずしも他人を踏みつけ蹴落として立身出世する手段としてのみ期待されたのではなかった、ということであろう。

学制期に導入された個人の競争を前提とする試験制度と等級制が一八九〇年代「天皇制教育体制」が確立する過程で廃止され、天皇のもとで集団（みんな）とともにあることを前提とする「学級」が成立したというのは、きわめて象徴的であるように思われる。学級は天皇のもとでの臣民育成のための訓育機能を期待されて導入されたものだが、それは大衆の前述のような心性によって、基本的に支持されたのではなかったかと思われる。日本の小学校の定着過程は、小学校における学級の定着過程に照応するのである。かくして近世以降醸成された前述の「歴史的蓄積」は、見事に、均質にして国家に忠実な国民を形成するパン種になり、大衆とエリートの障壁を基本的に取り払って、世界に冠たる「過剰な資本主義」を形成するのに大いに役立ったのであった。

文部省普通学務局長として教育行政の中枢にあった澤柳政太郎は、一九〇九年刊行の『実際的教育学』の中で、学校教育における学級の意義について次のように述べている。

児童生徒は学校に於て教育を受くると云ふけれども、厳密に且適切に之を云ふたならば、学校に於て教育を受くるにあらずして、学級に於て教育を受くるのである。教育の目的物たる児童生徒は、先に学校論に於て述べたる如く個人々々に教育上の単位、本位となるものではない。教育は児童生徒の団体を単位として施すのである。しかしこの単位、本位は学校と云ふ大なる団体ではないのである。

実に学級と云ふ団体であるのである[26]。

澤柳は、個人を単位としてではなく、団体を単位として教育を行なうのが、近代の学校教育の特徴である、という。その団体とは、具体的には学級なのである。

近世の教育は個人を相手とせずして児童生徒の団体を相手として施す教育である。従前は日本に於ても、また西洋に於ても、個人を相手として教へたのであるけれども、今日は教育を施す場合に於ては個人の特質を発達せしむることを忘れては居らないけれども、個人を単位とし、個人を本位として教育を施すのではない。団体を単位、本位として教育を施して居るのである。こゝに於て学校の性質を考へることが益々必要である[27]。

澤柳によればそれは決して経済的効率のためではなく、共通の教育を施すことによって「共同の精神」を形成することができるからである[28]。そこにこそ近代学校の使命がある。

澤柳は一九一五年の「我が小学教育の特長」という文章の中で[29]、ドイツやイギリスなどヨーロッパ諸国の教育と比較して、日本の小学校教育の特徴は「国民一般を教育するもの、語を換へて云へば貧富貴賤を問はず、六ケ年間は平等に教育すると云ふ点に存すると自分は確信する」と述べ、「成るべく長く小国民が共通同一の教育を受けることは国民精神の統一上望ましいことである」と強調している。そして

「自分は日本の制の方が遥かによいと確信するものである。若し日本の現制を改めて欧州風にするとするものがあったなら自分は極力反対する」と言い切っている。

澤柳のこのような教育観は「貧富を問はず貴賤を論ぜず均しく是れ陛下の赤子である。陛下の赤子は出来るだけ機会均等の下に置かるべきで従って教育も出来るたけ同一にする事が望ましいと云はねばならぬ」というような一君万民論的な「我国柄」への認識に基づくものでもあった。

そして澤柳は、周知のように熱烈な仏教信者であり、また身体と精神の錬磨を一体としてとらえる東洋の伝統思想に根ざす修養論者でもあった。その彼が慎重な言い回しながら、「学級を以て単に教授上のために存するものとせず、訓育上においての意味をも学級に附することは適当ではないであらうか」(30)と、学級の訓育上の意義について述べていたことは、きわめて興味深い。

かくして学級という集団に依拠しつつ行なわれる教育は、教授よりも訓育に力点が置かれ、カミングスのような西洋人の眼から見て、「日本では常に、学校教育は、個人の能力の限られた部分を発達させるというよりも、むしろ『人間全体』を発達させるべきものだと、考えられてきた」と思われたとしても、当然のことであったろう。

そして以上のような教育が大衆の中に受け入れられていくには、この根底に、人間全体のバランスよき発達を理想とした儒教的人間主義や東洋的人間観が根深く流れていたと見るべきであろう。

なおまた、澤柳政太郎の教育観の根底にあると見られる仏教への傾倒や修養論は、大正新教育運動のオピニオンリーダーとしての澤柳政太郎像を抱く者にしばしば戸惑いを与えるものであり、その観点から前記の側面は彼の「限界」や「弱点」ととらえられがちなのだが、そうではなくて、むしろ東洋の伝統思想を継承し、近世以来の「歴史的蓄積」を引き継ぐものとして改めて別の光を与える必要があるのではないかと思う。

しかし学校を立身出世の手段としようとする考え方は、日清・日露の戦争を経て日本資本主義が本格的な発展を始める中で次第に大衆のものになっていった。しかしこの時代の青年達の学校にかける夢は、土方苑子が言うように、明治初期の士族青年や豪農青年達のそれとは「おそらく相当異なっていたと思われる」(31)。集団(みんな)から抜きん出たい、と考えるよりも、集団(みんな)から落ちこぼれたくないため\の、「時勢」に遅れないための、競争が始まったのである。

しかしその時代でもなお、大衆の中には、野村芳兵衛の父親がその父の言葉を借りて述べたように、「子どもには、あんまり学問をさせるもんじゃない。今までに学問をした者を見てみるがよい。怠け者になったり、公金を横領したり、ろくなことはない」(32)というような学校教育観が消え去ることはなかった。もとよりこれも、やがては、自ら十分な学校教育を受けることの出来なかったルサンチマンとして表出されることにもなるのではあるが。

私は現在でもこのような学校観は大衆(われわれ)の中に、その学校信仰の裏側に根強く流れているのだと観察している。よし、それが怠け者の居直りであったにせよ、今日の学校不信の根底に、澱のように、しかし着実に量を増やしながら、蓄積されているのではなかろうか。

4　おわりに

今日、西洋中心思考は言うまでもなく、その系というべき「西洋対日本」思考の不毛なること明らかであるように思う。私達はもっと多元的で相対的な歴史認識を持つ必要があるだろう。この意味で、例えば岩波書店・同時代ライブラリーの一冊松田壽男『アジアの歴史』などは、「東西交渉からみた前近代の世界像」という副題のとおり、もっぱら前近代を対象としたものだが、その壮大なスケールからの世界史像の提示はきわめて刺激に満ちており、また地理性と歴史性を総合した「風土」の視点などは教育史を学ぶ私達にも多くの示唆を与えるものであろう。

ヨーロッパからだけではなく、アジアから、教育（史）はもっと見直されなくてはならない。

3章

日本における近代教育学の成立と教育史研究の位置

——吉田熊次の場合

以上述べ来たれる所に依りて明なるが如く、明治以後の教育学界は極めて変化に富んで居る。けれども明治時代末期以来果たして幾何の進歩を教育学が遂げ得たかは疑問である。併しこれは独り日本に於ける現象のみではなく、世界を通じて教育学なるものは未だ幼少の域にあるのである。真の学的教育学は之を過去に求むべきではなく、寧ろ将来に望むの外はない。而してそれには教育そのものの概念と本領とを明確ならしめ、教育学をして他の科学又は哲学の隷属より解放せねばならぬ。それには世界の教育思潮を一国に集め、且つ公平にそれを批評する自由の天地にある我が日本の教育界は最も有望なりと信ずるのである（吉田熊次「日本に於ける教育学の発達」『岩波講座・教育科学』第一二冊、一九三二年）。

1　はじめに

戦後の日本教育史研究は、①圧倒的に明治維新以後、すなわち近代以後を対象としたものが多い。しかも②学校教育を主たる対象とし、③教育制度・政策史を中心に、④公官庁文書を主たる史料として、⑤これらの史料に基づく「厳密な実証」を基本的方法として行なわれてきた。これら①～⑤は緊密な連関をなしている。近代以後を対象とするのだから学校教育が主たる研究対象となり、学校教育が主たる研究対象となるのだから、教育制度・政策史が中心となり、したがって公官庁文書が主たる史料とされ、これらの史料は比較的よく保存されているから「厳密な実証」が可能となる、というように。

戦後、近代以後の教育制度・政策史に関心が高まったのには理由がある。「戦争への道」に対する悔恨は、その道にいたる明治維新以後の近代史への関心を高め、その責任の一翼を担った教育制度・政策史への批判的検討を要請したのである。

この関心は、同時に、教育政策に対抗して軍国主義日本の形成に厳しく抵抗したであろう教育運動への強い関心を噴出させた。大正新教育運動が、生活綴方教育運動が、あるいは新興教育運動が、そして教育史的意義からの自由民権運動等々が、研究の新たな対象として取り上げられた。

しかし、今日の眼から振り返って見れば、教育政策史への関心も教育運動史への関心も、共に、教育意図（あるいは理念）に関心を収斂させていたという点において、同じ環の中にあったと評することができるのではなかろうか。いみじくも宗像誠也が、「教育政策とは権力によって支持された教育理念」であり、教育運動は「権力の支持する教育理念と対立する教育理念を、社会的勢力の支持によって実現しようとすること」ととらえたように(1)、教育政策も教育運動も共に、教育理念をめぐる対抗としてとらえられたのである。このように教育政策史にせよ教育運動史にせよ、教育意図（理念）のあり方にきわめて高い歴史的関心が寄せられたのは、権力をめぐる政治的対立の中で、戦後教育をどのように形成するかという差し迫った、しかも緊迫した課題が存在したからにほかならない。

このような動向に顕著な変化が見え出したのは、一九九〇年前後からであったと言えるであろう。私が言うところの「教育の社会史的研究」への関心の高まりである。ベルリンの壁の崩壊は一九八九年であるが、この前後から「教育の社会史的研究」への関心が高まってきたと言うことは、偶然ではない。そして現在、日本の教育制度・政策史の研究はすっかり沈滞化したかの感がある。研究の関心は、大状況から小状況へ、大きな物語から小さな物語へ、より具体的には、中央から地方へ、理念から実態へとシフトしているかに見える。

しかし私は、戦後における以上のような動向を認めたうえで、しかもなお、冒頭に述べた日本教育史研究の基本的性格は現在もなお健在であり、依然として日本教育史研究の主流をなしていると考える。中央から地方へ、理念から実態へとシフトしていると言いながら、日本教育史研究の基本的性格は、そのまま保持されている。「教育の社会史的研究」の影響を受けながら、しかし、それに必ずしも自覚的でないが故に、かえって、日本教育史研究の混迷は深まっている、と言えるのではないだろうか。

本章で取り上げる吉田熊次は、東京帝国大学教育学講座の初代の専任教官として、日本の近代教育学の成立に大きな役割を果たしたが、同時に、その教育史研究への関心は、彼の教育学研究の体系の中に本質的なものとして位置づけられている。そして吉田熊次が構想した教育史研究の内容と方法は、前述の、戦後の日本教育史研究の基本的性格として、今日もなお継承されているのではないか。言い換えれば、戦後の日本教育史研究の基本的性格は、必ずしも、戦後新たに生まれたものではなく、本章で取り上げる吉田熊次が、近代日本における教育学成立の時点で付与した性格を継承するものであったのではないか。

たしかに、戦前において、史料に基づく「厳密な実証」には大きな制約があり、また、戦時下においては皇国史観のもとに「厳密な実証」を放棄した日本的価値の称揚が行なわれたが、しかし本論で述べる吉田熊次を通してみれば、戦時下の逸脱・錯誤を超えて、日本教育史研究の基本的性格は一貫している、と見ることができるのではないだろうか(2)。

このような認識が成り立つとすれば、今日、教育史研究者である私たちが当面するのは、吉田熊次の継承と克服の問題となるのではないか。本章で検討したいのは、このことである(3)。

2　日本における近代教育学の成立と吉田熊次――『系統的教育学』の意義

吉田熊次は三年半にわたる独仏二ヶ国を中心とした欧州留学から一九〇七（明治四〇）年に帰国後、直ちに東京帝国大学文科大学教育学講座の初代の専任教官（助教授）に就任し（それまでは野尻精一、大瀬甚太郎、林博太郎が講師として担当)、一九一六(大正五)年に教授に昇任、以後、一九一九年の教育学科一講座から五講座への拡張を経て一九三四(昭和九)年に定年退官するまで、教育学科の主任教授として東京大学の教育学風をつくりあげるのに大きな役割を果たした。

吉田は欧州留学から帰国後、翌〇八年に『実験教育学の進歩』、〇九年に『系統的教育学』を相次いで出版したが、特に『系統的教育学』は重要な意味を持つ。海後宗臣によれば、本書の体系は、吉田の師大瀬甚太郎を継承しつつ、一九一〇年代から二〇年代に最も利用された師範学校教科書、小川正行・佐藤熊治郎・篠原助市共著『教育学』などにも大きな影響を与え、かつ一九二〇年代に学生生活を送った海後宗臣等にとっては必読の教育学書とされていた(4)。

『系統的教育学』は、その「序言」によれば、刊行の前年、一九〇八年八月に行なわれた大日本教育会開催の夏期講習会における講義筆記をもとにしたものであった。「平易に且つ学術的に教育学全般に亙り」(5)講述したものであったから、文検受験者のための必須の参考文献として長く利用されたが(6)、他方、東京帝国大学における吉田の教育学概論の講義もこの書の体系のもとに行なわれ、刊行一〇数年後に海後宗臣らが受講したときも同様であったと言う。海後によれば、「後に吉田教授は多くの教育書を刊行しているが、それらはこの系統的教育学で設定した全体の構図のどこかを詳述した著書であったとみられる」(7)のである。すなわち、欧州留学からの帰国後まもなく、吉田・三二歳の時に刊行されたこの書は、吉田熊次にとってはもとより、日本の近代教育学にとっても、その後の学問の体系を基礎づける重要な意味を持ったのである。

『系統的教育学』に示された吉田熊次の教育学の特徴を要約すると、次のように言うことができるであろう。

(1) 吉田には教育学の確立（体系化）への強い志向と使命感があり、これは彼の生涯を貫くものであった。

吉田は晩年の回想的文章の中で、東京帝国大学助教授への就任時に浜尾新総長を訪問した際のエピソードを紹介しつつ、在職中常に「大学に於ける教育学の真の任務は何処にあり、又如何にしてそれが果さるべきか」ということが念頭にあった、と述べている(8)。日本最初の帝国大学教育学専任教官として、吉田熊次は、教育学の確立と体系化への強い自覚と責任感を持って、その生活を出発したのである。同時に彼が欧州の留学先で得たものは、学問の圧倒的先進国であるはずの欧州においても、教育学は未確立であり、特に大学における教育学研究の体制は不十分であるとの認識であった。吉田は「序言」で次のように述べている(9)。

余が独逸仏蘭西英吉利の諸国に於て親しく研究視察せる所を以てすれば、教育学なるものは彼地に於てもなほ未だ十分に研究せられをらざるなり。北米合衆国に於ては教育に関する研究の比較的盛大なるは事実なりといへども、その研究法に於て未だ周到ならざるものありて、時としては架空の臆説を敢てすることもまた学者の公認する所なり。かくの如く従来の教育学そのものの研究未だ整はざるに、妄りに新奇を追ふて転々するが如きは、余は斯学のために悲まざるを得ず。

日本がそれを輸入した学校教育の先進国・欧米諸国においても、教育学研究が未確立であるとの認識を懐いて吉田熊次が帰国したという事実は、じゅうぶん記憶されるべきである。

(2) このように考えた吉田は、教育学を確立しようとするにあたって、単にヨーロッパの教育学を祖述するといった安易な方法によってそれを行なおうとはしなかった。吉田はヨーロッパにおける教育学研究の成果に学びつつ、主体的に自らの教育学を体系化することを企図した。

後年、吉田熊次は、自らの教育学とドイツ、アメリカのそれとの関係について、次のように述べている(10)。

独逸の教育学は組織体系を整へる点と、教育理論を論理的に建設する点とに於いて余の立場と共通である。米国の教育学は教育事実に即してそれと社会生活との関係を経験的、実験的、統計的に研究する点に於いて余の立場と共通である。要するに教育学の形体に於いては独逸流にし、その実質に於いては米国流にするといふのは余の教育学の主張である。唯独逸の教育学説には独逸伝統の哲学乃至神学を背景とする所から独断的偏見が内在して居り、米国の教育学説には単に経験事実を其のまゝ価値的のものと仮定する偏見がある。余は是等の孰れの偏見にも陥ることなく、教育事実そのまゝを材料とすると共に、教育理想を設定してそれを統一的に指導する原理を究明せんことを期するものである。

吉田は、このように、ドイツの教育学から学ぶべき体系性と論理性、アメリカの教育学から学ぶべき経験的・実験的・統計的方法による実証性と実際性、すなわち、前者の形式と後者の実質、その両者を併せ持ったものとして自らの教育学を体系化せねばならないと考えた。その各々に偏することは、「偏見」として斥けられねばならないが、それは各国の歴史と伝統に基づく教育学研究の特徴でもある。前項に示したような、留学時に懐いた欧米教育学へのリアルな認識は、このように深められたのである。

(3) 同時に吉田において、明治維新後の日本の教育の発達は、東洋・日本の伝統を継承・発展させたものではなく、ヨーロッパの教育を「移し植えたもの」と認識されていた。そのため教育学の確立のためには、まず西洋における教育の歴史と理論を学ばねばならないと考えた。吉田は言う(11)。

私の今日まで信じて居りまする所に依りまするると云ふと、今日我々が意味して居り、又実際我々が為して居る所の教育と云ふものは、国こそ違へ性質上は欧羅巴に於て為して居つた所の教育と云ふものと寧ろ近いと云ふのであります。(中略)今日我々が為して居る所の教育と云ふ事実は、明治維新以後欧羅巴に於て久しく為されて居つた所の事実を移し植えたものである。それであるからして其性質上其本質の上より論じまするとと云ふと、日本の教育と云ふもの、起源は東洋にあると云ふよりは寧ろ西洋にあるやうに考へることが出来ると思ふのであります。

明治も末年になり、日清・日露の両戦争を経て帝国主義化する中で、あえて前引のように述べていることは注目されてよい。「斯く申上げることは、決して私は愛国心がない、日本国を忘れると云ふ非難を受くべき筋ではない」(12)。吉田熊次は、こう断りながら明治維新以後の日本の教育がヨーロッパの教育を輸入したものであること、そしてさらに、そのようなものとして発展させるべきものであることを主張したのであった。

(4) 以上のこととも関連するが、吉田にとって、厳密な意味での教育とは学校教育であり、したがって厳密な意味で教育学の対象とすべきものは学校教育であると認識されていた。

吉田は教育を、広義の教育と狭義の教育に分ける。広義の教育とは、意図よりも結果に着目したもので、結果的に被教育者が何らかの影響を受け発達又は進歩した場合、例えば「子守」等による教育や家庭教育などである。これに対して狭義の教育は結果よりも意図に着目したものであるが、これはさらに二つに分けられる。一つは、教育をする側の意図だけではなく、教育を受ける側にもこれを受けようとする資格や条件が前提とされている場合、典型的には学校教育である。もう一つは、教育をする側の意図はあるが、教育を受ける側の資格や条件が想定されていない場合、典型的には社会教育である(13)。

教育学は、主体と客体の相互関係（影響）のあり方を究明するものであるとするならば、その典型として対象とすべきは学校教育だということになる。

吉田はのちに、ドイツの社会的教育学への共感から社会教育へ深い関心を寄せるようになるが、彼の教育学の中心には学校教育が置かれていたのである。

(5) 吉田は、教育の普遍性に対する懐疑説を考慮しつつ、教育学の確立のために、教育理論の普遍性究明の重要性を主張したが、同時にその現実を検討する際には、相対的認識が必要であると主張した。
吉田は、一八一二年にヘルバルトが書いた「教育学の弱点に就て」という論文を紹介しつつ、「ヘルバルトは自己の教育学を科学的教育学なりと唱へて居つたに拘らず、教育学と云ふ者はどうもまだ一般的になれない、普遍的教育学と云ふものが出来さうもないと云ふ考を有つて居つたのであります」と、述べる(14)。吉田によれば、ヘルバルトは教育の目的と方法は普遍的であるべきものであるが、方法の基礎となる心理学が未発達な現状においては、教育学はいまだ普遍的な科学となり得ないと認めざるを得なかった。しかしシュライエルマッヘルになると、「教育と云ふもの丶性質それ自身が経験を俟つものであるからして、教育は何時の世にあつても普遍的なる原理に依つて支配さるることは極めてむづかしいことである」(15)と主張するようになる。すなわち、吉田によれば「一国には其国の事情があるからして、独乙に施す所の教育上の原理を以て日本に施すと云ふ訳には行かぬと云ふのがシュライエルマッヘルの立場である」(16)。

さらに吉田はヘルバルト以後の教育の普遍性に対する懐疑説発展の過程をたどりながら、教育の普遍性を根本的に疑った人物としてディルタイに言及して、「教育の理想も歴史的社会的に極めて来なければならぬと云ふ論になるのであります」(17)と述べるのである。

このように吉田は教育の普遍性への懐疑説を丁寧に紹介しながら、しかもなお教育の事実と教育に関する理論的研究を混同してはならないとしたうえで、「学理上の理論を実際に施す際には其地方に依つて違ふ所がなければならぬし、又時代に依つて違ふことでありますが如何なる方針に依つて其事実を支配して行くべきかと云ふ理論に関しては、共通の部分、普遍的の部分があると云ふことは争ふべからざることであると思ふのであります」と結論するのである(18)。

(6) かくして吉田は、理論における普遍性の究明の必要を指摘しつつ、現実の教育がその目的を含めて時代と社会によって規定されていることを強調する。これは当時のドイツにおいて盛んであったベルゲマン等の社会的教育学への共感に基づくものであるとともに、彼の国家主義的な教育観と緊密に繋がっていた。

吉田によれば、教育の目的は「個人」にはない。人間の本質について、哲学的には、個人を単位に考察することはできるかもしれないが、個人は、相互に関係を持ちつつ、社会を形成して一生を送るのであるから、教育の目的は、人間相互の関係のなかで、経験的に、事実として、考察されなければならない。「故に古来教育と云ふものの実際上の目的と云ふものは皆其当時の社会の事情に依つて色々に変つて来て居るのである」(19)。したがって教育の目的は、「事実としては皆其当時の社会状態、即ち社会意識に依つて変つて来て居る」のであって、「単に個人の人格を高めるとか、知情意を全うすると云ふぼんやりしたものでなくして知情意と云ふものを全うする標準は其当時の社会意識に依つて限られて来て居るのでありますとということになる(20)。

それでは今日、いかなる社会を目的として教育を行なうべきであるか。吉田によれば、「今日の文化の発達状態に於ては、吾人の人生に最も多くの関係を有つ所のものは国家的生活である。是は時代に依つても変はり、場所に依つても一様でないのでありまするけれども、今日の文明国に於ては、国家的関係ほど密接なる関係を人生に有つものはない」(21)。したがって、「若しも公平に事実を観察すれば、国家の進歩発達と云ふことを以て教育の主義に為すべきことは当然のことであつて、少しも怪むに足らぬことであると私は信ずるのであります」(22)、と自らの確信を述べたのであった。

以上のように考えた吉田熊次にとっては、日本の教育学は、ドイツやアメリカ等の欧米諸国と異なる歴史的伝統のもとで、しかもなお、明治以後の学校教育は西洋のそれを輸入したという現実を踏まえ、且つ、「国家」の時代と言うべき世界史的現実のもとで構想されなければならなかった。このとき吉田の念頭に、日本の教育学にとって教育勅語をどう位置付けるか、という課題があったことは当然であろうが、これを、吉田の教育学は当初から教育勅語を位置づけるために構想された、と言うことはできないだろう。日本の特殊性に根ざしながら、しかも普遍的(一般的)な教育学を希求した吉田にとって、そこに教育勅語をどう位置づけるかは、決して自明のことではなく、十分に検討しなければならない重要かつ困難な課題であったのである(23)。

3　吉田熊次における教育史研究の意味

吉田熊次は以上のように、教育研究における経験的・実証的研究の重要性を説くとともに、歴史的・比較的研究の必要性をも説いた。すなわち、教育学の確立を生涯の課題とした吉田において、教育史研究は教育学の基本的方法として位置づけられていたのである。

吉田は、一九三一年刊行の『教育及び教育学の本質』(24)において、「然るに学者は自分の学説、例へば教育とはより高き統一への助成であるとか云ふ説を以て、通俗的な即ち活きた人間社会の見解を破棄する。成る程其の立場其の学説から言へば、さも言ひ得るであらうけれども、通俗的の観念の方が、学者が自説を基として作り上げたものよりも、活きた人類社会にはより強き力を持って居るのである。其の孰れが正しいかは暫らく別問題として実際の事実としては通俗的観念の方が力ある一つの存在であることを学究徒として眼中に置くことを忘れてはならぬ」(25)と、学説に依拠して社会の「通俗的観念」を軽視する学者の姿勢を厳しく批判する。そして次のように痛烈な皮肉を込めて、「専門学者」の思弁性を批判した(26)。

教育の研究をなす場合に活きた教育事実から出発するのが正当なる順序であると思ふが、それは面倒でもあり中々容易に出来ないので、大抵は手ッ取早く誰かの書いた教育書を読むのである。併しながらそれは其の論を為す学者の頭の中から割出されたものであるが故に、果して生きた人間の生活にしつくり合ふか何うかは分らない。而して多くの場合に於て専門学者は、活きた実際社会を知らない。活きた社会に没入して其の真相を知つて居る者は学問の研究は出来ない。そこで学者は多く世間知らずに学説を述べる。而して此の世間知らずの学者の論が往々にして世間を支配する。これは誠に険呑な事柄である。

教育学の実践的有効性に対する吉田の関心は、きわめて深かったのである。戦後の教育学において、講壇教育学の非実際性をきびしく批判した澤柳政太郎『実際的教育学』(一九〇九年)の評価はきわめて高く、これに比して吉田熊次は、あまり顧みられることがない。この書をめぐる『帝国教育』誌上の澤柳と吉田の論争にしても(27)、講壇教育学そのものと見なされた故か、吉田の主張が省みられることはあまりない。しかしこの論争において、正面から『実際的教育学』を批評する吉田熊次に対して、十分これに応えていないのは澤柳政太郎の方だ、と言うべきであろう。吉田熊次は、基本的に『実際的教育学』が主張する、「実際」に基づき「実際」に役立つ教育学の必要性に同意を示しつつ、しかもなお理論的(あるいは一般的)教育学の独自の存在意義を強調するとともに、他方、現にある教育学の無力を批判して「実際的教育学」の必要を主張することとそれ自体の素朴さと、あり得べき「実際的教育学」を形成することの具体的困難を述べるのである。その見解の根底には、ドイツを中心とする欧米先進国における教育学の研究事情に精通し、また現にその形成に努力している専門学者としての自負さえ窺える。実際的教育学形成の困難は、単に教育学者の怠慢にあるのではなく、教育を研究することそれ自体の困難に根ざしていると、吉田は考えたのである。

吉田は、大学の先輩澤柳を、「余の最大恩師」として尊敬し、『実際的教育学』について、後年、「余は自己の生涯の事業として、澤柳博士の御希望に合するような教育学体系を完成せんと企て居る」とさえ述べる(28)。

そして吉田は、「学的研究の立場から言へば通俗的の見解も歴史的の見解も、教育学者の意見も要するに教育学研究の資料であつて、此の資料を如何に処理すべきかの考察が真に学的教育学の任務なのである」(29)と述べ、客観的・理論的な研究態度の重要性を強調しているのである。

そして同時代、山極眞衛もまた吉田の教育学について、「博士の研究方法の最も重要の一つは、謂はゞ歴史的比較法とも云はるべきものである様に思はれる。(中略)それは出来る丈独断を避け、多くの事実、多くの学説、のみならず常識をすら有力の資料として集め、比較、分析し、それから一定の見地に導かんとするものである」と述べ、さらに「『経験的』『一種の実証主義的』として、更に内容的には『歴史的―社会的』として特色づける事が出来るであらう」と評している(30)。

前節で述べたように吉田熊次は、教育の、理論における普遍性(一般性)と現実における特殊性、すなわち社会性と歴史性を主張した。このように考える吉田にとって、教育の研究、すなわち教育学には歴史的方法が不可欠であった。このようにして吉田熊次の教育学においては、教育史研究が本質的なものとして位置づくのである。かくして彼の日本教育史研究は、日本の特殊性にも根ざしつつ、①学校教育をその中心に据え、②それが輸入され、本格的に発達し始めた明治以後に重点を置き、③さらにそのオリジンとして西洋教育史を研究する、という性格を持った。

この点について、一九二二年に出版された『本邦教育史概説』(31) では次のように論じている。

まず吉田は「序言」の冒頭において、本書が、これに先立って一九一九年に出版された『西洋教育史概説』の姉妹編であることを述べ、さらに「若し両書を併せ読む時は、独り世界の文明諸国に於ける教育の発達を達観し得べきのみならず、本邦現時の教育の思想及実際の由来を明にし、且つ其の将来に於ける進路の根拠を発見し得べきなり」と述べる(32)。前述したように、明治維新以後の日本の教育は、西洋のそれを「移し植えた」ものであるのだから、そこでの教育問題を歴史的な視点から検討するには、西洋の教育の発達過程を知らなければならない。「明治維新後の教育は欧州に於ける近世教育史の縮図とも見るべく、本邦の現今及将来の教育問題を理解し解決する上に参考すべき貴重の経験に富む」(33) からである。そして教育史もまた、文教史や文化史ではなく、学校教育を中心とした歴史でなければならない。すなわち「其の記述は専ら学校教育の理論と事実とに直接的関係を有する事項に止め、従来多くの本邦教育史の如く文教史若くは文化史に属すべき事柄は成るべく之を省略せり。是れ決して文教史を以て教育者に無用なりとなすに非ず。唯、教育者に取りて最も適切なる教育史は学校教育を中心とすること欧米に行はるゝ教育史の如くなるべきことを信ずるに由る」(34)。

したがって本書の構成は、これも吉田自ら述べているところであるが、記述の三分の二が明治維新から執筆の時点までに当てられる。この間およそ五〇年、臨時教育会議の議決事項の紹介までなされているのである。但し明治以後の記述にあたって、「教育の実際」と「教育学説」が対比して論じられているのは、今日には見られない特徴であり、ここに吉田の教育学確立への強い志向を見ることが出来るであろう。

このような吉田の教育史研究の、前にあげた三つの特徴は、西洋教育史への関心のありようを含めて、そのまま戦後の教育史研究に継承されていると言えるのではなかろうか。本章冒頭に述べたように、学校教育を中心に、明治以後を主たる対象に展開された戦後の日本教育史研究は、「問題意識」は本質的に異なるかのように見えながら、教育を意図する側に立ち、あるべき教育の理念を求めて、モデルとしての西洋を常に念頭に置きつつ行なわれたという点で、同じパラダイムの中にあったと言えるであろう。

しかしながら吉田熊次の教育史研究については、戦前から批判的な見方が存在したことも注目されねばならない。海後宗臣は『教育学五十年』の中で次のように述べている(35)。

佐藤誠実の『日本教育史』について吉田教授は「記述は詳密に亘って居るが、なお一層一般文化史的のものである。」として、文化史から組み立てた「日本教育史」を必ずしも重視していなかった。この点について春山教授は「吉田教授の教育史はあまりにも学校中心のもので、これでは日本人がどのように教育されてきたかはわからなくなる。」と私どもの教育史研究に警告を発していた。

佐藤誠実の『日本教育史』は一八九〇(明治二三)年と翌年に師範学校教科書として出版されたもので

あるが、もっとも特徴的なのは、その記述の対象が文化全般の広範囲にわたることである。例えば江戸時代を扱った第六篇では大項目として、文学、絵画、算術、天文、歴術、医術、神道、心学、兵学、音楽、茶湯、煎茶、挿花、宗教、農学、工芸、商業、女子教育が取り上げられる。文学の項には、印刷、幕府学校、搢紳学校、諸藩学校、私塾、書籍館、漢文、詩、韻学、支那俗語、国学、洋学、書があげられ、さらに、国学には語学、歌、和文、連歌、俳諧、礼式、制度が含まれる、といった具合である(36)。『古事類苑』の編纂に当たった経験が遺憾なく活かされているのである。

この『日本教育史』を、「私はこの教育史の中にとられているかくの如き広い立場を極めて価値あるものとするのであって、これは充分に継承発展せしめらるべきものであると信じている」(37)と高く評価したのは海後宗臣であったが、この認識を支えたのが、前引のごとく、海後の師である春山作樹であった。春山は、一九二〇年の「教育史概説」講義用自筆ノートの中で、「教育と云ふ語は時として甚だ狭く道徳的意志の訓練のみを指し、或は学校の事業のみを意味することあり。然れども執れの時代に於ても道徳的意志の訓練のみが行はれたることなく、唯だ論者が道徳に重きを置くが為にこれを唯一の目的と定め他を副次的の目的若くは手段と考ふるに過ぎず。(中略)又教育は学校の事業に限ると見るも甚だ不合理なり」と、教育の概念を、道徳的意志の訓練と学校教育に限ることの狭さと不十分さを指摘し、「故に今教育史を研究するに当りては教育の概念を道徳的訓練或は学校事業等に限らず前世代が文化を後世代に伝へんとする組織的及び非組織的の努力の一切を包含するものと解するを至当なりとす」(38)と述べていたのである。

吉田熊次の教育史研究の方法は、戦前においては、必ずしも全体を制するものではなかった。文化史的な研究もまた少なくなかったのである。戦後においてこそ、その研究の方法は積極的に展開されたと言うべきかも知れない。

そして今日、吉田熊次が「無用なりとなすに非ず」と言いつつ省略した文教史や文化史への関心が、教育の社会史的研究にかたちを変えて登場していると考えられるのではなかろうか。これはまた、吉田熊次がその推進の真っ直中にあった教育の近代が、今や終焉しつつあると言うことの反映に他ならない、ということであろう。

4章

「子ども不在の教育史」考

1　「子ども不在の教育史」と戦後教育史学

いったい、いつのころから誰が言い出したのか「子ども不在の教育史」などと言われることがある。「教育史における子ども――教育史研究の意義と方法を問い直す視点から――」というテーマで行なわれた一九九一年の第三五回教育史学会・大会シンポジウムについて、司会者のひとり江森一郎は、そのまとめの中で「このシンポジウムは、『教育史研究における子ども不在をどう克服するか』、『教育史研究がどのような役割を果たしうるのかという問題を点検』するという二つの大問題を課題としてほしい、という準備委員会事務局の要請から出発した」と述べている(1)。これに対して、果たして本当に子どもは「不在」であろうか、「子どもはあたかも見えざる神のように常に(教育史の――引用者)叙述の背後に存在していたのではなかったか」と、喝破したのは、当のシンポジウムの報告者の一人森田伸子であったが、「子ども不在の教育史」との言説は、その根拠は必ずしも明瞭ではないままに、それ以前から教育史学界では一般に流布していたものである。

例えば、教育史学会が設立された翌年、一九五七年の第一回大会におけるシンポジウム「教育史研究の方法について」の末尾に行なわれた、「歴史の研究法について」という有名な特別講演の中で上原専禄は、「もろもろの領域、そのうちの一つに教育史があるという考え方はあまりにも機械的でありまして、たとえば諸領域が、政治史研究、法律史研究、文学史研究、芸術史研究とかある、そういうものにプラスする第六、第七、第八の研究領域として教育史研究が行われるだけなのか、そうでないのかという問題」を提起し、

……りっぱな経済学や政治学の研究もあるわけでありますけれども、大体大人をつかまえている、そういうものを通して大人的存在としての人間の社会的あり方、あるいはそのような社会的存在としての大人を対象としているような、そういう社会（に関する諸科―引用者）学の研究ではとうていつかまえることのできないような問題領域というものが教育学にはあるのではないか。そういったことを考慮に入れますと、これは教育史に限ったわけじゃありませんが、教育学というものが、その他の経済学とか社会学とかいうものとは、何か違った原理の上に、人間把握の違った自覚の上に行われていかなければならないのではあるまいか。もしそれがなければ、いつも子供というものは大人の意志が

働いてもかまわないけれども、大人の意志によって常に規定されていく、そういう社会的存在として子供というものをつかんでいいものかどうかといったような問題は、それは経済学でも社会学でも考えたことがないと思うのであります。……そのような意味でこれから日本は何をやっていかなければならぬかということを考えてやっていく、主体の形成という問題も合わせて考えていく。日本人がこれからやっていかなければならない仕事を実際やっていけるそういう主体を作り出していく。それも大人の勝手で作り出すのではなくて、子供とは何かというような問題まで下りたようなところでその問題を考えていくために教育史の研究が行われると、おのずから研究の対象というものがきめられてくるのではないか(2)。

と述べている。

ここで上原は、「大人の意志によって常に規定されていく、そういう社会的存在として子供というものをつかんでいいものかどうかといったような問題」をふまえ、「子供とは何かというような問題まで下りたようなところでその（主体の形成という――引用者）問題を考えていくため」の教育史への期待を述べているのであるが、このような主張は、「これから日本は何をやっていかなければならぬかということを考えてやっていく」という、のちに「課題化的認識の方法」と自ら呼ぶ学問研究の課題設定に関する方法を前提に持っていた(3)。そして、このような課題意識に関していえば、戦後における教育の民主化という課題を推進しようとした戦後教育学の一分野を構成した戦後教育史学は、十分これを共有していた、と言っていいだろう。

例えば宮原誠一編著『教育史』（東洋経済新報社、一九六三年）は、敗戦直後の民主化から逆コースへと「一国の国民が、わずか一〇年余のあいだに教育について二度も価値観の根本的改変をせまられることは、めずらしいこと」との状況認識のもとに、「これに抗して、教育における国民的な可能性をささえ、新しい国民教育をつくりだす努力が、各分野・各段階の困難な諸条件のもとでつづけられている。こういう現在の歴史的時点に立って明治以来こんにちまでの教育の歴史をふりかえり、いまかみしめてみたい主要な歴史的状況をおさえ、それぞれの歴史的意味と関連をあとづけてみたい」という意図で刊行されたものであって、上原の言う現代的課題に積極的に応えようとする姿勢は顕著である(4)。そして宮原誠一がその文章の中で、とくに「戦後における若い研究者たちの新しい達成に助けられ」たと述べているところにも顕われているように、戦後の、特に、若い研究者による教育史研究の多くは、上原が言うような、いま学界で問題になっていることを無反省にそのまま素朴に自らのテーマにするといったことではなく、現代的課題との緊張関係の中で自らの「創意」によって選び択ったものであったといえるであろう。

それでは宮原誠一らの『教育史』に子どもは「存在」するのか。子どもの「存在」が、具体的な記述の対象として子どもが登場することを意味するのであれば、ほとんど否である。この書は、社会教育を専門とする宮原誠一とその教え子達によって共同執筆されたものであったから、青年教育や労働者教育を積極的に取り上げ、例えば自由民権運動の中での自主的な学習運動を「国民的な中等教育の芽ぶき」と位置づけるなど、清新な記述に満ちたものであった。しかしこの書の中に青年や教師は積極的に登場するが、子どもが登場することはほとんどない。初等教育の制度や態勢については取り上げられたが、その対象としての子どもの状態――学習状況や生活環境など――にはほとんどふれるところがない。わずかに、「移り行く民衆の生活と教育」という項のところで「貧民教育」を取り上げ、「細民の子弟」の悲惨な状況が言及されている程度である。

宮原ら『教育史』の中に、しかし、上原が先の講演で言う「これから日本は何をやっていかなければならぬか」という課題意識、将来の日本をになうべき子どもの教育はどうあるべきかを真剣に考えるという意味での子ども主体の問題意識は、本書全編に書かれているものであったと言い得る。しかもなお、子どもについて直接に言及した個所はほとんどない。この意味で、先のシンポジウムで森田伸子が、「子どもはあたかも見えざる神のように常に叙述の背後に存在していたのではなかったか」と述べたのは当を得ている。しかし何故、教育史の叙述において、子どもは「あたかも見えざる神のように」、常にその「背後」にしか、存在し得ないのであるか。

ちなみに、宮原ら『教育史』とほぼ同時期に刊行された岩波講座・現代教育学・第五巻『日本近代教育史』（岩波書店、一九六二年）は、「従来からの近代教育の歴史的追求が多くは学校制度や文教政策を中心としていた。それで本巻においてはなるべく教育の実際にも論及するように工夫した」と、「まえがき」（海後宗臣執筆）にあるとおり、それまでほとんど未開拓であった教育実践やその運動の歴史を意欲的に取り上げたものであった。しかしここでも、その実践の対象である子ども達の置かれた状態への直接的な言及はほとんどない。

それでは、これも戦後教育史学者の共同の著作である教育学全集・第3巻『近代教育史』(小学館、一九六八年)はどうか。「まえがき」(土屋忠雄執筆)に言うとおり「そのときどきの教育が民衆の生活によってどのようにうけとめられたのか」といった目標を念頭に置きながら「できるだけ生きた歴史の本質に迫ろうとした」ものであったが、ここでもほとんど子どもの生活や状況にふれられることがない。

戦後新たに出発した近代日本教育史研究の成果というべきこれらの著作の中に、たしかに子どもは直接的な叙述の対象として「存在」しないのである(5)。しかしこれらの書が、その問題意識として子どもが不在であったかといえば、そんなことはありえない。教育史研究が、しばしば学校教育、それも初等教育中心であると言われるのも、子ども(児童)の教育への強い関心あってのことなのである。にもかかわらず、叙述の対象として子どもが登場しないというのはどういうことなのか。「子どものための教育史」たらんとして、結局のところ「国民のための教育史」に長くとどまっていた、というべきか。あるいは「国民のための教育史」は、当然にも「子どものための教育史」であると考えていたというべきか。たしかに戦後教育史学は、その後、教育制度史・政策史から教育実践史あるいは運動史へ、主体としての「国民」から「民衆」へ、あるいはアイヌ教育史や沖縄教育史、障害児教育史からさらには近年の植民地教育史の盛行へと、その研究の対象を確実に拡大してきた。しかし子どもを記述の対象として直接登場させることはほとんどなかった、と言わざるを得ない。

2　教育史研究と子ども史研究

教育史と子ども（児童）との関係について、あるいはそもそも日本における子ども史研究の不在についてこれまで熱心に論じてきた研究者に上笙一郎がいる。彼は「日本児童史研究の歴史と展望」という論文(6)の中で、「日本歴史学において通史のなかに子どもがおらず、では専門史にあってはどうかと見るに、そこには〈児童教育史〉のみあって〈児童生活史〉は皆無的であるわけだが、何故にこのような跛行的な状況が現出してしまったか」と問う。そしてその理由を、遅れて近代化を始めなければならなかった日本において、子どもが、近代化すなわち産業化推進の担い手（「未来労働力」）としてのみ教育の対象とされたことをあげている。そしてこのように、何かの理想に駆り立てる対象としてのみ子どもを見る見方は、天皇制国家体制に批判的であったものにとっても同様であった、と言う。

「すなわち、支配階級の意を体した歴史学派も民主の立場に立とうとする歴史学派も、事子《こと》どもという存在に関しては、等しく、その在るがままの〈生活的側面〉は見ようとせず、自身の理想とする価値を前面に押し立てた〈教育的アプローチ〉しかしなかった」「〈子ども〉という時期または存在を、成人は異なる独自の価値を持ったものと認識して尊重しようとする児童観は、残念ながら、支配階級史派はむろんのこと民衆史派にも遂に存在しなかった」というのである。

この上笙一郎が、石川松太郎、仲新、久木幸男、結城陸郎ら教育史学者とともに編集委員に参加して、第一法規出版から一九七七年に刊行されたのが、『日本子どもの歴史』全七巻であった。これは、日本教育史、教育社会学、児童文化論、日本文化史、民俗学などの研究者の学際的な協力による、編集委員自ら「刊行の趣意」に記すように「きわめて大胆なこころみ」であった。そして「おそらくは欠点も少なくないであろうが、子どもの歴史をはじめて総体的にとらえようとした新しい試みとして本書を世に送り出すことにした」という決意のもとに刊行された本シリーズは、日本の子ども史研究に教育史研究者が積極的にかかわったという意味でも、重要な意義を持っていた。

しかし、このシリーズに対して、『教育学研究』の図書紹介の欄で深谷昌志が、次のような批評を行なっている。「社会状勢の変化が独立変数として扱われ、従属変数として子どもの生活を説明するアプローチが多い。そうした短所が、特に顕著なのが学習を扱った章で、（中略）教育に関する叙述になると、『教えられる対象』として子どもが扱われ、子どもからの視点を貫こうとする児童文化や遊びなどの記述と著しい対比を描いている。これは、筆者も含めて、教育学の研究者たちが、教師の立場から教育を考え、子どもへの配慮を欠きがちな思考パターンを反映するものなのであろう」(7)。

シリーズ「刊行の趣意」に次のような一節がある。「むろん、これまでにも日本教育史は数多く書かれている。（中略）しかしそれらの多くは教育政策史ないし教育制度史であって、その教育を受けた者——すなわち子どもの立場から発想されたものは少なかった」。編集・執筆に参加した教育史研究者も、このような認識を共有していた、ということであろう。しかし、子どもの生活それ自体を描こうとする試みが、日本教育史研究の蓄積の最も大きい近代においてこそ困難であったのは、いかにも皮肉なことであったと言わねばなるまい。

このシリーズ刊行から七年後、同じ出版社から、今度は『世界子どもの歴史』が刊行された。その「発刊にあたって」は言う。「子どものいない時代はありません。（中略）どの時代にも、子どもの姿があります。将来、世界の歴史がどのように展開しようと、子どもは必ず存在しつづけるはずです。（中略）しかるに、各時代の子どもたちが具体的＝現実的にどのような生きざまを残してきたかという問題について、これを明らかにした書物は殆ど皆無といえます。たくさんの教育史が書かれましたが、その大部分は〈子ども不在〉の教育史でしかありません。（中略）結局、これまでの教育史は、〈子どもの領分〉とは全く無関係の次元に立ち〈子ども不在〉の記述説明をつづけてきた、というのが実情であります」。

相も変わらぬ「子ども不在の教育史」への断罪。しかし『日本子どもの歴史』刊行後の七年間に、「教育史研究における子ども」の問題状況は大きく変化していた。アリエス『〈子供〉の誕生』の翻訳出版（みすず書房、一九八〇年）と、それを主たるトレーガーとする教育における社会史研究への関心の高まりである。「発刊にあたって」は、右の文章に続けて子どもの歴史をめぐる研究状況の新たな「段階」について、これに気付き始めたのが「ほんのここ数十年来のこと」であること、それは人類学、社会経済史学、人口統計学等の人文・社会科学系諸学問と自然科学系諸学問の目覚しい発達によること、そしてこれが「人間の〝生きかた〟や〝考えかた〟についての根本的変革」を迫っていること、さらにこのまったく新しい「〝思考上のレンズ〟」をとおして「これまですこしも見えていなかった森羅万象のうちの冥闇の部分が、突如、手に取るごとくはっきりと見えてくること」、すなわち「子どもの歴史」もその部分の一つであること、が述べられている。ここに、戦後教育史学にも大きな影響を与えてきたマルクス主義を脱して近代そのものを相対化しようとするポストモダニズムの諸学問の影響とともに、「子どもの歴史」のとらえかたにおいて、アリエス等アナール派の社会史研究の影響は明らかであろう。

しかし、実際に執筆する段になって、世界の子どもの歴史が、きわめて困難な仕事であったことは想像に余りある。「しかし、なにぶんにも世界に類例＝先行例の無い出版企画であり、史料蒐集から執筆者選定に至るまで最初から難事業を強いられ、（中略）本シリーズの完結には七〜八年の歳月を要してしまいました」。「発刊にあたって」は、その困難を率直に認めている。

その困難のしからしむるところ、執筆形態も多様とならざるを得なかった。例えば第三巻「中世」を担当した阿部謹也は、ついに時間的余裕なく執筆辞退を申し出たが許されず、卒論の学生がたまたま中世の子どもや女性をテーマにしているので、その学生たちとのゼミを公開するかたちにして本書をまとめることとした、という。第七巻「アメリカ大陸」を担当した猿谷要の場合は、卒業した教え子を相手にした語りのかたちになっている。いずれもこの種の本の執筆形態としては異例である。また第一巻「先史時代」を担当し、編集委員でもあった斎藤正二のまえがきやあとがきに見る執筆過程の悪戦苦闘ぶりは、もはや壮絶というべきものである。これに対して西洋教育史研究の立場からこれに加わり第五巻「絶対主義・啓蒙主義時代」を担当した江藤恭二は、ホームグラウンドであるドイツを中心に「文化史的（思想史的・文学史的）な展望のなかで子どもの姿を浮かび上がらせてみる」とまえがきに書き、第八巻「近代ヨーロッパ（戦間期まで）」を担当した長尾十三二は、長年の西洋教育史講義の際に学生のイメージ形成のために好んで引用してきた自伝や伝記などを活用してまとめた、と述べているように、西洋教育史研究の蓄積に基づいた練達の筆を見せている。

しかし、前述のようにこのシリーズの執筆過程の時期に、アリエスショックとでも言うべき教育における社会史的研究への関心の高まりがあったにもかかわらず、ここにその影響を明瞭に認めることができるのは、宮澤康人編著による第六巻「産業革命期」のみであった。教育史学会紀要『日本の教育史学』で、一九八五年の西洋教育史の研究動向で本シリーズを取り上げた山内芳文が、「すでに斯界においてまとも な子ども史研究を見いだすことがまれになった今日こそ、それは、研究史の一定の総括を含み込んだものでなくてはならなかった」(8)と、不満を述べたのは、このような本シリーズの出来上がりに対してのものであったろう。

こうした状況のもとで、本稿冒頭で述べた「教育史研究における子ども不在をどう克服するか」、「教育史研究がどのような役割を果たしうるのか」という問題を点検するシンポジウムが開かれた、というわけであった。

3　日本における教育史研究と子ども――吉田熊次を手掛かりに

そもそも、日本の教育史研究にとって、子どもとは何であったか、を改めて問うためには、そもそも、日本の教育史研究とは何であったか、その性格を問い直してみる必要がある。これは、先の上笙一郎の指摘に関わる問題である。

一九九八年の教育史学会第四二回大会におけるシンポジウム「教育学への教育史研究の貢献」での報告「日本における近代教育学の成立と教育史研究の位置——吉田熊次の場合——」において、私は、日本最初の帝国大学の教育学専任教官として日本における近代教育学の成立に際してきわめて大きな役割を果たしたと考えられる吉田熊次の教育学構想の中で、教育史研究が本質的なものとして位置づいていることを述べ、さらに吉田熊次が構想した教育史研究の内容と方法は少なくとも日本教育史研究において、今日においても継承されているのではないか、という考えを述べた（第3章参照）。

吉田熊次は、明治維新以後の日本の教育について、次のように述べている。


私の今日まで信じて居りまする所に依りまするに云ふと、今日我々が意味して居り、又実際我々が為して居った所の教育と云ふものは、国こそ違へ性質上は欧羅巴に於て為して居った所の教育と云ふものと寧ろ近いと云ふのであります。（中略）併し我国にて四十年前に於て為されて居った所の教育と云ふもの（江戸時代以前の教育—引用者）と、現今我国に於て為されて居る教育と云ふものと比較して見ると、其間に直接に聯絡がついて居らない。今日我々が為して居る所の教育と云ふ事実は、明治維新以後欧羅巴に於て久しく為されて居った所の事実を移し植えたものである。それであるからして其性質上其本質の上より論じまするに云ふと、日本の教育と云ふものゝ起源は東洋にあると云ふよりは寧ろ西洋にあるやうに考へることが出来ると思ふのであります（9）。

「学制」以後の日本の近代教育は、それ以前の教育とは「直接に聯絡」せず、新たに西洋から「移し植えたもの」なのであり、西洋の文明国家で発達した教育を十分に咀嚼して、その最良のもの、すなわち日本国家の文明化に最大限に貢献するものを、いかに、日本に取り入れるかが、帝国大学教育学専任教官としての吉田熊次に課せられた使命であり、日本の教育学に課せられた課題であった。そのため、日本の教育学がまずなさねばならないことは西洋に発達した教育思想と実践をいかに理解し尽くすかということであり、その発展の過程を理解するために、西洋教育の歴史を研究し学ぶことであった。そして吉田の教育への関心は、何よりも学校教育に向けられた。

吉田は、教育を、広義の教育と狭義の教育に分ける。広義の教育とは、教育する側に明確な意図のないまま、結果的に、被教育者が、何らかの影響を受けて発達または進歩する場合である。無意図的教育などと言われるのがこれにあたる。これに対して狭義の教育は、教育する側に明確な意図が存在する場合である。吉田によれば、これはさらに二つに分かれる。一つは教育する側に明確な意図が存在するだけではなく、被教育者の側にもその意図を受けとめる資格や条件が前提として想定されている場合である。学校教育はその典型である。これに対して社会教育は、教育する側に明確な意図があっても、被教育者の側には資格や条件が明確には想定されていない。教育する側にも、教育を受ける側にも、教育する者・される者としての明確な意図（意志）がある場合、すなわち学校教育こそ教育学がその学的対象の典型とすべきものである。

吉田にとって、遅れて文明化に乗り出した日本が、西洋先進諸国に一歩でも早く追いつくために、教育学がなさねばならないことは、まずもって教育する側の意図（理念・政策・実践を含む）の内実を、先進西洋に学びながら、明確にすることであり、それをこの国に「移し植える」こと、それ以外ではありえなかった。ここでは、教育される側の意図――資格や条件を規定するところの「子どもの条件」は考慮するまでもなかった。子どもは、「見えざる神」というよりも、教育する側の、十分に配慮された意図のもとで、これを当然にも受容するはずの、あえて言えば「無告の僕《しもべ》」というべきであった(10)。

もとより、教育の意図は時代や社会によって異なる。吉田熊次は教育理論における普遍性究明の必要を論じつつ、同時に「学理上の理論を実際に施す際には其地方に依って違ふ所がなければならぬし、又時代に依って違ふことであります」(11)と、現実の教育がその目的を含めて時代と社会によって規定されていることを強調する。そこに彼の教育の歴史研究への関心の根拠があった。そして、吉田の教育学研究の構想からすれば、教育史研究の対象は、まず何よりも学校教育でなければならなかった。彼は『本邦教育史概説』の序言で述べている。「本書は努めて『西洋教育史概説』と体裁を同じくせんことを期せり。従って其の記述は専ら学校教育の理論と事実とに直接的関係を有する事項に止め、従来多くの本邦教育史の如く文教史若くは文化史に属すべき事柄は成るべく之を省略せり。是れ決して文教史を以て教育者に無用なりとなすに非ず。唯、教育者にとりて最も適切なる教育史は学校教育を中心とすること欧米に行はるゝ教育史の如くなるべきことを信ずるに由る」(12)。漠然とした文教史や文化史ではなく、学校教育に焦点化された（「欧米に行はるゝ」如き）教育史研究。これこそ、意図をもって教育の主体を担う教育者が学ぶにふさわしい教育史であった。

このように、教育史は、学校教育を中心とした教育意図史(13)として、吉田熊次の、そして日本近代の教育学の中に、しっかりと位置付けられたのである。

ちなみに吉田は、右の文に続けて、「余の見る所を以てすれば、明治維新前の教育には文教史に属すべきもの多くして、学校教育に直接的関係を有するもの極めて僅少なり。之に反して明治維新後の教育は欧州に於ける近世教育史の縮図とも見るべく、本邦の現今及将来の教育問題を理解し解決する上に参考すべき貴重の経験に富む。余は此の点に関しても今後に於ける本邦教育史の体裁の刷新を期待するものなり」と述べている。すなわち、学校教育を教育史研究の中心に置くという彼の構想からすれば、明治維新以後の近代教育史がとりわけ重要なものとなる。事実、吉田の『本邦教育史概説』は、「太古」から筆を起こしながら、叙述の三分の二が、明治維新以後五十年間に当てられるのである。

以上のように、吉田熊次の教育史研究の特徴は、①教育学の研究対象の典型としての学校教育の歴史的研究を主たる目的とし、②したがって、日本教育史研究においては明治維新以後を主たる時代対象とし、③西洋教育史はそのオリジン究明としての役割を持つ、という三点にあるが、これらの特徴はそのまま、今日の教育史研究にも引き継がれているのではなかろうか。

その根底にあるのは、教育意図の歴史を明らかにするための教育史研究というものであって、この点において、上笙一郎がいうように、「支配階級史派」はもちろん「民衆史派」も、戦前はもちろん戦後においても、教育史研究の立脚点は、基本的に変わらなかったと言えるのではなかろうか。「無告の僕《しもべ》」は、戦後、「見えざる神」に変身したかのごとくであるけれども、教育の対象としての当の子ども自身の「条件」が、取り立てて記述の、すなわち教育史研究の、対象とされることはなかったと言っていい。学校教育中心史観であったから学校教育の実践の対象以外の「子どもの条件」は無視された。のみならず、学校教育の実践対象としても、子どもは登場することはあまりなかった。よく言われるように、何を史料とするか、という困難が存在したからなのだが、それ以前に、史観の壁が、あるいは子ども観の壁が、立ちはだかっていたと言うべきであろう

4　教育の社会史的研究と子ども

いわゆる教育の社会史的研究は、このような史観を克服する試みであった。「教育の社会史的研究」という言い方は漠然としている。私は、ひそかに、もうしばらく漠然としたままにしておくほうがよい、と思うのだが、その主たる特徴は、①(学校)教育(制度)の社会的機能に注目し、②したがって、理念(形成者)、政策(遂行者)、実践(者)などの、教育の主体を構成する者よりも、教育の客体としての被教育者を主たる対象とし、③したがって、史料としても、日記、雑誌、通俗書、小説、あるいは回想や聞き取り等を意識的に活用する、といったところにある(14)。この研究のトレーガーの一人である中内敏夫の言い方を借りれば、「生きられた教育史」研究、と言うことになるのだが、その最も重要な点は、教育の社会的機能、あるいは結果、に注目するところにある。

この新しい研究動向を担うものは、教育社会学研究者らによる歴史研究、中内敏夫ら民間教育史研究の発展形態、近世教育史研究者を含むポストモダニズムからのアプローチ等多様であるが、「社会的機能」という観点からして、教育社会学からの貢献が大きいこと、あるいは期待されるのは当然である。そのような研究を代表するものの一つとして、そして従来の日本教育史研究のあり方を痛烈に批判したものとして、広田照幸の『陸軍将校の教育社会史』がある。ここで広田は、これまでの日本教育史研究においては「何がどう教えられたのかの究明に記述の大半が費やされ、被教育者がどう受けとめたのかについては体系的には考察していない。近年研究の進展が著しい、昭和戦時期の教育実態についての緻密な実証分析を見ても、せいぜい教え込みの実態の究明にとどまっており、教え込まれる側の内面についての考察はおろか、言及すらほとんどない」と批判する(15)。「イデオロギーの形成と教え込みによって、あたかも自動的な過程でイデオロギーが内面化されたかのような教育像を作りだしてしまっているのではないか」と言うわけである。

「教え込まれる側の内面についての考察」は、簡単ではない。のみならず、そもそも「教え込まれる側」については、その「外面」の考察さえ簡単ではないのである。なぜか。史料がほとんどないからである。公文書にはほとんどその痕跡が残らない。公文書が、権威ある部署から出されたものであればあるほど、「教え込まれる側」の具体的姿は登場しないのである。だから、文書史料、特に、公文書を中心に実証しようとすればするほど、「外面」すら見えにくいのである。それ以外の方法が考案されねばならない。広田がこの書の中で使った、そして教育史研究においてこれまであまり使われなかった方法は、統計資料の活用、生徒の作文・日記の史料化、諸外国との比較の視点、の三つである。

一般に、歴史研究者には統計資料に対する、あるいは数字そのものに対する不信感が強い。『文部省年報』の数字などもまず不信の眼をもって見られる（これは必要なことではあるが）。しかし、細かな実証のために統計資料は不向きだが、大体の傾向を知るには有効である。特に今後、現代が歴史研究の対象になるようになると、現代に近づけば近づくほど多様に残されている統計調査資料をどう使うかが重要になるであろう。近現代史研究者には、古文書解読能力よりも、統計資料駆使能力が求められるようになるかもしれない。

生徒の作文・日記の史料化という点は、これまで試みられてこなかったわけではないが、このような資料の発見自体が偶然性を伴う場合が多いことに加えて、内容が個人的かつ主観的であるから、歴史研究の資料としてはどちらかといえば敬遠されてきた。もっとも、日記の史料化については中内敏夫がつとに提唱するところであるが、必ずしもその成果は上がっていない。日記は、その性格上、なかなか発見できないし、内容が断片的すぎるのである。

比較の視点というのも難物だ。どうしても教育史研究（のみならず歴史研究）は、一国史的になりがちであるから。特に国家事業となった近代以降の教育の歴史は、そうなりがちである。しかし、対象を一国に限ったとしても、比較の視点は持たねばならぬ。今後、他国史を研究している研究者間の協力を、積極的に推進していかなければならない。

広田の書は、以上のような方法を駆使しながら、最も徹底して天皇制イデオロギーを教え込まれた陸軍将校の「内面」を明らかにしようとした労作である。その「内面化」の過程、メカニズムが明らかになったかといえば疑問は残るが、用いられた方法の検討を含めて、今後さらに発展させていかなければならない研究の方向であることは確かである。

なぜこのような新たな教育史研究の方向が必要となるか。アリエスショックといったような新奇を求める学界の新動向探しにあるのではない。根本的には、最近の教育と子どもをめぐる問題にある。

ここ数年、子どもや青年をめぐる状況をいったいどう考えるべきか。教育史研究の側から、これにどのような説明を与えるのか。単に、さまざまな「問題行動」への危機感をあおっていればいいとは思えないし、学校教育に直接の責任を負わせるわけにもいかない場合が多い。少なくとも、彼らのさまざまな「問題行動」を、単に学校や家庭の、あるいは教師や親の責任にのみ帰することはできないのではないか。その責任を追及する声は依然として高いけれども、その責任を追及することによって「問題」を解決することは難しいのではないか。もはや教育学の問題ではない、との意見もある。しかし同時に、さまざまな「問題行動」は、学校が何らかの形で関与している場合が多いから、教育学もまた無縁のこととして傍観していてよいはずがない。

青年・子どもをめぐる「問題」は、子どもの教育をめぐって、より深く、広く、社会的、あるいは文明的、すなわち真正の意味で歴史的な構造変化が起こっているのではないかと考えさせられる。教育史研究は、その意味を説明し、解いてみせるものでなければならないだろう。

子どもは、「見えざる神」に祭りあげられるのではなく、まして「無告の僕《しもべ》」と貶められるものでもなく、「子どもの条件」の歴史的変化が実証的に明らかにされねばならない。その方法が見出されねばならないのであり、教育の社会史的研究もその方法の一つとして注目されるのである。

5　新たな教育史研究に向けて

これに対して、いわゆる日本教育史の研究はどうなっているか。「子ども」に迫ろうとした、注目すべき、二つの著書について、その方法に着目しながら述べておきたい。

一つは土方苑子の『近代日本の学校と地域社会――村の子どもはどう生きたか――』（東京大学出版会、一九九四年）である。この書は、「学校制度の成立過程において法制度と学校教育の実態は相当異なる歴史過程をたどったといえる」という認識のもとに、「学校制度が『実態として』国民に深くかかわるにいたる過程を明らかにすること」をめざしたものである(16)。その方法は、ある行政村（長野県埴科郡旧五加村）の役場文書と学校文書の徹底した分析である。なかでも最も注目すべき（これまで誰もなし得なかった）方法は、行政村発足（一八八九年）以降四〇年間にわたる村の子ども総計約五千人の学校歴、進路のデータベース化という、気の遠くなるような作業である。同時に土方の方法でもう一つ特徴的なのは、社会・経済史等、教育を取り巻く関連分野の、研究結果を学んだだけではなく、その原史料（「所得調査簿」等）をも、「教育史の視点で検討」(17)したことである。それを可能にしたのは、関連分野の研究者との長期にわたる共同研究であった。

土方の研究は、公的文書史料であっても、その分析を徹底して行なえば子どもの実態に迫ることができる、ということを示した貴重な成果であった。

しかし同時に、率直に言って私は、これだけの成果を出すのに、これだけの膨大なエネルギーを投入せねばならないのか、という思いを禁ずることができなかった(18)。しかもなお、この書を評した上沼八郎が「私にとって最大の不満は、（中略）『子どもの生態』への記述の不足（むしろ欠徐《（ママ）》）という一事だった」と述べている(19)。土方自身、「問題を実証できることに限定してできるだけ事実に即した仮説の創出を目指した」と言い、「敢えて種類の異なる断片的な史料をもちいて全体像をつくることは避けている」と言う(20)のであるから、上沼の「最大の不満」をこの書にぶつけるのは無理、というものだが、ならば、「子どもの生態」を記述し、教育史の「全体像をつくる」方法が、土方の方法をも考慮しながら、別に模索されねばならないのではないか。

注目すべきもう一つの書は、逸見勝亮の『学童集団疎開史――子供達の戦闘配置――』（大月書店、一九九八年）である。

逸見の書は、主題が学童疎開であり、副題に「子供達の戦闘配置」とあるのだから、子どもの「存在」を十分に意識した研究である。そして行論との関係で注目すべきは、青木哲夫の書評(21)にもあるとおり、従来の学童疎開についての刊行物が、学童の疎開生活そのものについて、体験者の回想等の紹介に過半のスペースが取られているのに対して、この書は公文書に基づいて政策・行政・実施担当者の側の「意図」を徹底的に明らかにすることによって、子どもの生活の持っていた（持たされていた）意味を鮮やかに浮かび上がらせたことにある。文書史料に基づく、教育「意図」の解明という、これまでの教育史研究の基本的視点を継承する中で、その「意図」を受けとめた子どもの実態を解明したことにある。

しかし同時に、子どもの疎開生活解明のために、当然といえば当然だが、日記や回想、聞き取り等の方法が活用されている(22)。かくすることによってこそ、その実態解明に近づくことができた、ということに注目したい。

のみならず逸見は、終章に「学童疎開体験と相渉るために」と副題をつけ、「経験と体験」という項を起こし、次のような文章で本書を締め括っている。

先に、「多くの先行研究・資料集・回想記録(体験)に依拠した」と述べたが、そのさい、私が苦しんだのは回想記録(体験)に集団疎開のどのような事実を見出すのかということであった。回想記録(体験)は、公文書や同時代の観察が残すことができなかった細部をえぐってみせてくれた。しかし、それを事実と判断してよいものか、私は迷うことのほうが多かった。「学童疎開体験と相渉るために」とは、そのような私の感慨である。もう少し積極的にいえば、学童疎開史のようにその当時の子どもの状態や意識――その後も長く引きずっていればなおのこと――に密接にかかわる場合に、「体験と相渉る」という距離の措き方と立場は、研究の方法としても重要なことと考えるのである。(中略)そして、集団疎開体験と相渉れるほどの学童疎開史こそが必要なのである(二三四―二三五頁)。

私は、この一文を、日記や回想や聞き取りに、安易に依拠することへの警告として、重く受けとめたいと思う。同時にこれは、「体験と相渉る」ための方法追求の決意表明でもあるだろう。

「体験」と言えば、農村社会史の大門正克が『民衆の教育経験――農村と都市の子ども――』（青木書店、二〇〇〇年）という、これまた注目すべき著書を出している。著者は、標題に掲げた「民衆の教育経験」という視座から日本近代の歴史的意味を考察する、として、具体的には「学校教育を家族とのかかわりで考察すること」と「学校教育の受容過程をていねいに検討すること」の二つの課題をあげる(23)。農村と都市を対比させ、また男子と女子の違いなどにも着目して「教育経験」を検討したこの書は、いわゆる日本教育史研究者のものではないが、それゆえに、と言うべきか、教育を支えるさまざまな社会関係の中で子どもが描き出されている。

そして著者は「『教育経験』をとりあげるためには、いわば虫の目と鳥の目の両方が必要であり、双方の側から複眼的に考える必要がある」と言う(24)。私の見るところ、ここで虫の目の道具になっているのは子どもの作文や日記であり、鳥の目の道具になっているのは統計資料である。

土方苑子と逸見勝亮の書は、公的文書史料の検討という日本教育史研究の従来の方法を徹底して、駆使した、文字通り、労作にして力作であった。そしてその方法を徹底していけば子どもにたどり着くことができるという希望を抱かせるものであった。しかし同時に、私はこれとは異なる多様な方法に挑戦することにも躊躇すべきではない、と思う。これら多様な方法のうちの三つは、前節で紹介した広田照幸の研究が使った、そして右の大門の著書にも使われている、統計資料の活用、作文・日記の史料化、そして比較の視点であろう。

前述したような今日の青年・子どもをめぐる問題状況を歴史研究者の立場から説明して見せる試みは、そのような多様な方法の中から生まれてくるであろう。広田照幸が、教育史研究者からの、先の自著への書評のいくつかには、「揚げ足取りのイジワルな読み方ばかり」や「狭量なセクト主義」を感じてしまうと述べている(25)。そのようなことがあるとすれば、そのような狭量を捨てたところに、いわゆる日本教育史研究の新たな発展が約束されるだろう。

教育史学と教育社会学
——広田照幸『陸軍将校の教育社会史——立身出世と天皇制』を読む

1

刺激に満ちた本である。特に、日本教育史研究者の端くれである私にとっては、そうであった。冒頭は、次のような文章で始まる。

意識するにせよしないにせよ、歴史を研究しようと思う者は、何らかの研究視角を採用して史料と向かいあう。素朴実証主義者は史料を集めて山積みしていけば、歴史的に生起してきたものすべてを網羅できるはずだという妄想を抱くかもしれないが、実際には、無限に存在する歴史的な事象の中から「意味あるもの」を拾いだす際に、認識主体（研究者）の側の研究関心というフィルターが常に働いているからである。それゆえ、ある特定の研究視角が研究者集団に共有され、実証研究が蓄積していったとしても、実はそれは全体としてみれば、歴史に関するある特定の論理の平面の中で知見が累積していっているにとどまらざるをえない。研究される生産物の量が増えていったとしても、歴史の総体が余すところなく明らかになることはないわけである。

あるいは次のように言い換えてもよいだろう。ある研究視角を採用して歴史を記述・分析することは、多次元的で多様な現実を、ある一つの平面に沿って切り取り、〈歴史的現実〉として整序する作業を意味している。その結果、採用された特定の研究視角が、見えないもの、考えられないもの、を必然的に生みだすことになる。つまり、ある研究視点に沿った〈歴史的現実〉の整序作業は、必然的に、さまざまなその他の要素を視野から排除したり、軽視したりすることになるのである。歴史叙述にあたって研究者が行なわざるをえないことは、無限にある事象の中から特定の事象を選びだすことで、ある重要性の尺度でウエイトづけたり、その選びだした特定の事象群の間に、因果関係や機能関係を想定したりすることである。最も恣意性を逃れているかに見える制度史や政治過程史の領域においても、それらが全体社会の動きに対して持っていた重要性に関して、ある種の暗黙の仮説を最初から内蔵している（三―四頁）。

なぜ、このような、歴史研究法のＡＢＣのようなことを、著者は冒頭に言わねばならないのか。それは本書が、歴史研究批判の書であるからである。「虚心坦壊に史料に当たれ」「思い込みや偏見を棄てて、史料を探索・発見し、その史料を読みとる中からおのずと現れてくる事実を大切にせよ」。そのようにして、厳しくトレイニングされる実証主義史学もまた、暗黙のうちに、ある研究視角を採用しているのではないか。ある研究視角を採用しながら、そのことに無自覚なのではないか。無自覚であるが故に、よけい、始末が悪いのではないか。著者はこう言いたいのであろう。

人間の認識に限りがあるとするなら、歴史の総体を復元することなどは、どだい無理なことである。そうであるとするなら、私達は、どのように自らの視角を限定したか、そのことを自覚し、示すことが必要なのである。

しかし本書は、歴史研究批判の書であるだけでなく、教育史研究批判の書である。

冒頭、右に引用した文章で始まった本書は、巻末近く、結論の章で、次のように書く。

皮肉なことに、天皇制イデオロギーの徹底した教え込みの制度化の過程をあとづけ、その暴力性や政治性を告発してきた戦後の教育史学の研究枠組みは、「自分たちは悪くない、教育が悪かったのだ」と戦争加担の責任を回避する民衆の心情に、うまく符合している部分がある。言い換えれば、戦後教育史学による「イデオロギーの徹底した教え込み」という戦前期の教育像は、皮肉なことに、「(教育によって信じ込まされた結果)純粋な気持ちで献身報国した」と自己弁護する民衆を、侵略戦争への加担責任の面で免罪する結果になっているのではないだろうか。

もし、侵略戦争への教育学の加担を強く反省して、戦後教育史学の戦前期の教育の分析を進めてきたとするならば、その進むべき方向は、国家によるイデオロギー教育と民衆のさまざまな私的利害や利的欲求とが、いかに暗黙の相互依存の構造を形成していたか、また、さまざまな社会層の民衆が教育の結果、それぞれどのようなメンタリティの構造を獲得していったのかを明らかにしなければならない。侵略戦争を積極的に担っていった国民を「だまされた被害者」として描く立場は、ナショナリスティックな立場の一変種でしかないことに、いい加減に気がつくべきである（四〇一頁）。

冒頭に掲げられた歴史研究批判のターゲットは、戦後教育史学が暗黙のうちに採用してきた研究枠組みに向けられているのである。それにしても、戦後教育史学は、民衆の侵略戦争への加担責任を免罪した？ナショナリスティックな立場の一変種でしかない？　このような評価は妥当なのか。そもそも著者はいかなる根拠をもとに、このような評価を下すのか。

著者は、「戦後日本の教育史学は、戦前期の学校を、主としてイデオロギー教化の装置として研究してきた」（五頁）という。これは事実であろう。私達（戦後教育史学者達）は戦前期の教育体制を称して、しばしば「天皇制教育体制」という用語を使ってきた。神聖不可侵の天皇の名において、不磨の大典として発布された大日本帝国憲法のもと、機軸としての天皇制イデオロギーは、「教育勅語」に基礎づけられつつ、学校教育を通じて民衆に教え込まれた。このような認識は、当然の前提になっていたと言えるだろう。いかに、なぜ、どのようなプロセスを経て、そのようなことが行なわれたのか。その「実態」を明らかにすることが、戦後における日本近代教育史研究の最も重要な課題であった。また、このような認識を前提として、そのような教育に抵抗した試みや運動への関心も生じた。そして、「教育運動」の研究も活発に行なわれた。

しかし著者によれば「学校は、戦前期の社会において、単に天皇制イデオロギーを教え込む機能のみを果たしていたわけではない」（五頁）という。そもそも天皇制イデオロギーの教え込みという機能自体、近代社会において学校教育が一般的に持っている社会化機能の一つの側面にすぎない。しかるに、学校教育が果たす機能は、このような社会化の機能にとどまるものではない。「社会の人員の選抜・配分機能」を同時に併せ持っているのである。これは、個人の側からいうと、学校は社会的上昇移動（「立身出世」）の手段であるということを意味している。そして、戦前期日本の教育について、教育史学が、主として前者――天皇制イデオロギーをいかに教えたか――を対象としてきたのに対して、教育社会学は、後者の問題に焦点をあててきた、という。

しかも、これら二つの研究の中で、戦前期民衆の意識はまったく対照的に描かれてきた。「一方には天皇を崇拝し、共同体的な幻想にとらわれ、他者との一体感を持った民衆像が、他方では、私的目標（立身出世）の達成に向けて他者を押しのけようと競争していく民衆像が、描かれてきているのである」（六頁）。

かくして著者は、「本書の直接的な問題意識」について、次のように述べている。

つまり、戦前期の教育とは何であったのかを論じるためには、教育史学が精力的に進めてきた研究視角と教育社会学が進めてきた研究の視角とを架橋していく作業が必要なわけである。学校教育が果たした二つの機能の関係がどのようなものであったのか、また、その結果として形成されたとされる二つの民衆意識の関係が実際にいかなるものであったのかを問わねばならないということが、本書の直接的な問題意識である（六—七頁）。

2

著者は、日本教育史学に限らず、近代日本人の価値観を論じてきた研究の多くが、暗黙の前提としてきた認識として、次のような図式があったのではないかとして、「内面化」という概念を持ちだしている。

① ある体系としてのまとまりをもった近代天皇制イデオロギーが、支配者集団や知識人たちによって生みだされた。それは、近代国家としての統合をねらいとしてきわめて政治的に創出されたものであったが、同時に、民衆の日常的な秩序意識を吸い上げていった部分もあった。
② そのイデオロギーは、学校や軍隊その他の社会制度・マスメディア等を通して教え込まれていった。
③ そうした教え込みの結果、人々はそれを内面化し、彼らの意識の中核を形づくった。
④ 内面化され、彼らの意識構造の中核に据えられたイデオロギーは、人々の行動の基本的な方向を規定していった（七頁）。

著者によれば、教育史学の研究のほとんどが、右のような「内面化」図式を研究上の前提としている。しかも、ほとんどの研究が、①②を対象とすることによって、③や④は、当然にも、結果的にそうなったはずであると見なしており、この部分を取り立てて検証することを怠ってきた。しかし、①②によって、③④は、当然にも、結果するのであるか。前述の教育社会学の諸研究が明らかにしてきたことは、③④とは異なる民衆像ではなかったか、というわけである。

本書が陸軍将校の養成教育を対象に選んだのは、戦前期の学校教育において、これが、最も強力に天皇制イデオロギーを教え込んだと考えられるからである。その教育を受けた者にしてなお、③④は、当然のごとく結果したか否か。読者は、著者に導かれつつ、その探検に向かうことになる。

しかしこの際、この探検行に同行する者は、著者から、次のような、探検参加の心得を聞かねばならぬ。

私が本書で試みようとしているのは、陸軍将校の選抜と社会化という具体的な事例やその周辺のトピックの分析を通して、〈天皇制と教育〉という問題や戦時期の人々の思想や行動に関して、これまで見落とされてきたり十分に考察されてこなかった点が何であるか、それがどう考えられるべきか、を明らかにすることである。もちろん、歴史の総体を明らかにしようと考えているわけではないし、ネジ一本、釘一本まで拾いあげて、歴史のある部分に関してかつてあった全体像（たとえば陸軍将校養成教育の全体像）をもう一度復元してみようと考えているわけでもない。従来とは異なったある角度で、歴史の大木に切り込みを入れた時、従来の研究の平面に何が見落とされていたのかが明らかになってくる。そういう作業を行なってみたい（四頁）。

したがって、軍隊教育に関心を持ち、これを研究してきた者が、「陸軍将校養成教育の全体像」をここに求めるとすれば、遺憾ながら失望することになるかもしれない。しかし、軍隊教育にはシロウトであるが、著者の問題意識に「感応」するところのある私は、「目からウロコ」の発見も多く、十分この探検行を楽しませてもらった。皆さんも是非に、とおすすめする。

3

さて私は、本書の序論と結論の部分についてのみ言及してきた。もとより問題は、本書の本論部分において、右の問題意識がいかに貫かれ、叙述にあたっていかに有効に機能しているかである。言い換えれば、先に挙げた③④は、いかなる方法で、どのような内容のものとして究明されたか。

そもそも教育史学が③④を究明してこなかったのは何故か。著者のいうのは次の通りである。

教育史研究がイデオロギーの形成とその教え込み（①と②）に解明の努力を集中してきたことは、史料論や方法論の面で研究し易かったこと(A)だけでなく、さまざまな理由があると思われる。たとえば、戦後すぐ体制側からだされた「一億総懺悔論」に対して、それは戦争責任者の追求の曖昧化である、と進歩的勢力が批判して以降、「教育によってだまされた民衆」像が研究の基本線となってきた。そのため、民衆がいかに教育によって洗脳されたかを描きだすことが、いわば教育史研究者の共通の課題となったという側面があるだろう(B)。また、学校教育の果たす機能は、フォーマルなカリキュラムを通して知識や価値を伝達することであるという、教育史研究者を含めて広く一般に共有されてきた学校観も、研究者の目をフォーマルなカリキュラムのイデオロギー性や暴力性の告発に向かわせ、受容する側への関心を希薄にしてきた(C)（一四—五頁。但し、(A)(B)(C)印は引用者）。

しかし私の見るところ、(B)もあったかもしれないが、より直接的に大きいのは(A)であろう。例えば史料の問題に関わって、私は、日本教育史学者の「史料による実証」へのこだわり（惑溺）について、幾度か論じ（例えば本書第1章）、また、批判をあびてきた。

日本教育史学の史料へのこだわりは、方法の無さ（という方法?）によって補強されている、と私は思う。だとするなら教育社会学者の著者はどのような方法で、③④を究明しようとしたか。注目すべきは、統計操作、生徒の作文・日記の史料化、諸外国との比較の三つである。

本書は三部構成となっているが、第一部は「進路としての軍人」と題される。このタイトルに端的に表れているように、ここでは、天皇制イデオロギーを体現して「無私の献身」を期待された軍人への道が、その実、立身出世のための進路の一つ、しかも、帝国大学を頂点とする高等教育諸学校の威信構造の中で、傍系としての「二流の進路」となっていったプロセスが諸統計の数値を駆使して明らかにされる。このような統計操作は、従来の日本教育史研究では、よく為し得るところではなく、教育社会学者のもっとも得意とするところであろう。教育史研究者がよく為し得ないのは、統計の数値そのものへの史料的不信（あるいは数字そのものへの不信）が強いからである。

「陸士・陸幼の教育」と題された第二部は、著者の問題意識からすれば本書の中核となるべきところである。「政治思想史や教育史の夥しい研究は、どこで何が教えられたかのレベルしか検討されてきていない。教室の内部、教師――生徒の相互作用、そこでの生徒の意識や、長期の教育による意識変容の様子にまで踏み込んで分析はしていないのである」（二五頁）と批判する著者は、第一章で教育目的とカリキュラムに論及したあと、第二章以下で、生徒の作文や日記を史料としながら、教室の内部、生徒の内面に迫ろうとする。

遺憾ながら、著者の言うように、従来の日本教育史研究において、教育理念や目的、あるいは教育意図については明らかにされながら、それがどのように生徒らに受けとめられ機能したかという点はあまり明らかにされてはこなかった、ということは認めざるを得ない。関心がなかったからではない。生徒の作文や日記などの、史料としての主観性への不信及び史料収集の困難、そしてそれを分析する方法がなかったからである。

教育の理念や意図だけではなくその機能への関心は、最近の、いわゆる教育の〈社会史的な研究〉に共通するものであった（第4章第4節参照）。中内敏夫氏の「生きられた」教育史研究の提唱と史料としての日記への注目も、そのような動向の一つであった。しかし、このような日本教育史研究の新しい動向も、十分展開されているとはいえないのは遺憾である（私はといえば、一九九八年一〇月刊行の、日本植民地教育史研究会『植民地教育史像の再構成』〈植民地教育史研究年報1〉に寄せた論文で、聞き取り調査の意義と問題点についてふれた）。

本書において、注目すべきもう一つの方法は諸外国との「比較」の視点である。第一部第四章「将校生徒の社会的背景」で著者は、日本のこれまでの将校のリクルートの研究を、比較の視点が欠如していると批判しながら「欧米の軍隊に比べて日本の将校はリクルートパターンや階層的位置の面で違いがあったのかどうか、また、違いがあるとしたらそれがいかなる社会的政治的影響をもたらしたかは問われるべき重要な問題である」（一三九頁）と述べている。そして本章の結論部分で「日本の将校が、安定した経済的基盤を持った西欧型の将校とはリクルート基盤の面で異なったこと」、「西欧諸国の封建的身分層とは異なり……日本が将校のリクルートにあたって、いかに能力主義的で階層開放的な方法を採用したか」ということ、あるいは第二次大戦後西欧諸国の将校のリクルートパターンが次第に戦前期の日本のそれ、さらには理念型としての開発途上国型モデルに近づいてきているのではないかとの考察から、「この点では、日本は西洋に遅れていたのではなく、西洋より先に進んでいたのである」など、きわめて注目すべき見解を表明している（一六六―八頁）。

日本教育史研究における「比較」の視点の重要性についても、私自身、何度か主張してきた。日本を研究しようとするのに、日本だけを見ていたのではわからない。この当たり前のことが、日本教育史学では、まだまだ当たり前になっていないのである。

以上、著者の指摘する教育史研究上の問題として、前記(A)に関してのみ述べてきたが、より本質的な問題は(C)であろう。著者の言う通り、これは教育史学だけの問題ではない。教育学研究全体が共有する本質的な問題である。著者の批判の射程は、教育史学にとどまらず、教育学研究の本質に及んでいるのである。

4

著者は、将校生徒達に対する「無私の献身」教育が、結局のところ、私的欲求と献身との予定調和にすぎなかったと結論する。「無私の献身」を教育しながら、私的欲求（立身出世）は克服されなかったどころか、温存され活用されさえした。

そして、「内面化」に関わって、天皇制イデオロギー教育の機能について、次のように述べている。

> 既存の権力の存立根拠に対する「白紙委任」こそが、人々に共通に見られるイデオロギー教化の「成果」であった。……学校教育・軍隊の内務班教育・マスコミを利用した教化等を通して達成されたのは、多くの人にとっては、「善悪の価値判断の基準」＝「正義」の所在に関する承認と、「カギ言葉を繰り出すこと」の習熟＝文法の獲得とであったというのが、「内面化」の実相だったのではなかろうか。……いわば、イデオロギーの教え込みの内容ではなく、形式が「隠れた機能」として既存秩

序の不断の再確認と実質的な服従の調達とを可能にしたのである（三八二―三頁）。

このように、著者は、天皇制イデオロギー教育の本質的問題は、その内容よりも形式にこそあったとし、本書最後の部分で、「内面化」図式を越えて、天皇制イデオロギーを教育された人々の行動に関する新たな説明原理を模索している。この部分の議論を読みながら、私は、改めて「教育とは何か」という素朴な問いをつぶやくことになったが、著者自身言うように、これが「新たな方向への研究の進展のための一つの出発点」（四一七頁）となり、教育史学と教育社会学といった境を越えた、新たな教育（史）研究が、引きつづき現れることを、期して待ちたいと思う。

第Ⅱ部　近代教育への問い

5章

日本の小学校
——その特質

1　はじめに

外国、特に欧米人の目から見た時、日本の高等教育には多くの欠陥があるが初等教育は優れている、と指摘されることが多い。

「数ある外国人の日本教育研究者のなかでも、内外の専門家筋で最も注目されている人」(1)であるカミングスは、その著『ニッポンの学校』の中で「彼らは、日本の幸福な小学校については何ひとつ知ってはいない。そこでは、子どもたちが友人を愛し、音楽を楽しみ、美的感覚を発展させ、さらに読み、書き、算を学んでいるのである」(2)と日本の小学校を賞賛する。ここでカミングスの批判する「彼ら」とは、日本の子ども達はきびしい受験制度のもとでジュク通いを強いられるなど試験勉強に追いまくられ、自由な人間性の発達を阻害され、ひどい場合には自殺にまで至る、といった、これまた一方で外国に広く流布している日本の教育についての〝常識〟を信じている人達である。またカミングスは「日本の学校では、つねに『全人』（原文〝whole people〟―引用者）を教育すべきであって、個々人の特定の資質だけを発達させるべきではないと考えられてきた。そして明治維新以来、日本の小学校は、そのために一定の教育内容を編成し、子どもが学校でみずからすすんで幅広く学習するよう動機づけるうえで、重要な役割を演じてきたのである」(3)と述べている。

このような見解は、明治期に成立し、以後今日まで日本の小学校教育の性格が「『道徳』と『実用』という二軸的構造」(4)をなしているとするわれわれにとってはすでに定説化している見解と、ある意味で重なり、ある意味でずれている。すなわち明治以降の小学校教育が修身科を首位教科にしたことに見られるように「全国民」を対象にした「道徳」教育を重視してきたことは明らかである。そこではたしかにカミングスの言うとおり「個々人の特定の資質だけを発達させる」ことは軽視された。

しかし日本教育史の通説が示すところによれば、「道徳」と「実用」の二軸的構造は、近代科学に基づく知識の教育（「真の知育」―長田新）と人間性の発達に不可欠な芸術教育を否定することによって成立したものである。そしてその欠落を埋めるべく大正新教育運動の中で芸術教育が高唱され、あるいは生活綴方運動が真の知性（「生活知性」）の教育への実践として重要な意味を持った。しかしこれらの運動が全体として見れば少数派のそれであり、やがては権力によって弾圧されたのであるかぎり、日本の小学校教育は「友人を愛し、音楽を楽しみ、美的感覚を発展させ、さらに読み、書き、算を学んでいる」（傍点―引用者）とカミングスが言うような〝幸福な〟ものではありえなかった、のである。

しかし今日日本の小学校教育の歴史の中に「知育」や「芸術教育」が存在しなかったのかどうか、あるいはそもそも、日本にかぎらず西洋においても、公教育としての小学校教育に、「真の知育」や「真の芸術教育」が存在可能なのかどうか、または、存在可能な「知育」や「芸術教育」とはどのようなものであるのか、西洋との比較の視点を入れながら、問うてみる価値があるのではなかろうか。

そもそも、日本の小学校の教育内容の特質は、「真の知育」や「真の芸術教育」を欠落したところに成立したとする通説自体が、進んだ西洋に対する日本の後進性という認識を前提に成り立っているのではなかろうか。

例えば、天皇制教育においては「（道徳以外の――引用者）他の教科も、科学的な学問の原理から導き出される認識の体系にもとづいて成立するのではなく、仁義忠孝という絶対主義的道徳の枠の中で、教化と実用的な教育をめざすという構造をもっていた」(5)とする見解は、「知識や科学的方法を身につけたいということは、ものごとを客観的、相対的、分析的、科学的にとらえることをめざすものである。それは、科学と哲学という人間の意識と認識の側面を発達させた西洋社会においては、強固な自我の確立と個人主義、合理主義、民主主義といったものを生みだした。しかし、日本が洋学の移入をはかる時には、科学的方法や科学的技術の背後にある西洋の合理主義思想や認識論は充分には理解されず、ばらばらな知識の学習と、表面的な科学的方法に矮小化された形で取り入れられた」(6)といったような認識を前提としたものである。

このような認識は日本の、少なくとも知識人にとって、ごく一般的に受け入れられてきたものである。もちろん私とて例外ではない。しかし思想一般の移入の問題だけではなく、公教育の内容の特質の問題として考えたとき、そもそも西洋の小学校教育は「強固な自我の確立と個人主義、合理主義、民主主義といったものを生みだした」かどうかは、きわめて疑問がある。そこにおいても日本同様「ばらばらな知識の学習と、表面的な科学的方法」が矮小化された形で教えられていたのではなかっただろうか。もし、西洋において「強固な自我の確立と個人主義、合理主義、民主主義」といったものが生みだされたとするなら、それは必ずしも小学校教育の功に帰されるべきものではあるまい。

一八九〇年教育法に前後して成立してくるイギリスの基礎学校（elementary school）について、B・サイモンは、R・H・トウニィを引きながら、「R・H・トウニィがいったように『一八七〇年ごろの基礎学校は、命令をよく理解するのに十分なだけの教育を受け、秩序を重んじ、礼儀正しく、従順な市民をつくり出すことを、その主たる意図としていた』のである」(7)と述べている。サイモンをはじめイギリス教育史研究がつとに明らかにしているように、このような教育は「真の知育」や「真の芸術教育」とは無縁であった(8)。この点において大衆教育としての小学校教育の特質は西も東もたいして違わなかったのである。

ところでいまいちどカミングスが、日本の小学校は「ばらばらな知識の学習」や「表面的な科学的方法」ではなく、「友人を愛し、音楽を楽しみ、美的感覚を発展させ」るような「全人」としての教育をめざしている、という指摘に戻ってみよう。たしかにこのような指摘は、カミングスにかぎらず日本の小学校教育を研究した多くの外国人研究者に共通するところのものである。

ビクター・N・コバヤシが「カリキュラムの日米比較」という論稿の中で——これは小学校教育についてのみ述べたものではないが——、「(日本の学校の—引用者)カリキュラムには、より多くの科目が含まれている。アメリカの学校は、数学、理科、読み方、そして『基礎的な生き残り技能』を重視しているが、日本の学校は、基礎科目の概念を拡張して、国語、社会科、理科、数学だけでなく、古典、外国語、芸術、音楽、技術科、家庭科そして体育までを、その基礎科目に含めている」(9)と述べているのもその一例であるが、メリー・ホワイトもまた『日本教育の挑戦』*The Japanese Educational Challenge*(10)の小学校を扱った章に「調和《ハーモニィ》と協力《コーポレイション》」という副題をつけ、そのような能力を育成するためにさまざまな工夫がなされていると述べている。入学式や修学旅行などの学校行事、あるいは学級や班等を単位とした教育活動などである。もちろん私達はこのような日本の小学校教育の特質が戦後に新たに成立したものではなく、戦前戦後を貫くものであることを知っている(11)。

これに対して、西洋——イギリス——の場合、一九〇二年教育法、一九〇四年の改正教育令を経るなかで根本的なカリキュラムの見直しが進められ、この時期ようやく体育、地理、歴史、自然観察、美術、音楽、そして女子に対する家庭科の必修化がはかられた、という。これは教育が「大英帝国の文脈において捉え直される」(12)ことによって可能になったものであったと同時に、「出来高払い制度」という競争試験を小学校教育から撤廃する道でもあった。井野瀬久美恵によれば「こうして、教育の地平は帝国との接近によって拡大した。それが、子どもたちに学校に対する新しい興味を喚起したことは確かである」(13)。

「帝国」がそれにふさわしい人物の育成機関としての学校教育に注目し始める中で小学校教育の内容は、たんなる読書算から次第に拡大し多様化したというのである。

この点に関してイギリスと日本の状況はそう違うものではない。

それよりも井野瀬によれば、二〇世紀初め、子どもたちにイギリス帝国を意識させるために、五月二四日のヴィクトリア女王の誕生日を「帝国記念日」とすることを熱心に提唱し実現させたミース伯爵は、「帝国記念日の精神は、子どもたちに、帝国臣民並びにイギリス国民としての愛国心、君主への忠誠心、体制への服従を説くことにあ」り、その精神を「一八六七年以来、日本の学校で教えられている武士道のなかに発見した」と語ったという[14]。日本の小学校教育はサッチャーに先立つことおよそ八〇年前にも、イギリス保守層によって注目されていたのである。

カミングスの言うような、「全国民」を対象に「全人」教育をめざす、そしてM・ホワイトの言うような「調和《ハーモニィ》と協力《コーポレイション》」を重視する日本の小学校教育の特質は、いったいいつごろ、どのようにして形成されたのであろうか。本章の課題はそのような視点から日本の小学校の発足と定着の過程を、いま一度検討してみることにある。

2　日本の小学校——その発足をめぐって

一八七六年一二月の伊勢暴動のとき打ちこわしの対象となった三重県境に近い愛知県の二つの小学校か

らさらに三〇キロメートルあまりも離れた小学校の沿革誌は、その影響を「時ニ伊勢地方暴徒ノ蜂起スルアリ、人心恟々トシテ安カラズ、遂ニ二ヶ月間ヲ閉塞シテ授業ヲ中止スルノ止ムナキニ至リ、其ノ鎮静ニ帰スルヤ仮校舎ハ移リテ東境近藤重次郎宅トナリ、同六月咿唔ノ声ヲ再ビ茲ニキクニ至レリ」と、学校が二か月間の長期にわたり閉鎖の止むなきに至ったことを記している(15)。

このような状況はひとり同校にとどまらず、愛知県全体に見られた現象であった。翌一八七七年の『文部省第五年報』の中で愛知県当局が、伊勢暴動が同県下小学校に与えた「夥多ノ影響」について「固ヨリ学事ニ浸染セサル民情忽チ疑惑ヲ生シ、苦情百出或ハ資金ヲ廃セントシ或ハ教員ヲ謝絶シ生徒ヲ退ケ学校ヲ閉サスモノ比々相踵ケリ」(16)と述べているとおりである。同じ報告によれば前年に比べて就学生徒の人数は六一二一人減じたが、これはまったく伊勢暴動の愛知県教育に与えた影響と見ることができるという。

このように直接に「暴徒」の打ちこわしに遭わなかった地域でも学校閉鎖が続いたということは、「学制」頒布によって始まった小学校教育に対する一般民衆の忌避感がいかに根強かったかということを物語る。同報告が述べるように学校閉鎖続出の原因は「暴徒」打ちこわしの行動ではなく「学事ニ浸染セサル民情」、すなわち、もともと民衆のなかにあった発足したばかりの小学校教育への忌避感であった。

しかし伊勢暴動による学校打ちこわしの岐阜県下の状況を研究した堀浩太郎は、調査した村の伊勢暴動参加者子弟の就学率が、階層の別なくかなり高く、また学校寄付金額が相当な額にのぼる場合があったこと、他方打ちこわされた小学校は、新築された学校またはその地方の代表的中心校であったのに対して、寺院を校舎にしていた村ではそれはほとんど攻撃対象とはならなかったこと、また攻撃対象とならなかった学校の教員は、僧侶等従来からの村落知識人であったことなどをあげ、「暴動参加者は、当時の学校教育を完全に否定していたのではなく、彼らの生活に密着した教育を要求していたのであり、これが学校毀焼という行動に影響を及ぼしたのである」(17)と結論している。

さらに堀はこれを他の学校打ちこわし事件と比較考察する中で、一般に一八七六年の地租改正反対一揆は、「学制下の教育政策をある程度積極的に受けとめた人々によって引き起こされた」のであり、この点で学制頒布後まもなく岡山県等で起こった七三年新政府反対一揆のなかでの学校打ちこわしとは「質的に大きく異なるところである」と右の結論を敷衍している(18)。

それでは彼らが要求した「生活に密着した教育」とは何か。

本節冒頭に紹介した小学校にほど近い愛知県碧海郡逢見村と野田村の村会によって決議された「議事条件具申書」なる史料を手掛かりに検討してみよう。

七七年一一月に愛知県が制定した「町村会仮章程」は、上意下通、下情上達を図るため町村民会を開き、町村民会は県からの下問について審議し決議を行うことを定めた。「議事条件具申書」は町村民会での決議を会議係より戸長を経由して県に進達するため作成されたものである。

七八年に県から下問された議案は、逢見村の「議事条件具申書」(19)によれば「公布公達ノ旨趣ヲ貫徹セシムルノ議案」「一家一村ノ冗費ヲ除却スルノ議案」「学校盛大ニシ不就学ノ子弟ナキニ至ラシムル議案」の三件であった。

「学校盛大ニシ不就学ノ子弟ナキニ至ラシムル議案」の下問について県は大要次のようにその趣旨を説明している。

学校ノ必用タル喋々ヲ俟タサル、然ルニ人民ノ之ヲ嫌忌スル甚シク、之ヲ廃スルニ熱心スルモ、官ノ督責ヲ畏レテ其志ヲ果サヽル事、凡ソ父兄タル者誰カ其子弟ノ智識開達ヲ欲セサルアラン、已テニ之ヲ欲セハ必ス学ニ就カシムヘキ理知ラサルニ非ス、然レトモ学齢ノ子弟アルモ之ヲ入校セシムルモノ少シニシテ、学齢半ハニシテ退校セシムル者多ク、曩時百余名ノ生徒今日五拾余名ニ下ルモノハ何ソヤ、微細ニ之ヲ論セハ其原因数種アルヘシト雖、概シテ之ヲ言ヘハ費用夥ナルヲ厭フト、学フ所日用ニ実益少シト云フニ外ナラス、コノ故ニ従前ノ手習師匠ナル者ヲ以費用少クシテ実益多シトシ、常ニ之レカ風ヲ慕フニ至ル、是方今ノ形勢ニ暗キ井蛙ノ所見ニ出ルト雖、深ク其情ヲ汲察スレハ又憫レムヘキモノアリ、然リト雖其情而已ニ拘泥セハ何レノ時カ固陋ノ気習ヲ脱セシムルヲ得ン、仍テ先時機ニ適応スヘキ方法ヲ設、人民ノ苦情ヲ殺ヒテ而シテ後其子弟ヲ駆テ学ニ就カシメ、漸次盛大ノ域ニ進入セシメントス、其可否如何

子どもを就学させ「智識開達」させることの必要はすべての親がわかっているはずなのに、現実の小学校教育が忌避される理由は細かく上げればいろいろあろうが、要するに「概シテ之ヲ言ヘハ費用夥ナルヲ厭フト、学フ所日用ニ実益少シト云フニ外ナラス」、これが逆に「費用少クシテ実益多シ」手習師匠を慕

わせる理由だというのである。これらの原因を取り除いて学校を盛大にするにはどうしたらよいかといえば、当然、現在施行されている小学校教育も「費用少クシテ実益多シ」にするほかない。

そこで逢見村村会が考えた学校教育振興策の具体案は二つ、第一は「人民ノ子弟ヲ学ニ就カシムル其希望スル所日用ノ実益ニ在リ、然ルニ正則ノ教科ハ之ニ適セストスルモノ是苦情ノ大ナルモノナリ、仍テ人民日用ニ便ナリトスル変則教科ヲ設ケ、正則教科ニ取交シエラレンコトヲ請求スヘシ」、すなわち教育内容を人民の日常生活に役立つものにすることである。

なお同じ時期に同じ下問を審議した逢見村に隣接する野田村の村会議事録には「学校ヲ盛ニスルニハ先名頭村名等之心安キモノヲ習而后、御規則通之事習ハセハ生徒モ進テ出頭致カト思」との議員の発言がある(20)。「名頭村名等之心安キモノ」とは、一般に寺子屋の初歩段階で教えられたものであった。

逢見村村会が考えた学校教育振興策の具体案その二は、人民の経費負担の減少に関するものである。「可成丈ヶ校費ヲ減殺シ、且資金ヲ増殖シテ其利子ヲ以費用ノ幾分償フヘシ、然レトモ之ヲ人民ヨリ直接ニ募ラントセハ□タ事ノ成サルノミナラス、必ス紛紜ヲ生スルニ至ラン、仍テ左ノ方法ヲ設ク」として、具体的に次の四つの方法をあげている。①共有の山林等を売却して資産を得ること、②溜め池で鯉の養殖をしその代金を学校資金に加えること、③婿・養子妻を娶るときは応分の資金を寄付させること、④有志者は多少にかかわらず資金を寄付すること。

これらの案は第二案の②のみ「溜池ハ年々田方へ引尽シ余水無キニ至ル」から無理だとの理由で否決されたのを除いて、すべて原案どおり可決された。

これを要するに新たに「学制」によって出発した小学校教育が民衆から忌避された理由は、当時の民衆の生活とかけ離れた教育内容と多額の経済的負担であったということである。前者をかりに「文化的理由」と呼べば、これは、文部省の期待する教育内容が実際に当時の民衆の日常生活にとって役に立たないということと、子どもの発達段階に対する配慮がまったく欠けているという二重の意味を持っていた。

学制の期待する教育内容に対する反発は、一八七八年以降の教則自由化政策のもとで作成された各地域の教則と文部省あるいは府県当局作成の教則とを比較してみればよくわかる。例えば七六年九月の「愛知県上下等小学教則」と地域の教育会議の議を経て作成された「愛知県西加茂郡小学教則」とを比べると、後者が実用的で、より簡易なものになっていることは明らかである(21)。算術における珠算と洋算の扱いなどにそれは典型的に表れている。

一方、民衆のもう一つの就学忌避理由、「経済的理由」も無視できない。さきの逢見村の「議事条件具申書」に見るように同村会の議論の多くがその対策にさかれているのである。

「経済的理由」にも二つの側面があった。小学校設置維持のための民費あるいは寄付金負担や授業料負担等の直接的な経済負担と、児童の労働力を奪われることによる間接的な経済負担である。直接的な経済負担では、授業料よりも民費負担等が大きかったことは、七六年の茨城県真壁郡の一揆の要求項目に「学校賦課金ヲ廃シ官費ニ換」えることとあり、また伊勢暴動で最初に決起した三重県飯野郡四二か村の嘆願項目四項目中の一項に「学校教員ノ給料官費ノ事」があったことでも知られる(22)。

また児童労働の問題に関しては、各地の「不就学調査簿」に記されているように子守・家事・農作業・

機織り等々に、自家や他家に雇われて従事していたことが不就学の理由となった。七八年二月刊の松田敏足『文明田舎問答』に「究竟《くっきょう》の頑固連」を代表して登場する「ちょん曲野郎の山猟師の狸の角兵衛」の言うように「もう九歳や十歳になるといふと、草の一荷も刈って来るし、飴や餅売っても、銭に七八銭は息《もう》けて来るし、それを学校にでも出せば、月謝彼是出ると入るとの間違ひが、実に思ひ切れねへといふものだ」(23)というわけであった。

このように一般庶民の求めた小学校教育は、結局、実際生活に役立つことを、あまり金をかけずに教えてくれる寺子屋のような教育であった。

したがって当時の小学校教育についての回想は、一部の特別の例を除いて、文部省の期待にかかわらず、学制発足前の寺子屋教育のようなものが依然として一般に行なわれていたことを記しているものが多い。

一八八四年七月神奈川県の学事巡視のため県下の小学校を視察した文部権少書記官野村綱は、県内全小学校五三八校の五分の一にあたる一〇八校を視察した結果として「小学校ノ規模ヲ具タル者」は横浜、八王子、小田原、横須賀の、市街地にある六校にすぎず、「之ニ次グ者」も八校にすぎないと報告している。そして多くの学校の校舎は「其建築ノ粗ナルト修繕ノ周ネカラザルガ故ニ屋漏リ壁落チ戸破レ殆ンド観ルニ耐ヘザル者亦少ナカラズ」、訓導は一校当たり平均して〇・四五でこれを無資格の助手や授業生が補っているから、教育の内容や方法は「器械的ニ失シテ実用ニ適セズ、是蓋教則ノ望ム所ニ非ズ、又児童ノ為ニ一大長息ヲナサヾルヲ得ズ」というわけであった(24)。野村が視察した一〇八校は彼自身の言によれば「大半ハ管下五百小学中ノ優等ニ位スルモノ」であったが、そのうち彼がまがりなりにも小学校にふさわしいと考えたのはたったの一四校、残る五二四校、全体の実に九七％以上の学校は小学校の名に値しないようなものだったのである。

野村が神奈川県を視察した年はいわゆる松方デフレによる農村の荒廃が最もひどかった時期である。しかし別の角度から見れば学制頒布後一〇年余りたって未だにこのような状況であった。これは野村の言うように「児童ノ為ニ」というよりも、権力のために、まさしく「一大長息ヲナサヾルヲ得」ない状況であって、さまざまな形での監督・干渉が必要だったのである。野村の学事巡視ももちろんその一環であった。学制期の試験制度は、イギリスの「出来高払い制度」がそうであったように、生徒の選抜や競争のためというよりも、むしろこのような学校監督の実をあげるためにこそ必要だったのではないかと思われる。ここで競争させられたのは生徒よりも実は学校管理者としての教員や学校係であった。この時期郡長などが臨席して行なわれた比較試験などはその最たるものである。このような意味で天野郁夫の言うように「等級制度と試験による進級制度は、教育の質を高め平準化していくための、なくてはならない手段だったのである」(25)。

もちろん学制期の試験制度は「毎月生徒ノ学術ヲ試験シ其ノ優劣ニ従ヒ一室中ノ席順ヲ定ムベシ。然ルトキハ生徒各学術ノ進歩ヲ楽ミ席順ヲ争ヒ競ヒテ諸科ヲ勉励スルモノナリ」（諸葛信澄『小学教師必携』）(26)とあるように、生徒自身を競争させ人材を選抜するために採用されたものである。しかし師範学校でそのような教育を受けそれを字義どおりに実践するような教師こそ、しばしば学校忌避の対象とされ民衆からの反発に直面しなければならなかった。

私がかつて神奈川県津久井郡川尻村の川尻小学校事件として取り上げた神奈川県師範学校を卒業したばかりの若き校長山本肇などはこの典型だったというべきであろう。この事件は漢学者だった前任教員を支持した親達が別に明倫塾という私塾を作りここにその子弟を通わせて学校と対立したというものであるが[27]、当時川尻村役場に勤めていた、山本肇の友達でもあった筆生は、その日記に、山本に反感・不平をもち明倫塾を支持した村民の言い分を「山本ハ試験前三四十日モ先ニ小試験シ、是非ヲ区別シ、或ハ補助員ニ不都合ナルモノアリ、是レ校長タル山本氏ノ責メナリ。或ハ生徒ハ山本先生ヲ何トナクキラウナドト、種々言ヲ設ケテ、小学校へ出スヲ欲セズ」と記している[28]。

「試験前三四十日モ先ニ小試験シ、是非ヲ区別シ」といった「教育熱心」がかえって村民の反発をまねき、生徒達に「何トナクキラウ」気持を起こさせたのである。山本に反発した村民達は山本の「教育熱心」が、真に村民やその子弟自体のためではなく、みずからの自己顕示欲によるものではないかと本能的に疑ったのかもしれない。ちなみにその事件の渦中一一月一〇日から一三日までの四日間行われた川尻小学校の後期試験について、右の日記に「初等六級生ノ内ニハ教場ニテ泣出シ、或ハ欠席等数名アリタリ」とある[29]。おおかたの子どもにとって試験は苦痛以外の何ものでもなかったこと、今も昔もかわるものではない。

このような次第であったから「試験のための勉強の過熱化」[30]がどの程度広く一般に浸透したかはもう少し慎重な検討を要する。競争・選抜のための「近代学校」は、これを積極的に受け入れた主として士族の子弟を除けば、これに対する反発も根強いものがあったと考えられるからである。

民衆宗教丸山教の教義書の一つ「御宝教奥之巻極意」の中に「学文は四書五経迄、学校是はいけないものだ。身をずるくりてしまふ。はいされて仕舞のだ」(31)とある。学制によって導入された小学校がそれまでの寺子屋と決定的に異なったのは、それが中学から大学への学校体系の基礎に置かれたことによって、立身出世の階梯の入口としての機能を担ったことである。競争・選抜のシステムに参加することを肯んじなかった民衆にとってそのような近代の小学校の性格は忌避すべきものであった。

近代日本の小学校は、一般に、全国民をそのようなシステムに包摂することによって地域に定着した、あるいは逆に地域に定着することによって全国民を競争・選抜のシステムに包摂した（学歴主義の成立）とされるが、これは一面的な理解にすぎないのではなかろうか。近代日本の小学校は競争・選抜の機能を換骨奪胎されることによって地域に定着した（全国民に受容された）、というもう一方の事実も見落とすべきではあるまい。

天野郁夫『学歴の社会史』の「農民たち」や「商人教育」の章で紹介される歴史学者喜田貞吉、林学者本多静六、鳥居竜蔵、牧野富太郎、武藤山治、松永安左ヱ門などの例は、一九世紀末までの、すなわち小学校が全国民に受容されるまでの、おおかたの農民や商人たちにとっての学歴の意味を考えさせる。そこには「『学歴』を与えあるいは手に入れることとは、したがって立身出世とも、まったくかかわりのない教育の世界があった」(32)のであり、また彼らにとって「いまでは想像もつかないほど大きな社会的、心理的な距離を跳ばなければ、学歴にたどりつくことができなかったのである」(33)。

思いおこしてみれば「百姓や商人には（あるいは女には）学問はいらない」というような表現は、ついこの前まで（高度成長期の「教育爆発」以前まで）よく耳にするものであった。われわれは試験や学歴がこの日本に浸透する過程の社会史だけではなく、そのような圧倒的な浸透圧力にもかかわらず、それが浸透しかねたもう一方の社会史をも描きだす必要があるのではないだろうか(34)。発足したばかりの小学校が直面したものは、もしどうしても子どもを学校に通わせねばならないのなら、それは日常生活に必要なことを費用をかけずに教えてくれる所であって、立身出世に役立てる所ではないとする、多くの民衆の声であった。

この声に妥協することによって、日本の小学校は定着したのである。

3　小学校の定着

このような観点から見ると、一八九〇年一〇月に公布された第二次小学校令の、特にその施行過程をめぐる問題はきわめて興味深い(35)。

周知のとおり第二次小学校令は、明治憲法の制定と市制・町村制等地方制度の確立に対応して小学校の設置・維持全般の再整備の必要に基づき制定されたものであるが、これによって、小学校の設置単位として市町村または町村学校組合が義務づけられ、以後小学校の地域への定着が具体的に進行することになった。かくして「まさにこれは、わが国初等教育制度形成史上の一大画期をなす基本法規となった」(36)のであった。

しかしこの第二次小学校令施行のために必要な諸規則の制定はなかなか進まず、小学校令制定から一年あまりたった九一年一一月になってようやくその全貌が明らかにされた。地方制度の確立に対応するものとして府県当局から一刻も早い全面施行を期待されていたにもかかわらず、なぜこのように大幅な遅れが生じたのか。この点を詳細に検討した佐藤秀夫によれば、その理由はたんに第二次小学校令が画期的な抜本改革であったためにそれに付随する諸規則の整備に物理的な時間を要したというような単純な理由にとどまらず、それ自体難産だった第二次小学校令の、今度はその具体化方策をめぐり、文部省内で、人事抗争もからむ重要な意見の対立が深刻化したためだったという(37)。この抗争の結果として九一年六月、芳川顕正に替わって文部大臣に就任した大木喬任、江木千之に替わった久保田譲普通学務局長のもと、第二次小学校令の施行諸規則は、本文公布当時の方針とはかなり異なったものとして実行に移されたのであった(38)。

そのような人事の抗争を含む深刻な省内対立を経て提示された重要な新方針とはどのようなものであったか。それは九一年一一月一七日小学校教則大綱等多くの規則類の公布とともに発せられた文部大臣大木喬任の訓令に見ることができる。このなかで大木はまず「小学校ニ於テハ徳性ヲ涵養シ人道ヲ実践セシムルヲ以テ第一ノ主眼」(39)とすることを強調する。そのうえで大木は、従来の小学校教育を次のように批判するのである。

小学校ニ於テ往々教育ノ道ヲ誤リ其弊ヤ子弟ヲシテ家業ヲ忌ミ父兄ヲ侮リ徒ニ衣食ノ美ヲ欲シ安逸

ヲ希ヒ労働ヲ避ケシムルカ如キ結果ヲ生シ又貧弱ノ者モ唯々学問ニ従事スルトキハ一身ノ栄達期スヘシト信シ其資力ヲ計ラスシテ歳月ヲ徒費シ其極一身一家ノ不幸一国ノ不利ヲ醸スニ至ルハ教育上ノ通弊ナリ(40)

このように小学校が、個人としての立身出世の手段となることを否定するのである。したがって「普通教育ノ施設ハ少数ノ児童ヲシテ完全ノ教育ヲ受ケシメンヨリ寧ロ多数ノ児童ヲシテ国民必須ノ教育ヲ受ケシメサルヘカラス」、なるべく広く浅く、教育内容においても「濫リニ科目ヲ増サス努メテ簡易ニシテ能ク理会《ママ》セシメンコトニ注意スヘシ」と述べている。一言で言えば「民度ニ適合」した「簡略質素ノ方向」をめざすことによって、教育の普及を第一義的に重視するものであった。

このような大木らの小学校教育についての考え方は、前節で述べた民衆の学校忌避理由に対する一面での妥協であったということができよう。だからこそこの新方針は、なかなか文部省内の合意を得ることが容易でなかったのである。

もっとも大木はこの訓令の後段で「以上述フル所ハ主トシテ一般ニ就学ヲ督責スル尋常小学校ノ教育ニ関スルモノトス其他中人以上ノ子女ニシテ進ミテ中等若クハ高等ノ教育ヲ受クヘキ者ノ初等教育ニ至リテハ其方法ヲ異ニスヘキモノ多シ注意セサルヘカラス」(41)と述べていたように、「出自階層および将来の志望の相違による二重構造性を小学校教育段階に公然と採用する方針を明らかにして」(42)いる。そこに、学制制定時の文部卿として、人材選抜のために西欧的な競争的選抜制度を導入する必要があると考えた大木の素志(43)が貫かれていた、のであった。

大木—久保田らの新方針のもとでとられた具体的施策の中で、その後の日本の小学校教育を最も特色づけるのに功あったものは「学級」制であった。

思いおこしてみれば日本人にとっての小学校の思い出とは「学級」の思い出であり、小学校の先生の思い出は「学級王国」という言葉にも象徴される、学級担任の思い出である。カミングスの言う「全人」教育、メリー・ホワイトの言う「調和《ハーモニイ》と協力《コーポレイション》」は、何よりもこの「学級」を拠点に行なわれたのであった。

「学級」は、第一次小学校令下の「小学校ノ学科及其程度」において初めて登場する。しかし「学級」の意味内容が法制上確定するのは、第二次小学校令施行のための規則類の一つ「学級編制等ニ関スル規則」においてであった。その説明文書の中で文部省は「学級ト称スルハ一人ノ本科教員ノ一教室ニ於テ同時ニ教授スヘキ一団ノ児童ヲ指シタルモノニシテ従前ノ一年級二年級等ノ如キ等級ヲ云フニアラス」(44)と、学級は従前の「等級」と異なることを述べている。

このような等級制に替わる学級制の成立の意義については、佐藤秀夫の詳細な言及がある(45)。佐藤は、学級制と従来の等級制との相違性について次のように述べる。

> これを児童の側からみれば、等級制のもとでは児童の学力如何によって個々の等級への所属が変化するのであって（試験の成績により落第・進級さらには飛び級がおこなわれた）、同一等級における児童の集団性は弱く、逆に児童の個別性が重んじられていたのであった。これに対して学級制では、

児童の個別性（学力と年齢）は学級の振りわけに際して幾分考慮されるだけであって、編成の基準は児童の数におかれており、同一学級での児童の集団性（当時の用語では「団体」性）は極めて強かったのであった。（中略）このような相違点からすれば、等級制が知的教授本位の編成であったのに比して、学級制、とくに当時その大多数を占めた複式学級ないし単級編成は知育よりも訓育にふさわしい編成であったといえる(46)。

そしてさらに「以上のような両者の特徴を考えれば、等級制は個々人の知的啓蒙を最重視した時代の教育観を反映した編成であり、学級制は『道徳教育及国民教育ノ基礎』を優位におき『其生活ニ必須ナル普通ノ知識技能』の教授を二次的においた（第二次小学校令第一条）時期の教育観に基づく編成であったと評することができる。（中略）その底流にこのような教育観の変質が存していたことは見逃しえない」(47)と述べている。

このような学級制の成立は、佐藤も示唆しているように進級・卒業等のための試験の意味の変更を迫るものであった。

第二次小学校令施行の諸規則類の一つとして教育内容を規定する小学校教則大綱が達せられた（文部省令第十一号）。その第二十一条は試験について次のように規定した。

小学校ニ於テ児童ノ学業ヲ試験スルハ専ラ学業ノ進歩及習熟ノ度ヲ検定シテ教授上ノ参考ニ供シ又

ハ卒業ヲ認定スルヲ以テ目的トスヘシ(48)

これに付された文部省の説明文書は、さらに詳細に試験の意義を次のように述べている。

(試験は—引用者)既ニ教授シタル事項ニ就キ果シテ能ク理会《ママ》セシカ若クハ応用シ得ルカヲ試ミテ将来教育上ノ参考ニ資スルヲ以テ目的トスヘキナリ然ルニ動モスレハ方法ヲ誤リ其時期ノ逼ルニ及ヒテ一時ニ夥多ノ事項ヲ課スルモノアリ児童ノ心身ヲ害スル誠ニ少小ナラスト謂フヘシ元来試験ヲ以テ妄リニ競争心ヲ鼓舞スルノ具トナスカ如キハ教育ノ法ヲ誤リタルモノニシテ殊ニ二個以上ノ小学校ノ児童ヲ集合シテ比較試験等ヲ行ヒ偏ニ学業ノ優劣ヲ競ハシムル如キハ教育ノ目的ヲ誤ルノ虞ナシトセス(49)

このように前節で紹介した山本肇が「試験前三四〇日モ先ニ小試験ヲシ、是非ヲ区別シ」たような、当時少なからぬ教師たちが行なっていた試験準備教育は、「妄リニ競争心ヲ鼓舞」するものとして否定され、同様に比較試験もまた廃止されることになったのである。そしてさらに、卒業認定や進級に際しても「単ニ一回ノ試験ニ依ラスシテ平素ノ行状学業ヲモ斟酌スル」(50)ことが求められた。こうした中から、教師は「各児童ノ心性、行為、言語、習慣、偏僻等ヲ記載シ道徳訓練上ノ参考ニ供シ之ニ加フルニ学校ト家庭ト気脈ヲ通スルノ方法」(51)を設け、学校と家庭との連携を密にして児童の教育にあたることの必要が強調された。学校が児童の「生活指導」を行なうことへの公然たる宣言であり、日本の小学校教育史における「通信簿」の登場である。

さらに府県知事は小学校教則大綱に基づき各府県の小学校教則を定めることができることになっていたが(小学校令第十二条)、例えば愛知県が翌九二年七月に公布した小学校教則においては、各学年末の定期試験と年二回以上の臨時試験は実施することとしたが、卒業時の試験を廃止してその成績は各学年末の点数の平均点とすることとし、かつ各学年においても作文・習字・図画・唱歌・体操・手工の試験はやめて平常点としてもよいこと、また試験の成績に「平素ノ行状」を調査しこれを点数化して加えてもよいことが規定されている(52)。それまでの愛知県小学校試験規則の「小試験ハ一学年内ニ三回施行シ其優劣ニヨリテ生徒ノ座次ヲ定ムヘシ」(53)というのに比べれば、児童にとって一回の試験に対する緊張は大幅に緩和されたのであった。それは「平素ノ行状」の調査という、日常の行動への監視強化という代償の結果であったとしても、子どもも親も試験のプレッシャーから大幅に解放されたことはまちがいあるまい。

このように小学校は人材選抜機能の露骨な相貌を表から隠すことによって次第に地域に、民衆の中へと定着していったのである。とはいえ、その道は平坦ではなかった。

第二次小学校令が全面施行された一八九二年の全国の男女平均就学率はわずかに五二%、特に男子の六八%に対して女子は三四%にとどまる(54)。一九〇〇年、男女平均就学率は八〇%を越えるが、女子はようやく七〇%を越えたにすぎない。前節で言及した野田村の隣村小垣江村の小学校の校長は、女子の就学勧誘に努めたけれども「如何せん何れの地方に於ても旧慣因習の久しき女子の教育には甚だ冷淡無心にして会々之を督責勧誘などすれば皆異口同音に曰く吾家は業務の手伝を為さしめざる可からず吾家は子守を為さしめねばならぬと言ひ訳のみなせり併し其実は女子には教育は無用なりとの意にて貧富に係はらず一般に就学せしむることを否み嫌ふの弊習でありました」(55)と述べている。そしてこの校長はこれら不就学の女子のために子守学校を設置するのである。

他方、あいかわらず寺子屋まがいのものに対する人気も根強く、各地の教員はこれらの人気に対抗して父兄や母姉を集めて就学宣伝のための会合、講演会や幻灯会などを随時開かねばならなかった。しかし、三原芳一によれば「全国的に就学事務が整えられ、就学猶予・免除許可が厳しく制限され就学督促が励行されるようになったのは明治三二(一八九九)年からであった」(56)から、これらの努力に対する制度的バックアップは必ずしも十分ではなかった。

欠席者も徐々に減少するとはいえ、依然として二〇%に達していた。皆勤賞が必要なゆえんである。村の祭りの日には多くの児童は当然のように学校を休み、結局その日は授業を行えないことが少なくなかった。やがて祭りの日は休日になった。

しかしこのような状況であればこそ、小学校側からのさまざまな努力がなされた。授業批評研究会などの名による教員たちの校内研修会、訓育の名による校内のみならず校外の生活指導、遠足・運動会・学芸会などの学校行事等々、小学校の教育活動は以前とは比べものがないくらい多様化し豊富になった。そしてやがて女子の就学率も上昇しほとんどの子ども達が小学校に通うようになると、運動会や学芸会は父母だけではなく地域ぐるみの行事となり、小学校は地域の文化センターになっていった。

このような小学校の地域への定着過程は同時に行政府の定着過程でもあった。小学校が地域へ定着することによって行政村は地域に定着し、逆に行政府の地域への定着によって小学校もまた地域に定着した(57)。

日本の小学校はたんに近代知の入口になっただけではなく、国民統合の基本的拠点としてしっかり定着した。もちろんこの過程は教育勅語・御真影を中心に据えた学校儀式による地域への天皇制の確実な浸透の過程でもあった。日清・日露の両戦争がこれを促進するのに大きな役割を果たしたことはあらためて強調するまでもあるまい。

しかしそれは、本稿で述べたように、決して上から下への一方的なものではなかった。考えてみれば当然のことだが、権力は民衆に――あるいは歴史に――妥協することによってその素志を貫徹したのである。かくしてイギリスも日本も「教育の地平は帝国との接近によって拡大した」(58)。その点で彼我それほど違うものではない。しかしイギリスにおいては「ハマータウンの野郎ども」は、いまだ健在である(59)。彼我の違いの原因は、宗教セクターとしての「教会」の有無に象徴される、と考えるが、それを論ずることは、今の私の能力を越えている。

6章

小学校と国民統合
——刈谷尋常小学校「学校日誌」を手掛かりに

1　はじめに——課題と方法

宗像誠也は戦前から戦後に一貫する日本の国家権力の教育観を「始末をつける教育観」と呼んだ(1)。一八八八年の地方官会議に臨んだ岩手県令が民法制定によって日本古来の諄風美俗としての家族制度が破壊されるのを恐れて、「この上は、教育の方面で善く始末をつけねばならぬ」と発言したのをとらえてのことである。日本近代化の過程で、憲法制定、国会開設と国民の権利がわずかながら認められる一方で「教育勅語がだされて、忠君愛国の教えを説き、絶対服従道徳を上からたたきこんで、人権の意識をおさえ、まことによく教育で始末をつけることとなった」(2)というわけである。このように日本の教育は政治の補完物として、これにきわめて直接的に従属させられたのであった。かくして近代日本に於ける教育と政治との関係に言及する者は、必ず教育勅語（あるいは「御真影」）を取り上げ、小学校における学校儀式等を通じて、上から下へ、これがいかに国民に深く浸透したかを語る。日本の近代教育は「教育のなかの政治」どころか、まさしく逆に「政治のなかの教育」でしかありえなかったかのごとくである。

たたきこむ権力とたたきこまれる民衆。しかし私は前章において、日本の小学校は、これを単なる立身出世の階梯とすることに反発する民衆に、妥協することによって、ようやく受け入れられたのではなかったか、と論じた。

この点について、より制度の実態に即して明快に論じたのは佐藤秀夫である。佐藤は一八八六年の第一次小学校令などで構想されていた複線型的な小学校の課程が、貧民向きの簡易科もエリート向きの中学予備科も、共に民衆の受け入れるところとはならず、次第に単線化されていく過程を論じて、これは「権力側の意図的な方向づけよりは、むしろ教育を受ける民衆側の事実としての方向づけの方が強く作用していたようにみられる」(3)と述べた。

そして「より強調していえば、『民度適応』の観点から権力側のうち出す小学校種別化方策が民衆の批判と不同意のために破綻した結果、権力者が単一化を追認せざるをえなくなったのだということである」と。

何故このようなことがおこったか。

佐藤秀夫は別稿において、自由民権期に政府自らによって強調された、教育における「人民自為」の方策が、その後も紆余を経ながら戦後に至るまで連続していったとみることができる、と論じている(4)。

これに関連して土方苑子は長野県埴科郡五加村を対象に、一八八九年の町村制施行によって成立した行政府における近代教育の形成過程を論じ、「村は国の制度・政策の単なる受容の場として存在したわけではなく、教育制度の形成においても、国と国民の基本的な接点であり対抗点でもあった」(5)と述べ、特に行政府と対比して、それが成立する以前の旧村(自然村)においては「小学校に対する国・県の監督はまだ弱く、小学校は村の自治的運営に委ねられる性格が強かった」(6)と述べている。

私もまた、かつて学校教育と民衆生活との関係について、神奈川県津久井郡を取り上げ、小学校は国家の教育政策と民衆の生活との接点であり、教育政策の中継点としての県・郡・村のあり方によって、接点としての学校の性格も変わってこざるをえない、と論じたことがある(7)。

近代日本の小学校は、国民統合のための最前線の出先機関として最も効果的な役割を果たしたのであるが、それは権力による強制によってだけではなく、同時に学校を取り巻く地域や民衆の主体的条件に支えられたものでもあった。言い換えれば、いわば小学校教育の論理それ自体に即することによってこそ、より徹底した国民統合が行なわれた、とも言えるのではなかろうか。

本章の課題は、ある一つの小学校が、その教育活動そのものを普及・充実していく過程を通じていかに国民統合をなし遂げていったかを、その小学校に残された「学校日誌」を手掛かりに、具体的に検討することにある。前章との関連で言えば、私はその中で、日本の小学校は、その出発時点で構想された試験制度に見られるような競争・選抜の機能を換骨奪胎することによって地域に定着したと述べたが、その「換骨奪胎」の具体的様相を明らかにすることである。

それは同時に、かつて勝田守一らが「日本の学校も（政治と同じく—引用者）、『急進的』な装いで出発しながら、古くからの要因を再編成していったのである。そうであってはじめて、明治以来の公立学校は、『国民にうけ入れられるもの』になっていった」(8)と論じた、その過程を明らかにすることでもある。

本章で資料とする刈谷尋常小学校の「学校日誌」は、一八八八年一月一日から記載が始まる、表紙に「明治廿一年一月　日誌　尋常小學刈谷學校」とある冊子以後、今日に至るまで一貫して存在するものであるが、一九〇六年分までは遺憾ながら愛知県教育センターが保存する写真版を除いては、現在所在不明である。なお各年ごとの学校日誌の表紙の記載はまちまちであるが、本章ではこれらをたんに「学校日誌」と称し、資料引用にあたっては、適宜漢字は常用漢字体裁に改め、読点を付した。

「学校日誌」等を資料として一八九〇年前後から一九〇〇年代に至る特定の小学校の教育活動の展開過程を本格的に論じた研究は、管見では東京都文京区立誠之小学校の寺﨑昌男監修による『誠之が語る近現代教育史』以外にはない。本稿はこれを参考とすると共に重要文化財旧開智学校資料集刊行会編集（佐藤秀夫監修）の『史料開智学校』第一巻学校日誌（1）をも合わせ参照したが、これらの学校との比較考量の作業は時間的制約もあり遺憾ながら不十分である。今後の課題としたい。

2　地域と小学校

刈谷尋常小学校は現在の愛知県刈谷市立亀城小学校の前身であるが、一八八七年三月に、前年の第一次小学校令に基づき愛知県が制定した「小学校設置区域及位置」によって、刈谷村の刈谷学校、熊村の熊村学校、高津波村の高津波村学校、元刈谷村の元刈谷学校の四校が統合され、これらの村々を学区に、刈谷学校の地に設置された。

そこでまず、四つの村について簡単に紹介しよう。

刈谷村は愛知県の中央部、碧海郡の西端に位置する。一五三三年に水野忠政が築城以来、廃藩置県までほぼ二万三千石の刈谷藩の城下町として発達した（水野忠政の二女は徳川家康の母於大《おだい》）。「亀城」は刈谷城の別称である。一八七六年の戸籍簿によれば戸数六九八、人口二三七六であった。名古屋から東南約二〇キロ、東海道からはおよそ一里八町（約四七五二メートル）離れてはいたが、三河と尾張を文字通り境する境川によって、三河湾に通じ、交通の要衝としても栄えた。一八八八年東海道線開通と共に刈谷駅が設置され、一九二六年の豊田自動織機製作所設立以後は豊田系関連工場が相次いで集積し、工業都市として発展することになった。学制期には第七番中学区の中学取設所が置かれ、一八八三年には碧海郡唯一の中等教育機関である郡立高等学校（のち亀城小学校に統合される亀城高等小学校の前身）が設置された。刈谷学校は第七番中学区第一番小学として七三年九月に創設された。場所は刈谷藩校文礼館の跡地である。

熊村は刈谷村の北に位置する。七一年の廃藩により東京から引き揚げた士族が移住し、士族屋敷が一一七軒あったという。八二年には青年会が組織されたが、これは現在の刈谷市域では最も古い。熊村学校は刈谷学校と同じ時、第二番小学安養学校として村内安養寺に創設された。

高津波村は熊村のさらに北に位置する。七六年の戸数は九一、人口四〇二であった。高津波学校は八〇年一一月に新設された。

元刈谷村は右の二村とは逆に刈谷村の南、境川河口に位置する。中世には城が築かれており一七一〇年本多氏が刈谷に転封するまで本刈谷と称していたが、その後本の字を憚って元刈谷と改名したという。七六年の戸数三九〇、人口一五九八。寺が多く、六寺を数える。元刈谷学校は七三年一二月、第六四番小学として、これらの寺の一つ海会寺に創設された。

なお、一八八九年の市制町村制施行によって刈谷村は刈谷町となり、同時に実施された町村合併によって熊村と高津波村は合併して逢妻村になった。すなわち本章で取り上げる一八八〇年代末から一九〇〇年代にかけての刈谷尋常小学校の学区は刈谷町、逢妻村、元刈谷村の一町二村である(9)。一八九〇年一月現在の各町村の戸数・人口は表1のとおり、刈谷町が最も多く、元刈谷村がこれに次いでいる。

新たに出発した刈谷尋常小学校にとって、最も大きな課題は、新たに学区となった元刈谷村と逢妻村の住民に自らをいかに新しい学校として「認知」させるかということであった。

表1に見るように、就学率の地域格差はきわめて大きく、刈谷尋常小学校が置かれた刈谷町が男女平均で九〇%近いのに対して、逢妻村は約七〇%、元刈谷村に至ってはさらにその半分に近い約三五%であった。これと直接に比較すべき資料がないので時期的な変化を追うことはできないが、残されたやや疑問の残る八一年の調査によると(10)、刈谷、逢妻、元刈谷の各村に相当する地域の就学率はそれぞれ、約八〇%、約六〇%、約五〇%となっており、刈谷尋常小学校への統合によって、特に元刈谷の就学率が一層減少したことをうかがわせる。

表1　刈谷尋常小学校学区内各村就学状況（1890年1月現在）

	戸数	人口	学齢児童数			在学生徒数			就学率		
			男	女	計	男	女	計	男	女	計
			人	人	人	人	人	人	%	%	%
刈谷町	669	2,451	111	125	236	125	82	207	112.6	65.6	87.7
元刈谷村	395	1,826	97	112	209	55	19	74	56.7	17.0	35.4
逢妻村	294	1,397	68	68	136	67	27	94	98.5	39.7	69.1
合計	1,358	5,674	276	305	581	247	128	375	89.5	42.0	64.5

（「学校日誌」により作成）

表2　愛知県と全国の学齢児童就学率の年次推移（%）

	1880	1881	1882	1883	1884	1885	1886	1887	1888	1889	1890	1891	1892
愛知県	39.4	56.3	62.4	64.3	64.3	65.3	61.4	48.5	47.4	48.1	39.8	47.6	52.5
全国	41.1	43.0	48.5	51.0	50.8	49.6	46.3	45.0	47.4	48.2	48.9	50.3	55.1

（『愛知県教育史』第3巻による）

そもそも全国的に見ても、学制発布以後一八八三年に頂点に達した就学率はその後次第に低落しはじめ、皮肉なことに父母後見人等の就学義務を法文上に明記した第一次小学校令施行下の八七年に最も低くなる。その最も大きな原因は、松方デフレによる経済不況とこれに対応して森有礼が提唱した「学校経済」主義による授業料重視方策である(11)。愛知県の場合は、表2に見るように八三年以降も上昇を続けるが、八六年に頂点に達したあと翌八七年に極端に減少し、九〇年に最低になる。この原因は全国に共通する前述の理由に加えて、既述の八七年三月の「小学校設置区域及位置」による学校統合がきわめて大きかったものと思われる。これによって愛知県はこれまでの九一八学区を四三九学区に統合整理し、小学校も一〇五八校から高等小学校二五、尋常小学校五二五、小学簡易科四九に整理したのであるが、このため通学距離の遠隔化等による通学不便をもたらした(12)。それは同時に、他町村の学校に通わねばならないという意識のうえでの疎遠化をもたらすものでもあったろう。

表1の示す刈谷尋常小学校の就学率についてもう一つ指摘しておかなければならないことは、男女の就学率の格差がきわめて大きいことである。刈谷町でも女子は男子の半分に近いが、逢妻村、元刈谷となるにしたがってその格差はますます大きく、元刈谷村では男子の三分の一にも達しない。就学率の低い地域ほど男女格差が大きくなっているのである。特に元刈谷村の女子の在学者は一一二人中一九人というものであるから、まさに蕭条たるものがある、というべきであろう。

城下町で士族が多く、しかも学校から距離的にも近かった刈谷町の就学率が高かったのは当然であろう。男子就学率が一〇〇%を超えているのは、記載事実に間違いがなければ、学齢を越えた生徒がいたことを示しているのであろう。当時、学齢を越えた生徒が在学することはけっして珍しくはなかったからであるが、同時に刈谷尋常小学校に付設された補修科や各町村に開設された夜学校の生徒数を加えたためかもしれない。逢妻村の男子就学率の高さも同様の事情が考えられる。

当時の刈谷尋常小学校が置かれていた就学状況は以上のようなものであった。それ故まず刈谷尋常小学校の校長や学務委員が取り組まねばならなかったのは、学区内各地域、特に就学率の最も低い元刈谷村への就学普及活動である。これは学校統合、町村合併によって新たに設置された刈谷尋常小学校を、その他の学校としてあらためて認知させるためにも、きわめて重要なことであった。

「学校日誌」には「此日午後高須多吉天野直長両人元刈谷村旧学校ニ於テ同村学齢児童ノ父兄ヲ集メ教

育ノ必要ヲ説ク、此日入校十二名」（八九・三・二四）といった記述がしばしば出てくる。高須多吉は校長であり、天野直長は学務委員である。彼らはこのように元刈谷村だけではなく、学区内の各地域を訪れ、父兄を集め、時に化学の実験をして見せたり幻灯会を開くなどして、学校教育の意義をあらためて父兄達に啓蒙し就学への説得をしなければならなかったのであった。

しかし、このような活動は必ずしも効果が上がるものではなかった。例えば「学校日誌」に次のような記事がある。

> 此日元刈谷村々長へ宛左ノ書状ヲ寄セタリ　拝呈、御村長遠寺ニ於テ又候《ゆるし》寺小（ママ）屋相開、子供モ追々相フエ候趣聞及候、右ハ小学校へ影響ヲ及ボスノミナラズ第二ノ日本人ヲ誤リ候段甚不都合之義ト存候間、果シテ事実ニ候ハヾ直チニ御差トメ被下度及御依頼候也　明治廿三年一月廿日　刈谷学校長高須多吉　元刈谷村長　鈴木彦五郎殿（九〇・一・二〇）

既述のように元刈谷村は寺の多い村であった。その一つ長遠寺で子どもを集めて寺子屋を開いているのは、小学校に影響を及ぼすものであり「第二ノ日本人」を誤らすもので甚だ「不都合」であるから、もし事実であるなら「御差トメ」するよう元刈谷村長に依頼をしているのである。前述の元刈谷村の就学率の低さの背景にはこのような事実に象徴されるような地域間対立を含む根の深い問題があったのであり、地域と小学校との距離は、簡単には埋めがたいものであった。

そうであればこそ、新たに行政村の管理の下に出発した小学校の置かれた環境は厳しいものであったと言わざるをえない。

「学校日誌」八八年五月一二日に記載された次のような卒業遠足の様子は、ようやく卒業を迎えた生徒たちの誇りと喜びと共に、地域や民衆の生活と学校との間に依然として存在する乖離の状況をも想像させるのである。

是日本校卒業生十有九名ヲ引率シテ八橋郡ニ遠足ヲ試ム、午前十時校門ヲ出ツ、生徒皆木銃ヲ提ケ背嚢ヲ負テ行ク、気象活発軍歌ノ声亦勇マシ、途人観望嗟嘆已マズ、十二時八ツ橋ニ達ス、無量寿寺ノ燕子花方サニ開キ紫葩翠葉薫風ニ動キ人ヲシテ坐《そぞ》ロニ懐古ノ情ヲ惹起セシム、昼食後休憩時ヲ移ス、三時帰途ニ就ク、是日恰モ知立明神ノ祭典ニ属ス、乃チ之ヲ参拝シ小休憩シテ校ニ帰ル時方サニ六時半ナリキ

風薫る五月の好天の中、片道二里あまり、往復約二十キロ、在原業平の故事で知られるカキツバタの名所無量寿寺へ、木銃を担ぎ背嚢を背負って軍歌を歌いながらの、文字通り遠足行軍は、なるほど「途人観望嗟嘆已マズ」の表現のとおり、もの珍しかったに違いない。これは、地域への就学普及のための宣伝活動でもあった、と言うべきであろう。

3　小学校の努力

以上のような地域への就学普及のために一刻も早く必要だったのは、学校の管理運営体制を確立することであった。刈谷尋常小学校設置の年、八七年四月に着任した高須多吉は実質上の校長としてこの点にも努力せねばならなかった。そもそも翌八八年一月一日から「学校日誌」が作成され始めたのも、その表れだったということができる。

高須多吉が愛知県から正式に「任愛知県碧海郡刈谷学校長兼訓導」という辞令をうけとったのは、三月一二日のことであった。しかし「学校日誌」に「高須多吉担当内学校ヲ巡回ス」といった記事があるように、高須校長は刈谷尋常小学校以外に近隣の小垣江、吉浜、重原、一ッ木、小山の五校、地域的にも広い範囲の学校の校長も兼務していた。この時期校長を置いていない小学校の方がふつうであって、校長がすべての小学校に置かれるようになったのは一九〇〇年の小学校令以後のことである。教員達は互いに学校を訪問したり合同の教員研修会を行ない、あるいは遠足の途次近隣の学校に立ち寄って盛んに交歓し、また試験のさいに問題を共同で作成したり、卒業試験や卒業式も複数校の連合で行なっていた。このような事実は、一校独自の管理運営体制という点から見た時、なおそれが確立しがたかったことを意味する。言い換えれば「おらが村の学校」として、各小学校はなおその存在する地域との結合関係を、独自のものとして確立しえていなかったということでもある。

それでも正式に刈谷尋常小学校の校長となった高須多吉は着々とその管理体制を整えるべく努力した。辞令拝命一週間後の「学校日誌」には「教室整法《ママ》職員事務総則及委員心得ヲ認メ之ヲ教員室ニ掲示ス」とあり、さらにその数日後には、記録係、書籍係、器械係、校内掃除監督、校外掃除監督、遊戯品生徒遺失物捜索係、手工品取扱係といった係を定め、全教員をこれに割り当てた。さらに九月二一日の「学校日誌」には「本日午后職員会ヲ開ク、議決ノ件左ノ如シ　風雨ノ節放課時ノ管理　一年生ハ毎放課時間ニ出場セシムル事　二年生ト三、四年生トハ逓番出場セシムル事　監督ハ各受持教師之ヲナスベキ事」といった記事もあり、生徒の管理体制も徐々に確立しつつあると同時に、この頃から職員会も開かれていたことがわかる。

また翌八九年四月三〇日には教室日誌を作成することを定め、記載事項は「月日、七曜、晴雨、寒暖、生徒出席欠席ノ員数、各学科教授ノ大要、教授ノ当否、教授ノ新工夫、生徒ノ勉否、生徒ノ賞罰、官吏ノ巡視及教員父兄等ノ参観、其他教室内ノ出来事ハ一々其大略ヲ記載スルモノトス」とされた。さらに同年六月二二日には「監督日誌ヲ調整ス」とあり、「監督者注意」と「監督規則」を定めた。前者は「放課時間ハ生徒ノ心意ヲ慰メ気力ヲ養ヒ以テ再ビ新事業《ママ》ニ就クニ快活ナラシムルモノナレバ監督者其心得ヲ以テ之ヲ監督スベシ」等、主として放課時間中の生徒に対する教員の監督要領を九項目にわたって示したものであり、後者は「監督当番ハ毎日二人ツヽ交替スル事」「監督当番ノ者ハ始業前三十分出校ノ事　但若時限ニ遅クルヽトキハ翌日復再勤スベキ事」等々の規則を定めている。

このような決定が実際どの程度行なわれたかはわからないが、学校の管理体制は徐々に整備されていったのである。

そして九一年三月には次のような「刈谷学校校規の歌」なるものを作成し活版刷りにして生徒に配布した。

一ツトヤー、日々に新に又日々〱、新に学問励めよや〱
二ツトヤー、不断休まず精出せよ〱、休みて進みしためしなし〱
三ツトヤー、皆々毎朝帝号を〱、唱へて天恩忘るなよ〱
四ツトヤー、用具や机に傷づヽ《（ママ）》けず〱、物事大事に心せよ〱
五ツトヤー、いつも太鼓の鳴る時は〱、早く列びて後るなよ〱
六ツトヤー、無用の道具を持参すな〱、食物類なら猶更に〱
七ツトヤー、何事するにも父母や〱、教師のをしへを守れよや〱
八ツトヤー、休みのその日もさらへせよ〱、運る月日に休みなし〱
九ツトヤー、言葉や行儀に気をつけて〱、やさしき生徒と誉められよ〱
十オトヤー、友達中よくむつまじく〱、遊べや桜の花の影〱

八九年五月二〇日には「是日毎週授業時間ノ配当ヲ改正ス　但第一年生ハ旧ニ依ル」とあって、次のような「毎週授業時間配当表」が記載されている（表3参照）。一年生を除く三学年共通の時間割であるが、

表3　1889年5月刈谷尋常小学校毎週時間割

曜日	第一時	第二時	第三時	第四時	第五時
月曜	修身	読書	習字	算術	唱歌体操
火曜	読書	算術	習字	作文	唱歌体操
水曜	読書	算術	図画	作文	唱歌体操
木曜	修身	読書	習字	算術	唱歌体操
金曜	読書	算術	習字	作文	唱歌体操
土曜	読書	算術	習字	唱歌体操	

（「学校日誌」より作成）

各学年毎に異なる時間割が作成されるのは、「学校日誌」によれば約一〇年後の九八年からであった。

　このような学校の管理運営体制の確立への努力と共に、それを支える教員の研修も活発に行なわれた。

　八八年一月二〇日の「学校日誌」に「午前第八時大窪学務課長臨場セリ、親シク授業法ヲ観ラル、四年生ニハ作文ト暗算トヲ自ラ試ミラレタリ、帰ラル丶ニ臨ミ更ニ同生徒ヲシテ体操及隊列運動ヲ演習セシム」とあるように、時に県官の視察があり、また研修を兼ねた教員の相互学校訪問もしばしば行なわれた。師範学校教諭や郡督学等の講義を聴講する研修会にも出かけた。そして五月二六日には「本日午后第二時ヨリ本校ニ於テ第四年生読書作文算術ノ授業術批評会ヲ開ク、小山逢見二校ノ訓導及授業生モ亦来リ之ニ与《くみ》ス」、また九月八日には「毎週水曜日ノ夜ヲ以テ教員相会シ教育学（教育新論）算術ノ二科ヲ研究スル事トス」といった記事を「学校日誌」に見ることができる。

　しかし刈谷尋常小学校において実地授業術批評会(13)という校内研修会が定期的に開かれるようになったのは、「学校日誌」の記事によれば翌八九年七月からである。七月二七日の記事に「是日体操唱歌時間ヲ以テ授業術批評会ニ充ツ、当籤者　第四年修身科岡田竹次郎　第二年読書科河目孫太郎」とある。「当籤者」とあるのは、授業者はくじ引きで決めたのか、あるいは投票等によって決めたのかはさだかではないが、このような研修会は以後八月二四日、同三〇日、九月一四日、同二八日、一〇月二六日、一一月九日、一二月七日、翌九〇年一月二五日、二月八日、六月一四日、同二八日、七月二六日、八月一日、九月六日、一〇月一一日と、だいたい月一回のペースで開かれていった。

また八九年八月一七日の記事に「午後職員ノミ打チ寄リ演説稽古ヲナス」とあるように、この頃から時時研修の一環として演説の稽古を行なった。演題は、例えば九月二〇日の場合「動植物ノ話」（河目孫太郎）、「女子教育ノ方針」（神谷勝次郎）、「養蚕ノ話」（松原常之丞）、「尾参大洪水ノ話」（野沢右左吉）、「懺悔話」（高須多吉）であり、一〇月一九日の場合は「外人拝崇者ヲ嘲ル」（三宅鍹之助）、「碁智恵美勘馬鹿ノ中」（意味不明）（神谷辰次郎）、「日本帝国ハ独立国ナリ」（岡田竹次郎）、「養蚕ノ話」（松原常之丞）、翌九〇年一月一八日の場合は「植物の話」（河目孫太郎）、「父兄の義務」（神谷辰次郎）、「教育学講義」（高須多吉）、「音楽の及ぼす影響」（岡田竹次郎）であった。

ちなみに刈谷尋常小学校で唱歌の授業のために教員を東京に出張させ、唱歌の教科書や教授用書とともに舶来のヴァイオリンを、一器一〇円で購入したのは八九年七月一四日のことであった。学校ではさっそく夏期休暇中岡田竹次郎を研修のため名古屋に出張させたらしく、八月一六日の項に「在名古屋岡田竹次郎ノ許ヘ金参円ヲ送致ス　唱歌伝習ヲ受ケシ謝義金ナリ」とある。音楽に関する右の岡田竹次郎の演題はそのような研修の成果だといえよう。

いずれにせよ、このような研修を背景にしつつ教員の実践能力は高まり、小学校の教育活動も次第に多彩なものとなっていった。刈谷尋常小学校は伝統ある城下町にある、碧海郡の中心校の一つであったから教員の定着度も高かったことは幸いであった(14)。

また九〇年一月二四日の記事に「翌日ノ教授案ハ是レ迄各教員自宅ニ於テ草シ来リシガ種々不都合ノ廉モ生シタレハ爾来必ス学校ニ於テ終業后之ヲ草スベキ事トス」とあるところを見ると、すでにこれ以前から毎日教授案を作成することが求められていたようである。また九三年五月二日には「是日本郡教育会編纂ニ係ル尋常小学科教授細目（八部）及高等小学科教授細目（一部）ヲ領収ス」とあるように、この頃から郡教育会の組織がしだいに整備され、各校まちまちで行なわれてきたものが、いろいろな意味で規格化されるようになってきた。刈谷尋常小学校でも郡教育会作成の教授細目をもとにさっそく翌日職員会を開き「教授細目研究会」を行なっている。そしておそらくこれを受けて、五月八日には「本日ヨリ教授週録ヲ用ユ」ということになった。

4　民衆生活と小学校

第2節で述べたように、就学の普及は、刈谷尋常小学校がその地域に認知されるための証であったと言っていい。しかし、もとより就学者さえ増えれば済むものではない。たとえ就学者が増えたとしても欠席者が多いのが問題であった。

「学校日誌」八八年九月一二日の項に「此日生徒欠席ノ多キ過半数ニ至ル故ニ十分ニ教授スル事能ハザリシ、蓋シ大雨ノ為メニ防ゲラレシモノナラン」とある。このように生徒達は大雨が降れば当然のように学校を休んだ。学校を休むのは大雨の時だけではない。村の祭りとなれば欠席者は一層多かった。そこで学校は次のように、祭りの時には休校等の措置を取ることを決めた。

聯区内各村ノ祭日ニ際シ生徒中欠席者アリタルトキハ左ノ如キ斟酌法ヲ行フ事トス　刈谷町ハ学校所在地ノ事ユエ社祭典ノ当日ハ休校トシ、元刈谷村逢妻村ノ祭日ニハ該村生徒ノミ欠席スルモ出席者ト見倣ス事、但一週間以前ヨリ引続キ欠席スル者ハ此限ニアラズ　右ハ一個人トシテ斟酌ヲナシタルマデニシテ学校全体ノ調査上ニ於テハ欠席者ハ無論算入セザルモノトス（九〇・九・一二）

学校のある刈谷町の祭りの日は休校、学区内の元刈谷村と逢妻村の場合は欠席者も出席扱いにするというわけであるが、村の祭りといっても、村にある神社は一つとは限らなかったから、そのつど右のような措置を取らねばならなかった。

また当時は、「陰暦元旦」（旧正月）、「旧暦上巳」（桃の節句）、「涅槃会」、「旧盂蘭盆会」などが民衆の生活の中に、しっかりと位置づいていたから、これらの時も欠席者は甚だ多く、やむをえず午後は授業をやめて近くの神社や寺などに生徒を連れて遊びに行くことになった。

九二年の一一月二三日、新嘗祭の時には学校で拝賀式が行なわれたにもかかわらず、生徒達は、収穫も終わりようやく農閑期に入った村にやって来た演劇の興行を見るために、欠席する者が多かった。学校の拝賀式では優等生五名に対して、県庁から下賜された賞品の授与が行なわれるという晴れがましい行事もあったというのに、学校は大いにその面目を失ったであろう。

もちろん田植えや稲刈りどきの農事繁忙の時期にも欠席者は多かった。特に猫の手も借りたい田植えどきの欠席はどうすることもできなかった。学校が、期間を区切って、ことあらためて農繁休暇を設けるようになるのは、むしろ就学者が増え、平常の出席率が上がってからのことである。

このように小学校は一八九〇年前後の時期、いまだ地域に、あるいは民衆の生活の中に、しっかりと位置づいたとは言いがたい。そうであってみれば、「学校日誌」に次のような記事も現れることになるのである。

是日陰暦元旦ニ属シタリシガ生徒出席平常ト差シタル相違ナカリシ、依テ教員室ニ錦絵修身掛図助力器械及博物標本類ヲ陳列シ生徒ニ縦覧ヲ許シ受持教員一々之ガ説明ヲナセシニ生徒皆愉快ノ色ヲ顕ハセリ、又本日出校ノ生徒ニ賞点十点ツヽヲ与ヘ午後臨時休業ヲナセリ（九〇・二・一九）

旧正月にもかかわらず、生徒達の欠席が少なかったことを教員達が大いに喜んださまがうかがえる。普段はあまり使わない貴重な教材類を特別に見せ、御褒美の「賞点」まで与えて、生徒達の「勤勉」に応えようというわけであった。翌二〇日も午前中二時間授業したのち生徒の喜ぶ綱引きを行ない、午後は臨時休業、さらに翌二一日にも授業後綱引きと化学実験を行なった。この記事からは、地域における小学校の定着が依然として不十分であり、そのためにむしろ学校が生徒・民衆の意を迎えることに腐心さえしていることがうかがえる。

このように何かことがあれば、特段のうしろめたさも感ぜずに生徒が学校を欠席するという状況は、その背後に前節で述べたような、学校に就学すること自体を忌避する多くの親と子ども達が存在したという事実によって支えられていた。

しかし九〇年度に七〇％台だった出席率は九八年になるとついに九〇％を越えた。この間学校側が努力したことは、単に修身、読書、習字、算術といった教科だけではなく、唱歌、体操、低学年の遊戯、あるいは遠足など、子ども達を惹きつける多様な教育活動の展開であった。一九〇〇年代に入るようになると運動会や展覧会のほか学芸会も開かれるようになり、これらは地域ぐるみの行事となっていった。

そしてこの過程で刈谷尋常小学校がとりわけ力を入れたのが、訓育（生活指導）であった。前節で紹介した八九年六月から作成することにした「監督日誌」などもその一環であったが、九〇年からは夏休み前に必ず、「早寝早起ノ事。毎朝帝号拝誦ノ事。毎日時間ヲ定メ学科ヲ復習スル事。食物ニ注意スル事。午睡ノ戒ムベキ事。水泳ノ戒ムベキ事」と、休み中の生活の注意事項を生徒たちに申し渡すことになった。この内容は多少文章を変えながらその後も受け継がれた。

翌九一年六月には生徒父兄宛てに寒天刷りで次の「子供の心得」を配布した。

一、毎朝早く起き家の内外を掃除する事
一、朝ねひるねをなすべからず
一、きものにちりのつきたる時ハ速に着かふべし
一、毎日湯に入てからだを清むべし
一、かたきものあつきもの及びあまりにつめたきものをのミくひすべからず
一、あしき水をのむべからず
一、未た熟せさる果物を食ふべからず
一、子どもづれにてはみだりに水あびにゆくべからず
一、小使《ママ》銭をみだりにつかふべからず
一、けんくわをなすべからず
一、うそをつくべからず

右は当学校に於て平生相いましめ居候事どもに候へとも御家庭に於てハ猶更御注意有之度候

そして同年七月四日には学期末の試験の点数に「受持教員ガ平素観察スル所ニヨリ採点シタルモノヲ職員全体ノ協議ニ付シ査定スルモノトス」る品行点を加えることとした。このような品行点を重視することは、この約四カ月後、文部省が第二次小学校令の施行のために出した小学校教則大綱の趣旨に添うもので

もあった。前稿でも言及したように、そこでは「平素ノ行状学業ヲモ斟酌スル」ことが求められ、「各児童ノ心性、行為、言語、習慣、偏僻等」に注意し、訓育の成果を上げるため「学校ト家庭トノ気脈ヲ通スル」ことの重要性が強調されていたのであった(15)。九四年四月には二年生以上の生徒に対して、「父を　おとっさん、母を　おっかさん、祖父を　おぢいさん、祖母を　おばあさん、兄を　あにさん又にいさん、姉を　あねさん又ねいさん、教師を　何々先生、朋友を　たれさん　あなた、自分を　わたくし」と呼ぶようにと、言葉づかいについての刷り物まで配布している。

まことに「学校は共同体の人間形成機関である若者組などを崩していくと同時に、その受けもっていた地域社会の行事や、共同体的集団生活にもとづく人間形成、つまり生活指導を、近代学校の教育体系に積極的にとりいれる必要を感じなければならなかった」のである(16)。

このような生活指導を行なっていくさいに、学級と学級担任の持つ意味は大きかった(17)。同年一二月四日の「学校日誌」に「是日左ノ諸件ヲ定ム　一、生徒ノ席次ハ身長ニヨリテ之ヲ定ム　但試験成績ニ依リテ定メシ席次ハ名札ニヨリテ之ヲ示ス　一、一教室内ノ生徒ヲ甲乙丙ノ三等ニ区分シ生徒ノ左側ヲ甲トシ右側ヲ乙トシ中央ヲ丙トシテ教授ス　一、一、二、三学年ハ男女ニヨリテ学級ヲ区別ス」とある。これまで試験の成績で決めていた席次を身長によって決めることにし、また、これまでほとんど実施されてこなかった男女別学級編制を実施することにしたのである。このいわば「学力」よりも「体力」を重視する決定は、おりしも日清戦争の真っ最中で、その影響を無視して考えることはできないが、しかし翌年一〇月二日に、あらためて「一学年ハ是迄劣等生廿余名ヲ分テ別々一教室ヲ設ケ授業シ来リシガ今回都合ニヨリ此区別ヲ廃シ更ニ男女ノ二組ニ編制シ」なければならなかったことを勘案すると、「学力」を無視した学級編制がなかなか実施できなかった様子をうかがわせる。実際日々の授業を行なうには学力差は無視することができなかったからである。

しかしこのような紆余を経ながら「是日優等旗（地合唐縮緬、旗章水ニ沢瀉）ヲ二学年第二組ニ与フ、教室ノ出入行進ノ作法等ヨク整頓シ他級ノ模範タルニ是《（ママ）》レハナリ」（九六・一一・一四）などと模範学級に優等旗を与えたことにも見られるように、訓育を主体に、その単位としての学級を重視することが次第に確立していった。

かつて宮坂哲文は英米と日本の学級経営論を比較考察して、「（日本の―引用者）学級経営の主流は教授問題を中心とする方向においてではなく、訓育問題を中心とする立場におかれ、しかもその訓育的立場じたい教授との関連においてではなく、それじたい目的的な意味をもつものとして考えられていた」と論じた(18)。まさにそのようなものとしての学級が、この頃より成立し始めたのである。

「平素ノ行状」の重視は、落第者を減少させ、学級編制においても学力よりも年齢を重視させることになった。また、女子就学者の増加は女子だけの学級編制を可能にした。他方これがまた就学率と出席率をいっそう上昇させるのに役立った。このようにして、国民は次第に学校に統合されるようになったのである。

5　天皇と子ども、または日清戦争と小学校

しかし近代日本の国民統合という問題を考える時、明治維新後最初の本格的対外戦争であった日清戦争の持つ意味の大きさにあらためて思いを致さないわけにはいかない。

八八年五月九日の「学校日誌」には「是日午后第二時名古屋鎮台第三連隊輜重隊兵馬六十頭ヲ率ヒテ来リ、本校遊歩場ヲ以テ其厩ニ充ツ、威嚇強迫ノ勢禦ゲトモ及ブナシ、場中桜樹二株遂ニ馬ノ為メ噛ミ僵《たお》サル」とある。「威嚇強迫ノ勢禦ゲトモ及ブナシ」という記述に、歓迎するどころか、予告なしにやって来た兵馬の横暴に苦り切っている教員たちの様子をうかがうことができる。

このように九〇年前後には名古屋の第三師団の兵士が年に一度ぐらい、おそらく演習の途次、校庭等を利用するためにやって来たが、いずれも教員達はこれを歓迎した様子は見られない。九二年一〇月七日午後には師団兵が、なんと千八百余名刈谷にやって来て馬数十頭を校庭につないだため「大ニ混雑ヲ生シ十分ノ授業ヲ執ル能ハズ」、ついに午後の授業をやめ生徒を退校させねばならなかった。その影響は翌日にまでおよび、学校は「昨七日第三師団兵来刈、本校遊戯場ヲ以テ馬繋場ニ、校舎ヲ以テ馬具及炊事具置場ニ充テラレ大ニ混雑致候ニ付、本日ハ臨時休校仕ニ依テ御届申上候也」と郡長宛てに臨時休校届を出したが、この届などには、むしろ抗議の意味さえ込められていたのではないかと思われる。いずれにせよ軍の威勢に対してひたすら平身低頭するさまは言うまでもなく、とくべつ歓迎する様子もこの時期には見られ

ない。

また八九年一一月三〇日には「刈谷郮外三ヶ村ノ新兵入団ニ付本校四年女子ヲシテ之ヲ送ラシメ停車場ニ至ル」とあるが、この時期には珍しい新兵入団に、最上級生の女生徒を見送りにやらせたというのも、緊張感よりも微笑ましさを感じさせる。後述の日清戦争中には必ず四年の男生徒が職員に引きつられて入団兵を見送っているのである。

もとより校長高須多吉は天皇に対する尊崇の念のたいへん厚い人物であった。八八年一一月一五日には「恐多クモ　今上天皇皇后両陛下ノ御真影ヲ本校へ奉戴シ三大節ニ於テ職員及生徒ヲシテ謹拝、以テ　聖恩ノ優渥ナルヲ知ラシメ勤王愛国ノ念ヲ振起致サセ」るため「御真影」を拝戴したいが特別の詮議によって認めてもらえぬかと、宮内大臣宛てに御真影下附願を出している。当時市町村立の小学校には御真影の下附が認められなかったからこの場合も当然認められなかったが、それを承知で他校に先駆けて御真影下附を願い出たところにも高須の天皇尊崇の念の厚さが表れているといえよう(19)。九〇年三月七日には「是日ヨリ全校生徒ニ御歴代帝号ヲ教ユル事」とし、同一四日には始業三〇分前に教室に入りこれを唱えさせることとした。夏休み中毎朝これを「拝誦」させることにしたのは、前述のとおりである。

八九年七月の東海道線開通後、天皇・皇后や皇太子等の鉄道による西下の機会はふえ、刈谷停車場に近い刈谷尋常小学校の生徒たちは彼らが通過するたびに奉迎に動員されることになった。「学校日誌」に初めて出てくる天皇奉迎記事は次のようである。

是日聖上ニハ陸海軍大演習審判長ノ御資格ニテ東京ヨリ別仕立ノ汽車ニ召サセラレ名古屋へ御巡幸アラセラルゝニ付本校卒業生及四年生一同ヲ引率シテ刈谷停車場ニ至リ雨中ニ整列シテ奉迎セリ、同所ニハ或ハ御駐輦モアランカト想像シ奉リシニ左ハナクテ鳳輦ハ非常ノ速力ニテ過キサセラレタレハ天顔ヲ得拝シ奉ラズ唯鳳輦ニ鏤《ちりば》メタル菊花ノ御章ヲ拝シ奉リシノミ、午後五時一同帰校セリ、是日停車場ナル運送会社ノ主人ヨリ生徒一同ニ菓子ヲ恵マレタリ（九〇・三・二八）

このように、事あるごとに天皇や皇室に対する尊崇の念を植えつける教育が行なわれ、紀元節や天長節をはじめとする皇室にまつわる儀式は盛大に行なわれた。九二年に行なわれた学校儀式は「学校日誌」によると表4のとおりである。

表4　刈谷尋常小学校の儀式
（1892年）

月　日	儀　　式
1月1日	新年拝賀式
1月3日	元始祭遥拝式
1月8日	始業式
1月30日	孝明天皇祭遥拝式
2月11日	紀元節拝賀式
3月20日	春季皇霊祭遥拝式
3月24日	免状授与式
4月3日	神武天皇祭遥拝式
5月28日	皇后陛下御誕辰拝賀式
8月31日	皇太子御誕辰拝賀式
9月22日	秋季皇霊遥拝式
10月17日	神嘗祭遥拝式
10月31日	勅語二周年奉読式
11月3日	天長節拝賀式
11月23日	新嘗祭拝賀式

（「学校日誌」より作成）

このような儀式を行なうべき祝日大祭日およびその様式は周知のように文部省令（「小学校祝日大祭日儀式規程」）やそれに基づく県の細則によって詳細が定められていたが、それは刈谷尋常小学校のようにかなり熱心にこの種の儀式を行なった学校に対しては、むしろそれを簡略化する方向で作用したのであった(20)。

しかし、このような天皇崇拝の教育と国家の非常時としての戦争とを結びつけ、いっそう強固な国民統合の基盤を作ったのは九四年に開始された日清戦争であった。日清戦争開始の日、すなわち清国への宣戦布告はちょうど夏休みに入った八月一日であったから特別のことはできなかったが、八月二〇日の登校日には午前二時間通常の授業を行なったあと一時間「三学年四学年一同ヲ第七教室ニ集メ校長　輝仁親王殿下薨去ノ旨ヲ通告シ哀悼ノ辞ヲ延べ後日清戦争ノ模様等ヲ談話」したのであった。日清戦争によって、あらためて生徒たちは、天皇が「陸海軍ヲ統帥ス」（大日本帝国憲法第十一条）る「大元帥」であり、男子皇族がみな軍の枢要の地位を占める者であることを知るのである。

九月九日刈谷町の市原神社で行なわれた「我軍全勝祈祷」には職員生徒一同そろって参拝し、さらに一三日、広島に移した大本営に向かう「天皇御通輦」のさいには「紙製ノ日章旗四百本ヲ新製」して奉迎をした。また一〇月九日には「生徒教室ノ出入ニハ軍歌ヲ歌ハシムル事」になった。そして一二月八日には隣の学区から初めて戦死者が出て、この村葬には「職員一同三学年四学年生徒一同を引率シ」参列した。以後このようなことがあい次ぐが、ついに翌九五年三月一九日に刈谷町にも初めての戦死者の報が入った。「直チニ四学年ヲ召集シ校長及職員一名コレヲ引率シテ弔慰ニ赴」いた。三〇日の町葬には「本校職員生徒一同会葬」した。この兵士の「表忠記念碑」は翌年四月建設され落成式が執り行なわれた。

九五年一月八日の始業式のさいには書初めの優等賞として「日清戦争画一葉」が与えられ、三月五日には町民から提供された「支那ノ分捕品」を生徒たちに見せた。この年の卒業旅行は初めて名古屋に一泊旅行した。主たる目的は名古屋の陸軍予備病院を慰問し、慰問状と慰問金三円と、何故か卒業生名簿を手渡すことであった。慰問のあと東練兵場で第一九連隊第三大隊の演習と兵営内を見学した。

四月一七日日清講和条約が調印され、五月も末になると兵士の帰郷があいつぎ、生徒達は今度はその出迎えに動員されるようになった。五月二九日大本営に詰めていた天皇還幸の奉迎のさい、高須多吉は「支那征伐の事終えて、我大君はたひらかに、けふは都に還幸の、大御車の音高し」という軍歌を作り、奉迎の往復に行進する生徒たちに歌わせた。

同年二月愛知教育会は「征清事件ノ教育ニ及ホシタル影響」という調査を、「従軍者ノ児童（子弟妹等）学校及家庭教育ニ於ケル意向並ニ其男女ノ区別」「従軍者ノ家族其児童ニ対スル感情」「日清事変以後就学児童増減ノ縁由」「児童ノ学校以外ニ於ケル遊戯ノ状況」の四項目にわたって行なったが、刈谷尋常小学校は最後の項目への回答の中で「児童ハ学校ニ於テ時々勇壮ナル戦闘美談ヲ聴キ或ハ活発ナル遊戯ヲナスヨリ学校以外ニ於テモ自然活発ナル遊戯ヲナセリ、殊ニ現今流行スルハ戦争ニ擬スル遊戯ナリ」と述べている。日清戦争は子どもの遊びにも大きな影響を与えたのである。

同年九月一八日には「本日ヨリ退場ノ際各学年生徒一同遊戯場ニ整列シ　御影ノ在マス方ニ向ヒ敬礼シ後下級ヨリ順次ニ退場セシムル事」と定め、一〇月二日には「本日ヨリ生徒整列場ヲ北方遊戯場ノ一所ニ定メ御尊号拝誦ハ毎朝該所ニ於テ一斉ニ行フ事トナシヌ」ということになった。

翌年七月二三日「騎兵凡百名来ル、本校北方遊戯場ヲ以テ馬繋場ニ充テラル」といったことがあり、その後も一、二年に一回程度同様のことがあったが、もはや以前のように教員はこれを迷惑がりはしなかった。

たんに「毎朝帝号を拝誦する事」とあった夏休み中の心得の一項は、九五年には「毎朝東に向ひつつしんで帝号を拝誦する事」と改められ、九八年には（九七年には記載なし）「まいあさ東に向ひつつしんで千代田のおん宮をがむべし」となり、翌九九年には「毎朝天皇陛下ををがみ奉れ」とさらに改められた。天皇はますます神様になったのである。

日清戦争は、国家の非常時であったがゆえに、国民統合に持った意味は大きかった。この近代日本の国民体験は国民統合のための地ならしの役割を果たした。そして小学校教育がこれに果たした役割もまたたしかに大きかった。出征兵士を見送り、戦死者を迎えてその葬儀に参列し、また「凱旋」兵士を出迎えた経験は、小学校の生徒を通じてやがて国民すべてのものとなるであろう。しかし小学校教育がほんらい果たすべき役割はこのような非常時においてではなく、日常の生活の中で国民統合に必要な知識としつけを浸透させることであった。日清戦争は、逆説的だが日本の小学校教育がそのようなものとして、よく機能するための基盤づくりとしてもきわめて大きな役割を果たした。日清戦争によって小学校は民衆の中に深く浸透したのである。

7章

優等生の社会史

――学級と優等生

1　はじめに

本稿を書くために、何か手掛かりでも得られないかと、勤務する大学の図書館のパソコンで「優等生」というキーワードを使って、関係する図書を検索してみた。画面に出てきたのは『子どもに向かって歩く――優等生教師からの脱皮をめざして』（山本正次、太郎次郎社、一九七七年）と『西ドイツと日本――東西〝優等生社会〟の比較』（J・ヒルシュマイヤー、A・デワルト、東洋経済新報社、一九七九年）の二冊。思わず苦笑してしまった。「優等生」といえば、本来、品行方正・学力優秀な生徒を指すのだと思っていたのだが、今日、「優等生」は、必ずしもそのようなことを意味するとは限らない。右の例がたまたま示しているように、今日、「優等生」は、(1)学生や生徒のような青年や子どもに対してだけではなく、その対象を拡大して、教師のような大人や、国家のような組織体に対しても使われ、さらに(2)賞賛すべき、あるいは到達すべき善き目標ではなく、「脱皮」や「反省」をすべき、批判の対象としても使用されている。

あらためて手近な国語辞典で引いてみると、小学館版『日本国語大辞典』（一九七一年）には、「成績および品行の特にすぐれた学生・生徒」とのみあるだけであるが、学習研究社版『学研・国語大辞典』（一九七八年）には、「学校で、成績・品行のすぐれている児童・生徒・学生」に加えて、もう一つの説明、「（ひゆ的に）仕事上などで、命じられたことをそつなく行い、規則などもきちんと守る人。（融通性がなく人間的なおもしろみのない人として、やや非難の気持ちをこめて言う）」が、付け加えられている(1)。

そもそも、品行方正・学力優秀な生徒をさすような意味での「優等生」という語は、いつ頃から使用されるようになるのであろうか。

まず「優等」を、いくつかの辞書に当たってみると、一八九一年刊行の大槻文彦『言海』、一九一六年の物集高見『広文庫』などには出てこないが、一九二一年の落合直文著・芳賀矢一改修の『改修・言泉』、一九三二年の『大言海』などには「物事の優れたること。上等。秀逸。」「等《シナ》ノ、マサリタルコト。（劣等ニ対ス）優長。優級。」などと出てくる。そもそも「優等」は、諸橋轍次の『大漢和辞典』が、宋代の書「青箱雑記」を用例(2)としてあげているのだから、この語自体は古くから一般に使用されていたものであろう。

しかし「優等」の語が『言海』や『広文庫』になく『改修・言泉』や『大言海』になって登場してくるのは、単にこれらの辞書の収録語彙数の多寡などによるのではあるまい。明治も中期以降になって、つねに他者を意識し、自他を優等か劣等かと比較する心性が、しだいに社会に充満するようになってきたことによって、この語は辞書にも登場するようになったのであろう。すなわち他者との競争という、近代的現象の登場と普及、という事態と無関係ではないのである。

しかも「優等」なる語に「生」が結合した「優等生」ともなれば、これは単に優秀な青年や子どもを指すのではなく、『学研・国語大辞典』が正確に言い当てているように、「学校で、成績・品行のすぐれている児童・生徒・学生。」、すなわち「優等なる生徒」（しかも多くの場合男子）を意味する。言い換えれば「優等生」は学校教育の普及という条件のもとで、学校の中で形成されたものである。学校の普及なくして「優等生」の登場はありえない。「優等生」の登場には、近代学校が不可欠であった。

そこで本章は、まず第一に日本において「優等生」が登場する歴史的過程を明らかにし、第二にそれが社会全体の中に拡散して行く過程と、これに対する批判の動向を考察し、そして最後に、ついに現在のように批判・非難の対象にまでされる状況を明らかにしてみたい。そして、日本における「優等生」の登場から現在に至る歴史を、その語の意味の内包と外延に注目しつつ検討してみたいのである。

2　優等生の登場――学力本位の優等生

一八七二（明治五）年、日本の近代公教育制度の出発点となった「学制」の「生徒及試業ノ事」第五十章に「試験ノ時生徒優等ノモノハ褒賞ヲ与フルコトアルヘシ」とある。日本の近代学校における優等賞の始まりである。ここに言う「試験」は、第四十八章に「生徒ハ諸学科ニ於テ必ス其等級ヲ踏マシムルコトヲ要ス、故ニ一級毎ニ必ス試験アリ、一級卒業スル者ハ試験状ヲ渡シ試験状ヲ得ルモノニ非サレハ進級スルヲ得ス」(3)と規定されていた。

周知の通り、学制とそれに続く教育令の時代の小学校教育は、その後の「学級」制に先立って「等級」制が行われていたから、一年を半期に分けた一等級を修了して上の等級に進級するためには、各等級所定の課程を修了したことを確認するための試験が重要な意味を持っていた。

そして、ここで重要なのは、この時期の試験で何よりも重視されたのは「学力」であった、ということである。

例えば、一八七六年九月に愛知県師範学校が制定し県下に施行した「小学試験法」の第一条には「試験ノ節学力優等ノ者ニハ褒賞ヲ与フヘシ」と規定(4)し、一八八〇年三月、教育令下の教育自由化政策のもとで郡学事会議を開催して作成された西加茂郡の「試験法」においても「凡ソ試験ハ生徒学術ノ進否ヲ試ミン為メニ設クルモノ」とされ(5)、また一八八三年制定の愛知県小学試験法でも、進級のための中試験や卒業のための大試験においては「修履《（ママ）》セシ学業ヲ試ミ生徒ノ進否ヲ判定シ」と規定されていたように、これらの試験によって評価されるものが「学力」であることが明記されていた(6)。

もっとも、例えば七六年の小学試験法の別の項において「試験優等及ヒ及第ハ当日ノ優劣ト平時ノ勤惰、学業、行状、ニ照シ定ムルモノトス」とあるように(7)、「優等」か否かの判定のさい、「行状」等日常の態度や品行をも加味しようとする傾向がまったくなかったわけではない。

しかしこれは月毎に行なわれる小試験の場合であって、中試験や大試験では「行状」が考慮されることはあまりなかった。

学制布告書(8)で「学問は身を立るの財本ともいふべきものにして人たるもの誰か学ばずして可ならんや」と、国民一人ひとりが実際生活を営むために必要な、実学としての学問を学ぶことの意義を強調し、これを全国に普及すべく「必ず邑に不学の戸なく家に不学の人なからしめん事を期す」という決意のもとではじまった新しい時代の教育の中で、まず重視されたのは、欧米近代科学の諸知識を習得するための「学力」であった。

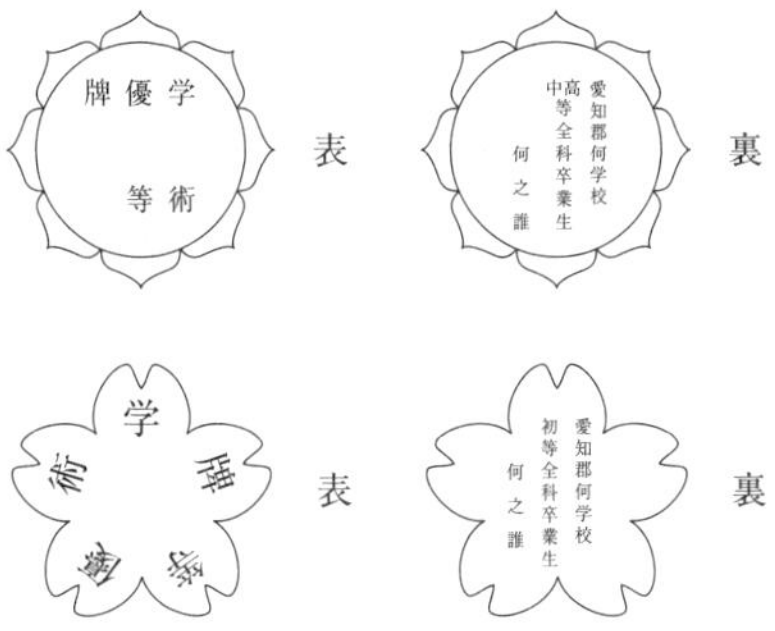

愛知県愛知郡小学生徒全科卒業優等者に授与する「学術優等牌」雛形（1885年12月）
(出典『愛知県教育史』資料編近代一、1989年、577ページ)

さらに、これらの試験で優等とされた生徒たちを考えるうえで重要なのは、これらの試験の実施主体や出題・採点者の問題である。

愛知県の場合で見ると、七六年小学試験法では、出題個所は試験立会役たる県官、区長、学区取締等が決定し教師に通知することとされ、八三年の愛知県小学試験法では、さらに具体的かつ厳密に、小試験にあっては出題と実施は担当教師の責任とするが、かならず校長又は首座教員の検閲を得ること(但し校長や首座教員が直接行なうこともある)、中試験と大試験では、問題作成は他校の校長又は教師二名以上(採点者をも兼ねる）とし郡区書記の検閲を得ること、試験実施者は当該学校の校長又は首座教員とするが郡区書記、戸長、学務委員が立ち会うこと、などとされた。要するにこれらの試験において、直接授業を担当する教師達の果たす役割はきわめて限定されていたから、彼らの情状の入る余地はほとんどなかったのである。「行状」のような多分に主観のはいる余地の大きいものは極力排除されたという点において、客観性への配慮がなされるとともに、この時期の試験の「学力」中心主義が制度的にも保証されていたことになる。

しかも、等級制においては、のちの学級制とは違って、半年に一回の試験によって生徒の入れ替えが行なわれるわけであるから、担当教師と生徒との人間関係もあまり深いものにはなり得なかった。等級制は、生徒集団の形成という意味でも、きわめて弱く、個人的な立身出世のための競争にこそふさわしい制度であった。

この時代の「優等生」は、なによりも文明開化にふさわしい「学術」を身につけた者であったのである。

3 「品行方正」の重視と陥穽——変貌する優等生像

小学校ニセヨ中学校ニセヨ何程学力ヲ上ケタリトテ、人物宜シカラサレハ其学問ヲ妄用シテ却テ世ノ害ヲナスヘキ、人物宜シケレハコソ、其得タル学問ヲ有益ニ利用スルヲ得ヘシ。（中略）之ヲ要スルニ学校ノ目的ハ良キ人物ヲ作ルヲ以テ第一トシ、学力ヲ養フヲ以テ第二トスヘシ、従前ノ学力ヲ第一トシ人物ヲ第二トシタルト其事全ク相反ス、請フ諒セヨ。

初代文部大臣森有礼は一八八七(明治二十)年五月の第一地方部府県尋常師範学校長に対する演説の中で、こう述べている(9)。さらに森は小学校、中学校、師範学校等の学校で行なう試験には学力試験と行状観察の二つが必要であり、この二つははっきりと区別されねばならない、すなわち学力試験に行状点を加味するというような「混同」はなされてはならない、と言う。担当教師は生徒の行状観察につき毎月校長に報告し、これに基づき校長は卒業時に優等・尋常・劣等の判断をし、優等又は尋常の者には行状証書を与え、劣等の者にはこれを与えるべきではない、と述べた。森によれば、行状・学問共に優等の生徒が第一であるが、学問尋常なるも行状優等の者が第二、学問優等なるも行状尋常の者は第三、行状・学問共に尋常なる者は第四、である。

このような森有礼の人物養成重視の思想によって、優等生をめぐる従前の「学力」中心主義は大きく転回することになる。

一八八七年八月文部省は以上のような森文部大臣の意を受けて「凡ソ学校ニ於テハ啻ニ其生徒ノ学力ノミナラス兼テ人物ノ如何ニ注目シテ学力ト人物トヲ査定シ各尋常優等ノ二等トシ卒業ノトキニ至リ之ヲ証明スル証書ヲ授与セシムヘシ」との訓令第十一号を発し(10)、多くの府県ではこれに基づき人物査定についての規則を制定した。

しかし、天野正輝が言うように「評価対象の限定も、その観点も府県によりまちまちであり、査定(優等・尋常の判定）標準もあいまいであった」(11)から、人物査定証書授与の制度は、森の死後、一八九〇年八月、芳川顕正文部大臣のもとで廃止されてしまう。しかし、生徒の「品性ノ修養」重視の方針は、教育勅語、第二次小学校令を経る中で一層強調されるのである(12)。

そのような訓育を重視する日本の、特に小学校教育が形成されるにあたっては、第二次小学校令の施行過程で導入・確立した「学級」制の果たした役割が大きい(13)。

文部省普通学務局長を務めた澤柳政太郎は一九〇九年刊行の『実際的教育学』の中で「児童生徒は学校に於て教育を受くると云ふけれども、厳密に且適切に之を云ふたならば、学校に於て教育を受くるにあらずして、学級に於て教育を受くるのである」と述べて(14)、教育の単位としての学級の意義を強調した。「共同の精神」を養うことに学校教育の重要な意味を見出した彼は、学校教育は個人本位ではなく学級という団体を単位に、そして、学級の、教授上のみならず、訓育上の重要性が考慮されねばならない、と言うのである。

学級の成立は、「成績優秀」だけでなく、「品行方正」をも合わせ持つ日本の「優等生」成立の制度的・基礎的条件であった。

学級制の確立と同時に制定された「小学校教則大綱」第二十一条は、試験について「小学校ニ於テ児童ノ学業ヲ試験スルハ専ラ学業ノ進歩及習熟ノ度ヲ検定シテ教授上ノ参考ニ供シ又ハ卒業ヲ認定スルヲ以テ目的トス」（傍点—引用者）と規定し(15)、さらにその説明のなかでは、「元来試験ヲ以テ妄リニ競争心ヲ鼓舞スルノ具トナスカ如キハ教育ノ法ヲ誤リタルモノ」(16)と、これまでの試験のあり方が明確に批判された。試験は「教授上ノ参考」に供するものとされ、進級や卒業の認定にあたっても、「平素ノ行状」を斟酌することの必要が強調された(17)。さらに道徳訓練上の参考に供するため学校と家庭との連絡方法を設け、「相提携シテ児童教育ノ功ヲ奏センコト」が期待された(18)。学級担任の果たす役割が大きくなり、担任教師と生徒集団との間の人間関係が濃厚になり、担任教師によって任命される級長も置かれるようになった。

生徒に対する褒賞制度は、一回の試験が決定的な意味を持っていたころに比べると、ずいぶんきめ細かくなってきた。愛知県のある小学校の日誌によれば(19)、書初めに対する年頭の元始祭での優秀賞、年明け最初の始業式での皆勤賞、三月の卒業・修了の試験結果に基づく特別賞・一等賞・二等賞・三等賞の授与、秋の天長節の際に催される展覧会に出品する習字や手工品等の作品への優秀賞等々が学校単位で行なわれた。その他、最も名誉なものは県の小学校生徒賞与規則（一八八九年三月制定）(20)による表彰だった。表彰の対象となった生徒は「操行善良ニシテ学力優等ナルモノ」と「操行善良ニシテ修学上殊勝ノ行為アルモノ」である。この県表彰の対象となったのは、全校生徒四百人ぐらいのかなりの大規模校でも学年で一人程度であったので、愛知県では九三年になる

コノ コ ハ、フダン オコナヒ モ ヨク、マタ、ベンキヤウ シマス ユヱ、ナニゴト モ ヨク デキマス。
センセイ ハ、イマ、オホゼイ ノ マヘ ニテ、ソノ コ、ロガケ ノ ヨキ コト ヲ ホメ、ホウビ ヲ ヤル トコロ デ アリマス。

教科書の中の優等賞授与式
（『尋常小学読書教本』第２巻29課、1894年、普及舎、『日本教科書大系』第５巻、より）

と対象の人数を増やして郡単位の優等生表彰をも行なうようになった。
もっとも、日本の「優等生」が登場する場は、このような晴れがましいところだけではない。日本一の代用教員になりたいと願った石川啄木は書いている。

何の教師でも、成績が優《よ》等《く》て温順《おとなし》くて服装《みなり》も容貌《かほかたち》も醜くない子を殊更可愛がる風がありますが、之は自然左様なことで止むを得ぬかも知れないが、然し其反対な学科の劣等《できな》い性質の頑剛《ねじけ》た貧乏人の子供の方が、一層教育する必要があるのだから、愛を以て感化する小学教師は、一切平等否寧ろ性質《たち》の能くない貧乏人の子供を却つて一層力を入れて貰ひたい（ルビ―原文）(21)。

啄木は、「優等生」が、単に「品行方正・学力優秀」といった言葉では表現しつくし得ない、「服装《みなり》も容貌《かほかたち》も醜くない」教師のお気に入りの生徒達であり、たぶん、学校や教師に理解のある家庭の子ども、「貧乏人の子供」ではないこと、を言いあてている。
東京市内の小学校教師吉田助治は、ある日、自分の学級の級長をしている女の子の家庭を訪ねた時の様子を書いている。子どもを叱ることもなく、時に一緒に遊びさえする優しい父や母、お互いに助け合いいたわり合い、叱られる必要もない子ども達。「この美しい家庭！　かうした家庭に育った者の幸福さを自分は羨まずには居られない。（中略）かうした絶えず太陽が明るく照ってゐるやうな本当に自由な家庭にだけ性質の美しい子が育てられる」(22)。これは吉田自身が理想とする家庭でもあったろう。

もちろん吉田は、「今の学校には低能児が無数に製造されてゐる。どこにもごろ〳〵してゐる。それは教師が作る事云ふ迄も無い。時に教師の感情がつくる毛嫌ひからその子供を内的に排斥して終ふ」(23)といったことを、じゅうぶん認識している教師であったが、ともすれば教師達は自分自身が羨むような「自由な家庭」の子どもを、いつのまにか、「優等生」に仕立て上げてしまうことにもなりがちであった。正しい訓育のためには生徒自身が生まれ育った最も重要な環境である家庭を知らなければならない。その思いに落とし穴がなかったわけではないのである。

前出の愛知県のある小学校の日誌によれば、郡長から一八九五年五月三日付けで次のような内達が各小学校長宛に出されていることがわかる。「小学校教員私宅ニ於テ教授時間外ニ其生徒ヲ教授スルトキハ生徒心身ノ発達ヲ害スルノミナラス教授ノ標準ヲ高メ生徒管理上偏愛ノ嫌疑ヲ受クルニ至リ且教授ノ準備ヲ妨クルコト尠カラサルヘシ、又教員小使等ニ於テ生徒若クハ父兄ノ贈遺ヲ受クルカ如キハ是亦生徒間ノ感情ヲ害シ一般就学ノ妨ト為ル等教育上弊害尠カラス」(24)。教師と生徒、教師と生徒の親、教師と生徒の家庭、これらの関係が深まれば深まるほど、ここに危惧されるような「偏愛」や「生徒間ノ感情ヲ害」する事態も避け難かったであろう。「優等生」を生み出す近代学校と、その揺りかごとしての近代家族との親和性は、否定し得べくもない。そしてその両者を媒介するものこそ、「学級」であった。

4　「誰でもなれる」優等生——優等生競争の始まり

このような、学級を舞台とする教師と生徒との間の隠微な関係を含みつつ、他方、学校を立身出世の階梯として活用しようとする要求も根強いものがあった。人材選抜機関としての学校の機能は、強まりこそすれ、弱まることはない。そして人材選抜機能が「公平に」発揮されるには、どうしても教師の主観性に左右される「平素ノ行状」等ではなく、客観的な「学力」が重視されざるを得ない。

一九〇〇年の第三次小学校令施行規則第二十三条は「小学校ニ於テ各学年ノ課程ノ修了若クハ全教科ノ卒業ヲ認ムルニハ別ニ試験ヲ用フルコトナク児童平素ノ成績ヲ考査シテ之ヲ定ムヘシ」と、卒業・修了時の試験廃止を規定し、文部省訓令第十四号はその理由について、「心身ノ発達未タ十分ナラサル児童ヲシテ競争心ニ駆ラシ試験前一時ニ過度ノ勉強ヲ為シ是カ為ニ往々其ノ心身ノ発育ヲ害スルノミナラス試験ノ為ニ勉強スルノ陋習ヲ馴致スルヲ避ケンカ為ナリ」(25)と、きわめてまっとうな説明をしているが、しかし「平素ノ成績」の内実が結局は「学力」の評価を主としたこと、したがって「第三次小学校令による進級判定法の改正は、特別の試験を平素の成績に変えたにすぎなかった」ことは、森川輝紀の指摘する通りであったろう(26)。

そうであればこそ、芦田恵之助の次の指摘が現実的かつ重要な意味を持ってくるのである。

教師が神経過敏になって、児童の学業を督励し、児童も孜々とし学業に勉強する。その結果神経過敏の劣等児と神経過敏の優等児を生ず。優等児は級の平均点を高める者として尊重せられ、劣等児は之を低めるものとして軽侮せらる。しかし両者その相距ることは甚だ遠くない。何となれば両者共に学問の真意義を知らず、学習の態度が確立してゐない。又教育時期を過ぎて、知識の剝落する傾向を持ってゐることも甚だ相似てをる(27)。

優等生も劣等生も、共に学問の真意義を知らず、学習の態度確立せず、身につけたはずの知識も、もともと本当に身についていないのだから、時間がたてば、すり減るどころか、ボロボロと剝がれ落ちてしまう、と言うのである。この点において両者「甚だ相似てをる」とのこの指摘は、その後の優等生批判の基本的視点となるのである。

しかし、この時代、「優等生」は、一般には、のちの時代のような皮肉や批判や非難の対象ではなく、なお少年たちがめざすべき目標であった。講談社発行の人気雑誌『少年倶楽部』は、一九二一年一〇月号に九人の教師の回答をもとに、「かうすればきっと優等生になれる」という記事を掲載し、さらに博文館発行の『少年世界』も、一九二六（大正一五）年四月号と五月号に、「これを読んで実行すれば優等生になれる」とのキャッチフレーズのもと、全国小学校の有力校長等の勧める、優等生になる「秘訣」を掲載している(28)。

千葉県師範学校付属小学校主事手塚岸衛を含む一八人から寄せられた回答は、当時の教師達の優等生観

少年世界 優等生イロハ歌
ツ つりあげたお目出鯛
カ 家庭てもほめられ者
リ りかうもの爭はず
ニ 日本男兒負けるがきらひ
ネ 根をはつた學力
ヨ よく學びよく遊ぶ
ヌ ぬけてて る藏の鍵
ホ ほまれの免狀式
チ なに事もていねい
ル 留守番けつかう考へ事
タ たべものは腹に八分
ヘ 返事ははつきり
イ いの一番て優等賞
ラ 來年は最優等
レ 冷水摩擦深呼吸
ソ 男とうまれた甲斐がある
ト とうさまから御褒美
ロ 六年のあひだ全甲つゞけ
ム むだに使はぬ錢と口
ソ そらも心も日本晴
ワ わんさいと小犬も尾をふる
チ 智慧ていっぱい凸頭
ハ 花なら櫻優等生

三康図書館所蔵）

「少年世界・優等生イロハ歌」(『少年世界』第32巻第4号、1926年4月より。

を示していて興味深い。回答の内容は、かなりはっきりと二種類に分かれる。多数派の一一人は、主に勉強ができるようになるにはどうしたらよいか、について語る。

例えば、岐阜県女子師範学校付属小学校主事稲垣國三郎の答える優等生になる「秘訣」は、もっぱら学習の仕方に関することである。

一、毎日よく下調べをして沢山の疑問をもって教室に臨む。
一、少しの時間もよく利用して自分から進んで勉強する。
一、書物をよく読む、書く、話す、物事をよく観察する、考へる。
一、友達の間で問うたりして互に磨き合ふ。
一、先きへ〳〵と勉強するよりも、深く〳〵と勉強する(29)。

このように、回答した多くの校長にとって、優等生とは何よりも勉強がよくできる子どもであった。

これに対して、東京市麹町区上六尋常小学校校長竹内嘉兵衛の回答はだいぶ違う。彼は勉強のできることよりも、日常的な生活態度について注意を促すのである。

一、目上の人の言ふことをよく守ること。
一、予習、復習をよくすること。

一、ごまかさぬこと。
一、がまんすること。
一、よく考へること(30)。

「優等生とは単に学力技能の勝れたるだけの人ではありません」と言う奈良県生駒郡郡山町尋常高等小学校校長井上左太郎(31)や、優等生の条件として「何時も誰よりも一番元気である児童」「無茶な乱暴をしない児童」「作文、図画、手工、などに熱心な児童」などをあげる岡山県女子師範学校付属小学校主事宮地勝二(32)もこの分類に入るであろう。七人の回答者が、勉強ができることよりも、品行面で善良なるためにはどうすればよいかについて述べているのである。

このように優等生像は、あらためて「学力」本位のそれと「品行方正」をも合わせ持つものと、二つに分裂し始めるのである。しかし、このような優等生像の違いを含みつつ、中学校入学選抜制度の浸透とともに、要するに勉強のできる、「全甲」(いま流に言えばオール5)の生徒こそ優等生、との観念が一般に広がっていくことになる。そして、実際、「大正期に入ると、学業成績欄の占める位置が、訓育的側面をおさえて、肥大化していく傾向を示した」(33)のである。

この傾向は二〇世紀になって華やかに展開された教育改造運動の、教育評価への消極的態度によって、結果的に、一層助長された、ということは注目しておく必要がある。天野正輝によれば、かつて『実際的教育学』によって、教育の科学的研究の必要を強く主張した澤柳政太郎は、「自由教育」の必要を主張する中で、「『成城校では創立以来満四年にもなるが、未だかって成績や考査をやっていない』と断言して、評価活動への否定的態度を新教育の特徴として標榜している観がある」(34)し、また「教育改造運動の担い手たちは成績考査法の改善や、教育測定法の理論と成果にも概して関心が薄く、評価不用論さえあらわれている」(35)のである。

その一方で教育改造運動の口火を切った一人である樋口勘次郎は「児童には活動力充満せるを以て、なすべき業務のなき時は、遂に教場を騒がし、秩序を乱すに至る。故に優等生の早く一定の課業を学習し終りたるときの如きは、之れをして無事に苦ましむるが如きことあるべからず、必他の事業を與へて、予め秩序を乱すを防ぐべし」(36)と学力優秀者としての優等生への配慮を示し、「自由教育」の最も熱烈な主張者の一人である手塚岸衛は「優中劣その処を得しめ三様の成績を目指す。優劣を犠牲にして中成績を獲るか優中を犠牲にして劣成績を収むるかの如き画一的教授を排す。而して優劣の差千里を隔つるを憂へず。何となれば駿と駑とあるは児童の実相にして、而もその天分能力の遺憾なき発揮が教育の神髄なればなり」(37)と、無邪気なまでに児童の「天分能力」について語り、そして小原國芳は、自らの体験をふりかえりつつ、「新教育への根本動機」が学力優秀者としての優等生に対する「虐待」への憤りにあったことを、次のように率直に語るのである。

リーダーの五や、無電も、化学も、法規類も一回やっている私は、師範で、エービーシーからやらされることになった。不平はいはなかった。しかしバカ〳〵しかった。ナゼ知ってるものを、かうやって一緒に教へられねばならぬのだらう。ナゼワザ〳〵四ヶ年も、高い学資費って居らねばならぬのだらう。（事実、少くとも二ヶ年でも卒業出来たらう。）併し考へてみれば、これらの苦みが、今日、私の新教育の根本動機である。劣等生も可愛さうだが、優等生に対する虐待に対しては、到底黙して居れない。サヌキ（香川県――引用者）の生徒でも、毎朝、優等生のために課外講義やってやったのはそのためであった(38)。

一九二〇年代になって、ほぼ一〇〇パーセントの子どもが小学校に入学し、そのほとんどすべてが中途退学することなく卒業するという状況が生み出される中で、「個性教育」の名による能力別学級編成とその教育が、小学校の中にも現れてきたのであった。かつて澤柳政太郎によって「共同の精神」を養うための学校教育の基礎単位としてその意義が強調された「学級」は、解体の危機にさらされ、そして各地の学校で「劣等児」を集めた特別学級と、「優等児」を集めた特別学級が、共に設置されるようになる。これは日清、日露の両大戦から第一次世界大戦を経て、「一等国」に成り上がった日本の都市中間層の進学要求に応ずるものでもあった。そして、中等学校への進学競争は激化の一途を辿り始める。

『少年世界』は、一九二七年三月号（第三三巻第三号）より「優等生読本」という連載を開始するが、その内容は、首尾よく名門中学校に入学した生徒たちの「僕が優等生になるまで」といった合格体験記と、中学校教師らによる「優等生になるための各科勉強法」などである。要するに受験戦争にいかに勝利するかの、傾向と対策であった(39)。資本主義経済の発展は、再び明治初期のように「学力」本位の「優等生」

を生み出したのである。しかし、ここで生み出された「優等生」が明治初期のそれと異なるのは、かつての「優等生」が国家の富強と自らの立身出世を一体化したのに対して、きわめて利己的な個人主義に彩られる傾向を持っていたことであろう。「誰でも、きっと優等生になれる」という言い方が端的に表しているように、この競争に参加する子どもの数は以前とは比べものにならず、当然のことながらその競争は激しいものになっていった（もっとも、戦後の教育爆発の時代のそれに比べれば、きわめて限定されたものではあったのであるが）。

要するに「勉強のできる子」が優等生、との風潮が広がり、それは学級解体の危機に対応していたのであった。

5　優等生批判の本格的登場

こうした事態に対する批判は二つの方向からやってくる。一つは、当時の「教養」のあり方を批判して、「知識の欠乏は人間を低くするものだが、さうかと云って単に知識の分量の多いことだけで人間の眼は高くはならぬ。問題は知識の分量ではなくて知識の質であ」(40)るとする戸坂潤らマルクス主義者の側からの批判である。これは生活綴方教師国分一太郎が、日暮れ時、親と連れだって野良仕事から帰ってくる、たくましい「小さい百姓」に道で挨拶されて、「『おおう〳〵』汝であったかと私はおどろいたのである。りっぱな百姓姿。すでに一人前のいでたち。お前が四年生になっても九々がいへないと叱られる俊一であったかと私はいぶかしむのである。ホー。りっぱなもんだ。こんな役立つ者を、今日もおれは、本が読めないと叱ったのかしら、と、考へなおさずには居られないのである」(41)と述べるような、新たな「子どもの発見」へと連なっていく。これは、先に紹介した芦田恵之助の優等生批判を受け継ぐものでもあった。生活綴方教育の指導者の一人小砂丘忠義も書いている。

私は最近数ヶ月、東京市の綴方作品を相当数見て来た。そしてその殆んど無内容なのに今更の如く驚いた。従来私は多く地方、それも主として田舎の農漁村の綴方を見なれてゐるのであるが、それら地方の作品は、短くとも、拙くとも、そこには一脈子供の生活が滲み出てをり、骨ぷしの強いやんちゃらしさがあった。だのに東京の文は概して能動的な生活意欲が乏しく、間口は広くても深みが少い。しかも無内容であるに拘らず一見いかにも内容豊富なるが如く、威風堂々と或は軽薄翩翩と、飾りたてあたりをノシてゐる。(中略)下手でもよい。確乎不抜の信念で押し通せとは田舎でいふこと、都市ではそれは通らない。下手ではだめだ、上手でなければいけない。しかも綴方一つではない。(中略)地理でも理科でも算術でも国語でも、ありとある科のすべてがソートー上手であることが処世上極めて緊要なのだ(42)。

かくして小砂丘は、都会的な「優等生」に対して「逞しき原始子供」こそ、真実の子どもの姿だと主張するのである。

他方、「誰でも、きっと優等生になれる」と、その方法を子ども達に伝授することに熱心だった『少年世界』は、一九二八年四月号に、編集長が替わったことにもよるのであろうか、「優等生読本」の連載をやめ、一転して、滑稽小説「落第するまで」を掲載し、翌月には「海の名将腕白少年伝」をセンセーショナルに掲載した。それは、日露戦争の之日本海海戦に活躍した「海の名将」六人の少年時代のエピソードを、それぞれ「傷つきながら敵を斬った」「正義は遂に勝てり！」「暗夜天狗を撃退した」「悪漢を一喝の下に走らした」「『そろ〳〵と腹を切ります』」「村の餓鬼大将だった」というタイトルのもとで紹介したものである。

「海の名将腕白少年伝」さし絵
(『少年世界』第34巻 5 号、1928年 5 月より。三康図書館所蔵)

「優等生」よりも「腕白少年」や「餓鬼大将」の称揚。少年達に「学力」よりも「勇気」を、と呼びかけるこの紙面構成の変化は、「満州事変」勃発以後の高まりくるファシズムに対する大衆少年雑誌の敏感な反応であった。以後『少年世界』は、いわば軍国主義的腕白路線の道を歩むのである。それは同時に「知育偏重」批判や「身心一如」「行学一体」をかけ声とする戦時体制下の「国民教育」への道でもあった。「優等生」批判の第二の潮流は、このような軍国主義思想の強調に基づくものであった。

そしてその過程で「学級」の積極的意義があらためて強調されるようになる。

石山脩平は国民学校発足を目前にした一九四〇年出版の『国民教育要論』の中で、「学級経営の立場は学校経営を背景として定められねばならぬ」(43)と、学級は基本的に学校に従属すべきものとしつつ、「学級は学校教育の実践的単位である。学校全体の教育方針も、それが実践に移される場合には、通常学級担任を通じて各学級毎に具体化せられる」と述べ(44)、学級精神の意義を強調する。学級は、その成員が「共同して学習し遊戯し作業するところの共同生活団体」(45)であるが故に、その意義が強調されたのである。

「優等生」や「劣等生」を単純に生み出すのではない「共同生活団体」としての学級経営、戦時体制下であっても、否、それ故にこそ、心ある教師によってすぐれた実践が行なわれていたことも忘れてはなるまい。

群馬県佐波郡玉村小学校の教師斉藤喜博の実践も、そのようなものの一つであったと言えよう。

私は劣生がいない教室、劣生などなくなるような教育、ということをいつも念願しているものであり、また事実劣生などというものはいないものであり、またいなくなるものであることを信じているものであるが、そういう私の考え方の基調をなすものは「知能優秀者のみが決して人間価値の大なるものではない」ということである(46)。

彼は、「優等生」や「劣等生」を生み出さない教育、「級長副組長などというものはつくらないで、全員が級長副組長のような心がまえでやれるように訓練」(47)することをめざしたのである。

6　戦後社会と優等生――「受験優等生」への道

戦後新教育はこのような遺産のもとに出発した。新教育はたしかに敗戦によるアメリカからの輸入であったが、それを受容しようと努力する基盤は戦時下の教育の中にも、絶えることなく、醸成されていたのである。そして新憲法のもとで、すぐれた実践が一気に花開いた。無着成恭の『山びこ学校』(一九五一年)をはじめ、小西健二郎の『学級革命』(一九五五年)や戸田唯巳の『学級というなかま』(一九五六年)等々は、戦前においては出現しようのない実践であり、同時に戦前の遺産なくしては出現し得ない実践でもあった。そこには「優等生」や「劣等生」という言葉そのものが登場することのない、民主的な明るさにあふれていた。

しかし戦後民主主義の始まりは、受験戦争の本格的始まりをも意味した。すぐれた新教育実践の陰で、幸福獲得のための学歴取得競争に、富める家の子も貧しき家の子も、否、貧しき家の子は一層の切実感を持って、男子のみならずやがては女子も、参加し始めたのである。

高度経済成長は「村を育てる学力」ではなく、「村を捨てる学力」を、当然のこととして要求した。一九六三年の経済審議会の答申「経済発展における人的能力開発の課題と対策」は、新たな時代の経済発展のためには「国民が近代的、合理的な職業意識と生活意識をもつこと」(48)の必要性を強調し、「諸条件の歴史的変化は、新しい基準による人の評価、活用のシステムを要請している。端的にいえば、教育においても、社会においても、能力主義を徹底するということである」と、徹底した能力主義社会の実現を主張した。熾烈な、全国民を巻き込んだ受験戦争の幕は切って落とされたのである。しかし皮肉なことに、この過程で「優等生」という語は、ますます色褪せたものになっていった。

「第三の教育改革」と喧伝された一九七一年の中教審答申のねらいは、高度経済成長政策の中で、急速に増加する高校・大学への進学者の量に対して、その「質的向上」をいかに図るかというところにあった。ここで強調されたのも、要するに多様化の名による能力主義の徹底であった。これは「中教審路線」として多くの批判をあびたが、この答申作成の中心にいたある文部官僚は、これらの批判に反発して次のように述べている。

ところが、今回の答申がめざすところが、相変わらず人間の可能性を無視して『能力主義』で選別し差別する教育らしいという非難があるのはどうしたことであろうか。日本経済は労働力の絶対量不足の段階にはいったといわれている。選別差別された優等生だけを歓迎するなどと気楽な注文を出せる企業はほとんどない。それどころか、有用性の根底としての人間の幅広い教育なしに企業の繁栄はありえないと考えるのが、今日の企業家の常識である(49)(傍点──引用者)。

ここで「優等生」は、「選別差別された」「人間の幅広い教育なし」の存在として、もはや、文部官僚にとっても、批判の対象でしかないのである。

同時に、このいわゆる「四六答申」で忘れてはならないのは、このとき、「個人の特性に応じた教育方法の改善」のもとに、無学年制や飛び級の導入が提唱されたことである。これは、日本型学級の、戦後社会における解体の始まりであった。学級の解体は「偏差値」という個人単位のレッテルの横行に対応している。子ども達は常に点数によって他者と自分を比較しつつ、優越感と劣等感の狭間に揺れ動くことになる。

そして「個性」という言葉の氾濫が始まった。「個性重視の原則は、今次教育改革の主要な原則であり、教育の内容、方法、制度、政策など教育の全分野がこの原則に照らして、抜本的に見直されなければならない」。一九八五年六月の臨教審第一次答申も述べている。

一方、一九九一年四月の中教審答申は、高校教育の改革について述べた中で、「受験優等生」なる語を使用し、これについて「成績優秀で、頭は良いが、協調性に乏しく、自己主張はするものの、責任感や忍耐心に欠け、既成の観念で物事を処理して自ら現実にぶつかって解決を図ろうとしないタイプの青年が、いわゆる高学歴者の中に多くなった」と述べた(50)。本章冒頭で紹介した『学研・国語大辞典』の、「ひゆ的に」「やや非難の気持ちをこめて」とことわったうえでの説明が、政府が文書においても登場したのである。その政策自体が生み出した、とも言い得る能力主義社会の頂点に立つ「優等生」に対する、政府自身による、あからさまな批判であった。

ついでながら答申は、日本企業の体質を嘆いて「採用に当たって学歴を重視し、個性や癖の少ない均質な労働力を求めることのほか深く考えない企業がどれくらい多いか」(51)と述べているが、ちょうど二十年前の文部官僚の言葉を思い浮かべるとき、彼の言った「今日の企業家の常識」が、けっして「常識」ではなかったことを示している。

しかし子ども達の学校観は、確実に変わりつつあるのではないだろうか。ある登校拒否をした子どもは語る。

私は学校へ行かなくてよかったと思います。
私は学校へ行っていたら、ごくへいぼんな夢のないサラリーマンになっていたと思います。
今では、保父や心理学者になりたいという
夢を持っていきています。
私は学校へ行かないで登校拒否という
貴重な体験ができたということにほこりを持っています(52)。

「学校」を無視して、「優等生」や「劣等生」のない世界へ向かおうとする子ども達が、少しずつではあるが、確実に、増えているのではないか。それは日本企業にとっては、決して望ましいことではなく、また、子ども達自身にとっても、幸福への道なのかどうかはわからない。

最後に、第一法規版『教育学大事典』（一九七八年）の板倉聖宣執筆による「優等生」の項目の一部を引用しておこう。今日の優等生についての説明として、最も簡にして要を得ている、と思うからである。

もともと、学校での成績が顕著に優秀な生徒のことを優等生という。ひいては、一般に社会組織のなかで定められた評価基準やリーダーの意図にことさらよくあった行動をし、顕著な成果を上げている者のことを優等生という。

そこで、その学校や社会組織でのリーダーの意図・評価基準がまったく正当なものだとみなす人々の間では、優等生は尊敬の対象となるが、その意図・評価基準について批判的な人々の間では、むしろ好ましくない存在の象徴とされることになる。今日では、優等生ということばは皮肉まじりに用いられることがむしろ普通になっているが、それは個の自覚が高まることによって、学校や社会での公の価値観そのものを絶対化することに疑いの目が向けられるようになってきたからである。

一九九〇年出版の同社『新教育学大事典』には、残念ながらこの項目はない。

8章

日本における「個性」と教育・素描

――その登場から現在に至る

1　はじめに

「個性に応じ」たり、「個性を生かし」たり、「個性を育て」たり、しようとする教育論が喧しい。本稿の最後に改めて述べるように、一九八五年六月の臨時教育審議会第一次答申に「個性重視の原則」が主張され、小、中、高等学校の学習指導要領に「個性を生かす教育の充実」が謳われるようになって、それは一層多くなったように思われる。しかし、八八年以後九三年九月までに、各都道府県の公的教育センター等から定期的に発行されている教育雑誌類の定期刊行物に掲載された、「個性を生かす教育」に関する現職教員の実践報告の記事を分析した岩瀬章良らの報告によれば、児童の個性について、教師は具体的にどのように理解しようとしているかは「極めて漠然としている」という(1)。

もっとも、これは無理からぬことかもしれない。「個性を生かす教育」の喧伝にもかかわらず、臨教審答申や現行学習指導要領において「個性を生かす」とは一体どうすることなのかは、はっきりしないし、「個性を生かす教育」を主導する研究者らの著書によっても「個性をとらえることの難しさ」が嘆かれている有様だからである(2)。

教育において個性を尊重あるいは重視せよとの主張（以下、「個性教育論」という）は、今に始まったものではない。少なくとも二〇世紀の初めごろから繰り返し主張されてきたものである。しかし近年の個性教育論は、その盛行にもかかわらず、この日本における個性教育論の、決して短くない歴史をどのように総括したうえでなされているのか、不明なことが多い。また、わずかに言及された場合でも、その認識は不正確、あるいは不十分なことが少なくない。これは、個性教育論をめぐって対立する場合でも、その双方に言えることである。

例えば、近年の個性教育論の主導者の一人である加藤幸次は、個性教育の主張が大正新教育運動の中でも「力強く唱え」られていたことに「強く感動」しているが、その主張が「優等児」と「劣等児」を分かつ「特別学級」などに見られる能力別学級編成へと導かれたという事実になんの言及もないのは、不十分であろう(3)。

あるいはまた、太田政男は近年の個性教育論を批判する文脈で、戦前の日本において個性教育を標榜する実践は民間にのみ存在し得たかのように述べているが(4)、しかし、例えば一九二七（昭和二）年一一月二五日の文部省訓令第二〇号「児童生徒ノ個性尊重及職業指導ニ関スル件」を見るように、「個性尊重」

は戦前の文部省においても主張されていたという事実が見落とされているのではないか。

本章は日本の教育の歴史の中で、「個性」という語がいつごろ登場し、これがどのように論じられてきたかを、教育雑誌に掲載された論説などを主たる手掛かりにしながら明らかにしようとするものである。時代の波に翻弄される「個性」の意味を考えることによって、今日の過剰とも言える個性教育論を検討するための、何らかの示唆が得られればと思う。

まず検討の手掛かりを得るために、とりあえず戦前について、主たる教育雑誌に「個性」という語を標題に持つ記事が、どのように現れたかを調べてみることにした(5)。

標題に「個性」の語を持つ記事を数え上げてどれほどの意味があるのか、という批判もあるであろう。もとより、記事の標題に「個性」の語があるものだけが個性を論じているとは限らないし、逆に標題に「個性」がなくても個性を論じている場合はある。しかし、標題に「個性」の語がある記事の中心的テーマが個性である可能性は高い。そして、ここで知りたいのは大まかな個性教育論をめぐる動向である。そう考えて敢えて試みたのが次の表である。

この表から、一応、次のようなことが言えるであろう。

① 表に見る限り、個性を標題に持つ記事は一八九五年に初めて現れる。これは「個性」がもともとの日本語になく、西洋語の翻訳語、すなわち輸入品であることを予想させる。

② 一九〇〇年代になると、個性を標題に持つ記事がかなり現れ始める。これは『児童研究』に数多く現れていることから想像できるように、主として外国の研究の、特に心理学の研究成果の紹介による

ものである。

③　一九一〇年代になると多くの教育雑誌に個性を標題に持つ記事が現れる。個性教育論が広く主張されるようになり、学校でもこれに基づく実践が行なわれるようになってきたためであろう。この時期、「個性」は、教育雑誌の中で、最も情熱を持って語られたのであった。

④　一九二〇年代も半ばになると、これまであまり個性の語を標題に持つ記事を掲載しなかった雑誌、例えば東京高等師範学校附属小学校刊行の『教育研究』や広島高等師範学校附属小学校刊行の『学校教育』などにも数多く現れるようになる。そして前述の文部省の訓令が出された翌年の一九二八年にピークに達する。他方、「教材の個性」とか「教科の個性」といったような、従来と異なる用法も現れ、この頃から「個性」の意味が拡散し始めたことをうかがわせる。

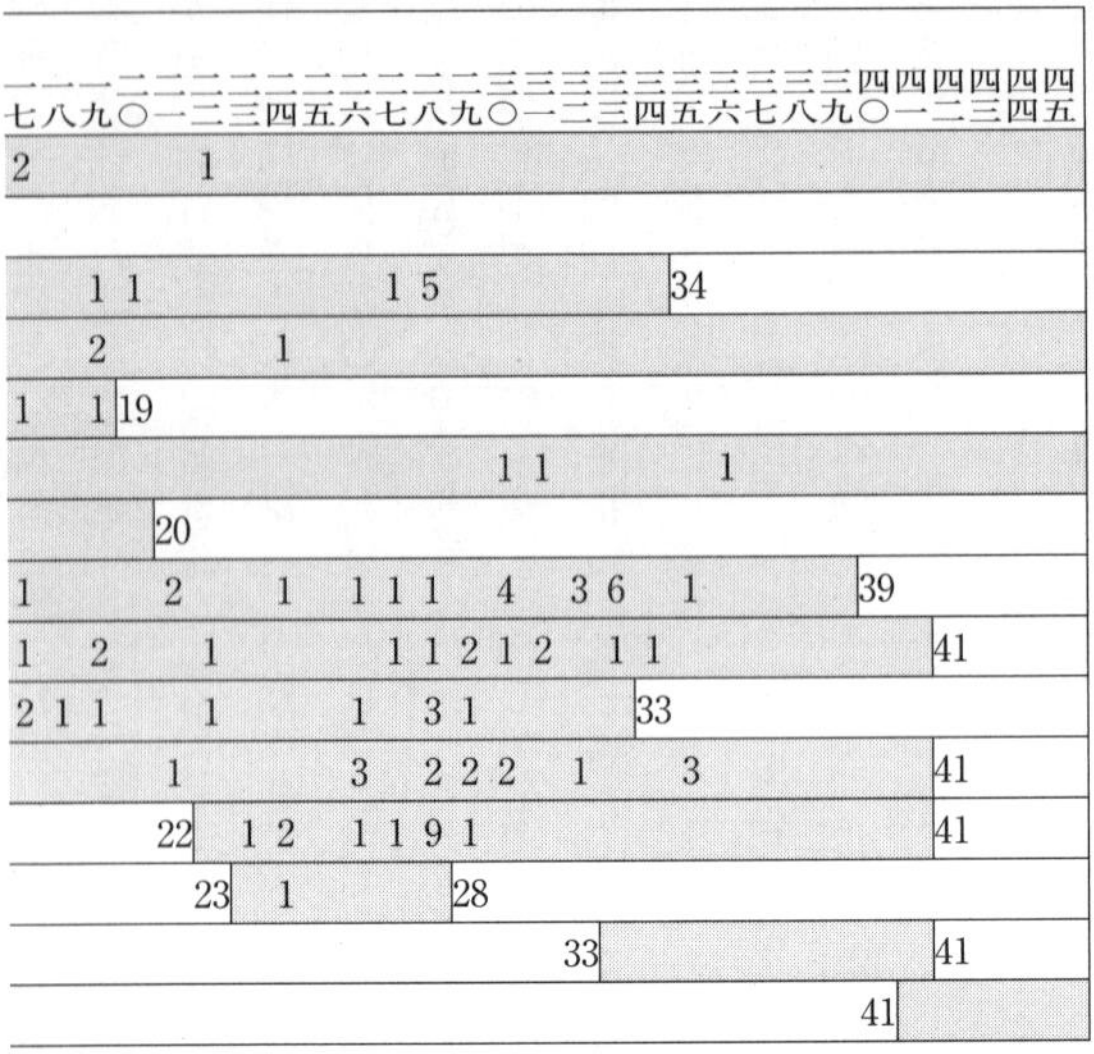

更された 。

戦前期主要教育雑誌・個性関係記事数

雑誌名＼西暦年	一八八三	一八八四	一八八五	一八八六	……	一八九四	一八九五	一八九六	一八九七	一八九八	一八九九	一九〇〇	一九〇一	一九〇二	一九〇三	一九〇四	一九〇五	一九〇六	一九〇七	一九〇八	一九〇九	一九一〇	一九一一	一九一二	一九一三	一九一四	一九一五	一九一六
大日本教育会雑誌	83						3																			1	1	1
教育報知			85													04												
教育時論			85																				1					
信濃教育				86																						4		
教育実験界										98					2					7		1	1	2	1	3	3	
児童研究										98		1	1	1			2			1	5			3				1
日本之小学教師											99 3						1		1									
教育学術界											99						1	1		1				1				1
教育研究																04											1	
小学校																		06			6					1		1
学校教育																										14	1	
学習研究																												
教育の世紀																												
教育																												
日本教育																												

注1 ▭は雑誌刊行期間。

2 大日本教育会雑誌は、その後、教育公報、帝国教育、大日本教育と誌名が変

⑤ 一九三〇年代半ば以降敗戦まで、個性を標題にもつ記事は、教育雑誌にほとんど掲載されなくなる。いわゆる戦時体制下、個性は冬の時代を迎えたということになるであろう。

以上の予備的作業をふまえて、本章では、まず第一節で、「個性」登場前史を取り上げ、「個性」の成立過程を検討する。

第二節では、一九〇〇年代以降、戦前日本で最も「個性」が情熱をもって語られた時代、「個性」は、どのような期待を担って登場し、それがどのように展開したかを検討する。

第三節では、一九二〇年代半ば以降、文部省も「個性」を使用する中で、意味の拡散と矮小化が起こり、やがて否定されるに至る過程を検討する。

第四節では、戦後解放されたはずの「個

性」の前にどのような運命が待ち受けていたかを、主に文部省等の政府文書に現れた「個性」の意味を検討することによって考察してみたい。

2　偏性としての個性――「個性」登場前史

「個性」は、伝統的な漢語にはない。明治維新以後新たに登場した西洋語からの翻訳語である。今日、諸種の事典類を参照すると、個性に対応する外国語として individuality や Individuarität があがっている(6)。たしかに、個性は、後述のように individuality や Individuarität の訳語として日本に登場したらしい。

「個性」の初出はいつか、ということに関する私の調査はなお不十分であるが、『大日本教育会雑誌』第一六九～一七一号（一八九五年九～一〇月）に連載された長谷川乙彦「個性と教育」は、かなり早い例ではないかと思う。その冒頭で長谷川は「茲に所謂個性とは英語の Individuality 又は individual chracter に相当するものにして天賦の稟性、自然の境遇、周囲の事情等より起れる一個人の特性、特質、若くは偏向等を総称するものなり」と述べている。

もっとも、日本における「個性」の登場を語る前に、本来ならば、ヨーロッパにおける individuality の歴史を、特にその教育思想の展開過程との関係で明らかにする必要があるであろう。そもそも西洋の教育学においても、individuality が重要な意義を持ち始めるのは、そう古いことではないのではないかと考えられるからである。この点については私の手に余るので、西洋教育史研究者のご教示を得たいところだが、例えば東京師範学校校長高嶺秀夫によって一八八五～六年に『教育新論』として翻訳され、「わが国の教育界に広く影響を与えた」(7)ジョホノットの *Principles and Practice of Teaching*（一八七八年）には、私が一瞥するかぎり、individuality はあまり使用されていないようであるし(8)、また、アメリカ留学の成果に基づく伊沢修二の『教育学』（一八八二～三年出版）の巻末に付された「教育学用語和英対訳分類一覧」の中にも individuality は入っていない(9)。

この点に関連して、丸山眞男が、福澤諭吉『文明論之概略』の一節「日本の武人に独一個人の気象（インヂヴヰヂユアリチ）な（し）」について、次のような解説をしているのが参考になる(10)。

丸山によれば、福澤がここに言う「インヂヴヰヂユアリチ」は、J・S・ミルの『自由論』から採ったと考えられるが、この individuality という語自体、あまり英語らしい語とは言えない。ミルの『自由論』は、国家権力の限界を論じ Individualität の意義を強調したドイツのヴィルヘルム・フォン・フンボルトから大きな影響を受けている。すなわちミルの強調する individuality はフンボルトの Individualität に由来する(11)。そして individuality という英語自体、当時のイギリスで耳新しい表現であり、思想であったことはミル自身が『自由論』のなかで述べているとおりである(12)。

ミルの『自由論』が出版されたのは一八五九年である。その当時のイギリスで耳新しい表現であり思想であったとするなら、アメリカのジョホノットやそれを翻訳紹介した前記の高嶺や伊沢の書に「個性」が出てこないのは当然であったかもしれない(13)。

ところで、同じプロイセンでフンボルトのいわば後輩格にあたるヘルバルトは、『一般教育学』（一八〇六年）の中で、個性について特に項を設け、かなりのスペースをさいて論じている。この中でヘルバルトは「個性をできるだけそこなわないでおくこと」の重要性を指摘しつつ、個性と品性（Charakter）と多面性（Vielseitigkeit）との関係を論じ、個性は「無意識」であり、「暗い根」であるのに対して、「（陶冶された—引用者）品性は要するに、殆んど不可避的に闘争（原文イタリック—引用者）によって個性に対立して表現される」こと、さらに、「われわれは、もし個性が均等な多面的興味を承認しようとしないなら、多面性の名において個性に対して宣戦を布告することを十分に考えている」と、個性が不可避的に持つ限界についても論じた(14)。

それでは、ヘルバルトの Individualität は、一八九〇年頃から翻訳紹介されはじめる日本のヘルバルト教育学においては、どのように訳されたであろうか。

当時紹介されたヘルバルト教育学は、リンドネル、ケルン、ラインらのヘルバルト派教育学であって、ヘルバルト自身の著作ではなかったが、また、いま、遺憾ながらこれらの原書にあたる余裕がないので確かなことは言えないのだが、ほぼ「特性」又は「特質」と訳されていたのではないかと思われる。ちなみに、唯一ヘルバルトその人の著作の翻訳、『教育学講義綱要』（*Umriss Pädagogischer Vorlesungen*）を訳した藤代禎輔の『独逸ヘルバルト教育学』（成美堂、一八九六年）(15)では、Individualität は「特性」である。また長谷川の論文と同じ年に出版された、ヘルバルト教育学に基づく湯本武比古『新編教授学』は、第一章第八節で「教師ハ児童ノ偏性ヲ察知スベシ」と論じ、さらに次のように述べた。

人々各異ノ偏性ヲ有ス、教師ハ多数ノ生徒ヲ一級トシテ、之ニ同一ノ業ヲ課スト雖モ、必ズ常ニ各生徒ノ偏性ヲ察シ、一律ヲ以テ之ヲ規スベカラズ、而シテ如何ナル偏性ノモノト雖モ、育成シテ以テ品性ノ完全ニ至ラシムルヲ、得ルコトヲ忘ルベカラズ(16)(傍点―原文)。

ここに言う「偏性」はヘルバルトの Individualität にほかならないが、これは、先のヘルバルト自身の個性観の一面を、正確に言い当てていたと言えるであろう。

3 「個性」の登場と発展

長谷川乙彦「個性と教育」は、雑誌に掲載された年(一八九五年)の三月に高等師範学校に提出した卒業論文を訂正修補したものであったというが、この「個性」は、以上のような、当時盛んであったヘルバルト教育学の文脈とは別の文脈から登場したものではなかったかと思われる。

この論文は、個性と教育の問題を、管見の限り最も早く、と言うだけでなく、当時としては最も体系的に論じたという意味で記念すべきものであった。

全体は八章で構成され、教育学にとっての個性研究の意義、個性そのものを規定する条件、個性の識別法、個性の教育的意義、個性教育実施の具体的方法等が論じられていた。そしてこの論文の結論部分で、次のように述べていたことが注目される。

是を要するに教育の目的物たるものは一個人なり。国民的教育と云ひ、国家的教育と云ふ、元と形式上の名なり。（中略）然らは即教育究竟の目的は個人の完全発達にあること疑なし(17)。

個性の教育的意義を論じて長谷川は、教育の究極目的は、国家になくして個人にあり、と主張したのである。

長谷川論文の約四年後には、『日本之小学教師』に湯原元一の「個性（Temperament.）」という論文が三回にわたって掲載された。これには、最近、文部省の検定試験にも個性に関する問題が出されたが満足な答案が一つもなかったと聞いたので、という、編集者のリードが付されている(18)。この論文は金港堂から同年六月に出版された『教育的心理学』の部分掲載であったが、ハウスクネヒトに帝国大学で直接教えを受け、その勧めによって一八九三年に『倫氏教育学』、一八九六年には『倫氏教授学』を上梓してヘルバルト主義教育学流行の仕掛人になった湯原は(19)、この『教育的心理学』においては、一転してヘルバルトを時代遅れ、と批判した。曰く、

然りヘルバルトが観念説は、かくの如く学理として既に陳腐に属するのみならず、之を特に教育の根拠となすに至りては、其の流弊の之と相伴ふもの又決して少しとせざるなり(20)（傍点—原文）。

湯原がここで依拠したのはヴント以後の実験心理学の成果であり(21)、湯原が言う、ヘルバルトの心理学が教育にもたらした「流弊」とは、児童の個性を無視し、教師が「其の意の欲するがままに、如何なる人物をも陶冶すること」ができるかのように、「教育の効力を誇張し、之を以て一種の万能力となすが如き」（傍点―原文）傾向である(22)。

また、一九〇〇年一一月、心理学専攻の塚原政次は、『児童研究』に「児童の個性を論じて教育の範囲に及ぶ」という論文を書き、およそ人間は根本的に、遺伝と「周囲の影響」という「二大原因」によって支配されているのだから、「決して人類は単に教育のみによりて直ちに善くも又悪とも為るものに非ず、（中略）是に由て之を観れば教育の範囲は彼の児童の個性特に根本的特性によりて大に制限せらるゝものなることは、到底否定すべからざることとなるなり」と論じた(23)。

日本に「個性」が初めて登場したとき、そこに託された意味はおよそ三つであった。一つは長谷川の言うような国家に対して個人を対置しようとするものであり、第二は湯原の言うような学習者である子どもを無視した教育（あるいは教授）中心主義への批判であり、そして第三に塚原の言うように教育そのものの機能に対する限界の認識であった。これらに共通するものは、当時流行のヘルバルト主義教育学への批判意識である。

「個性」という語は、modern の訳語としての「近代」や、culture の訳語としての「文化」と同様、明治維新期を第一期とすれば、大正デモクラシー期に連なる第二期翻訳語ブーム特有の、ある種の軽い明るさをもって登場した。それは日清戦争から日露戦争を経て、内部には多くの深刻な矛盾を抱えながらも、ともあれ帝国主義的発展を遂げつつあり、国際的にも自信を次第に持ち始めた当時の日本の状況を反映していた。言い換えれば、丸山眞男が言うような、デモクラシーの発達とともに凡庸の支配が出てくる傾向への憂慮といったヨーロッパの文脈とは異なり、むしろデモクラシーの発達とともに登場したのである。

一九〇一年八月の『児童研究』に「個性を滅却することなかれ」という雑報記事が載っている。それは、日本の教育を視察したアメリカ学者の言を借りて、個性教育の重要性を主張し、「あまりに、国家主義とか国民教育とかいふて、人の特性も天賦もめちゃ〳〵にして、一二官吏の要求通りに千篇一律の形式的人物を作らうとすれば、たま〳〵国家を害し（ママ）、教育を妨ぐる結果を来たすに過ぎないのである」と述べた。この時期「個性」を主張する者たちの気分がよく表れているといえよう(24)。

しかしこのような主張であればこそ、逆に、個性に何らかの限定を設ける必要があると主張する者も同時に現れる。

東京高等師範学校教授の松本孝次郎は、個性はもちろん必要だが、同時に人間には「共通なる性質」というものがあることも忘れてはならない。個性は、国民全体に共通する統一的精神の基礎になるものであるから、社会、国家と調和しなければ意味がない。教育の目的は、むしろ、この「共通の性質」を形成することにあり、個性はあくまでもその手段、あるいはプロセスとして重視すべきだと論じた(25)。

同じく東京高等師範学校教授の大瀬甚太郎も「今日共同教育を廃止する訳にはゆかぬ」と、教育の個別化を警戒し、「要するに個性に応ずることも過度に進められてはならず、又個性の判断も余程慎重にせられなければならぬ」と主張した(26)。

このように個性を限定的に把握し、個々の人間の差異ではなく、人間に共通する、当時の言葉で言えば「通性」あるいは「共同心」を重視しようとする主張には、当時、大瀬自身らによって紹介され始めたベルゲマンやナトルプらの社会的教育学の影響が明瞭である。個性を重視しつつ、しかし、社会性から切り離された個性はあり得ないとするこれらの主張は、それ自体正当なものであったが、同時にこれが、しばしば安易に、「国民精神」や「民族精神」へと連接されたところに問題があった。もっとも、それもまた、先の丸山の解説に見るように、プロイセンから起こった Individualität の主張自体に初めから内包していたものではあったが(27)。

ともあれ一九一〇年代になると「個性尊重」は教育界の合い言葉になっていった。

奈良女子高等師範学校教授野田義夫も述べている。

> 輓近教育界に喧しく且つ有力なる作業学校主義に於ても其正反対の位置に立って居る人格的教育主義に於ても将又たモンテッソリー女史の教育主義に於ても個性の尊重すべきことを説かぬものは無い。個性尊重は実に現代教育界の輿論と言ふべきである(28)。

個性を標題に掲げる本も数多く出版され、小学校の現場では「個性観察」の重要性が盛んに主張され、これまでの児童訓練のための品性調査録や性行品評録などは、個性観察簿、個性調査簿などと称されて、ほとんどの学校に置かれるようになってきた(29)。

こうした中で、白峰応佐は、何のために個性を尊重するのか、その目的を考えたとき、現今の個性尊重論は、「国家の為め」、「文化の為め」、「個人の為め」の三つに分立していると指摘し、これら三つの目的の差異は最小限度でなければならないとしつつ、前二者に対して、「個人の為に個性を発揮せしめ個人として意義ある生活を為さしむるといふことを忘れてはならぬ」と主張した(30)。

この論文を「卓抜な論文」と高く評価しつつ「個性尊重の意義」という論文を書いたのが、東京高等師範学校研究科の石川謙である。後年の日本教育史研究者としての盛名を思うとやや意外の感を受けるが、石川はこの論文の中で「個性尊重」と一般に言われるが、これを子細に検討すれば二つの異なる意味があると述べ、「方便としての個性とそれ自身無上荘厳の権威たる個性とは等しく個性の名に於いて呼ばれこそすれ其の実全く異れるものではないか」と主張した。そして、「教育手段として個性尊重を説くことを怠らぬ我が教育界が何故に教育目的として之をとり入れることを個人主義の名に依りて呪ふかを怪しまずには居られない」と、教育目的としての個性の意義を強調した(31)。この頃から、今流に言えば目的概念としての個性と機能(あるいは手段)概念としての個性という、個性の持つ二つの意義が自覚されてくるのである。

これに対して東京高等師範学校教授乙竹岩造は、「個性教育は極めて重要なる教育問題の一つである」としつつ、「目的論の見地より見れば、教育の目的は国家社会の見地を重んじて考へられなければならぬ」と述べ、石川同様、目的論上の見地と方法論上の見地とを混同してはならぬとしつつ、結論的には石川とまったく逆に「個性教育の問題は、必しも目的論上の問題ではなくして、寧方法論上の問題である」と主張している。そしてさらに「人は往往、個性を顧慮するといふことを以て、それは個人的教育学説の影響であると考へたり、或は個人主義の思潮が強く成って来た為にさういふ風を生じたものゝやうに思ったりするかも知れ無いが是れは決してさういふ関係のものでは無いのである」と、強い調子で述べているのは、同じ『教育学術界』誌に載った、研究科・学生石川謙の文章を意識してのことであったろう(32)。

このような個性をめぐる議論を通して改めて先述の、個性登場に託された三つの意味を考えてみると、第一に、長谷川乙彦が当初に主張したような、教育の究極の目的を国家ではなく個人の完全発達に求めようとするような主張は、「通性」や「共同心」、さらには国家意識や民族精神の形成を至上の目的とする主張の厚い壁にぶちあたらねばならなかった。帝国主義勃興の時代、自らその一つに成り上がろうとしていた当時の日本にとって、それは避けがたいことであった。

そして残る二つの意味、湯原の言う教育（あるいは教授）中心主義批判と、塚原の言う教育機能の限界認識は、それ自体なお吟味すべき問題であるにもかかわらず、それが十分に行なわれないまま、石川の分類による「教育手段としての個性尊重」論を基礎づけるものへと矮小化されてしまった。

一九一二年出版の『分団式動的教育法』のなかで及川平治は述べている。

とくに児童に存する能力不同という事実は教育的計画の基礎とならねばならぬ(33)（傍点―原文）。

この、ある意味で当然の、そしてリアルな認識は、「能力」の検討が不十分なまま「優秀児」「中庸児」

「遅滞児」などと平板に分類され(34)、さらに、「能力不同の児童を同一教室に収容して同一題材を与え、一回通過の注入教育を施して個人発展を企つるは木に縁りて魚を求むるよりもなお困難である」(35)と、能力別学級編成が、単純に合理化されてしまう。そして、及川のこの書が五年間で十二版を重ねた(一万部以上)(36)ことに象徴されるように、個性尊重の名のもとに、能力別学級編成が教師達の関心を集めるようになってきた。マイハイム法やバタビヤ法といったさまざまの外国の学級編成法が紹介され、「優秀児」を集めた学級や「低能児」を集めた学級が、共に「特別学級」と呼ばれて、広く試みられるようになってきた。一学級六〇~七〇人という過密学級と、現にある「能力不同」の現実、加うるにようやく加速し始めた日本資本主義による人材活用要求といった諸条件とともに、当時盛んになりつつあった心理学研究の教育測定がこれに「客観的根拠」を与えた。

とはいえ、このような教授の個別化を基本とする「教育手段としての個性尊重」論も、本来、手段と目的とは切り離し得ないものであるがゆえに、個人主義の風潮に棹さすものと見られがちであり、そしてそうであるかぎり、無条件に承認されはしなかった。資本主義の発展が必然的にもたらす個人主義の風潮に対する警戒は、一九一七年設置の臨時教育会議の答申にも顕著であり、学級を「教授」の単位とみるよりも、「訓育」の単位として把握する傾向は強められこそすれ弱まることはなかった(37)。能力別学級編成は、個人主義的風潮を助長するものとして批判を受けるようになるのである。

篠原助市が『批判的教育学の問題』のなかで展開した個性相対化の主張、すなわち、個性を自然的個性(又は生物的個性)と普遍的個性とに区別し、「教育は自然的個性を普遍的個性に高める作用」(38)だととらえたのも、その根底に教育の可能性への強い確信、教育の理想主義とともに、個人主義的風潮への批判があった(39)。

このような議論が続く一方で、アメリカ、ニューヨーク大学への留学から帰国し帝国小学校を創設したばかりの西山哲治や、教育の世紀社同人で児童の村小学校を設立する志垣寛のように、まさに「個性讃歌」と言うべき文章を雑誌に寄せ、個性尊重のムードを盛り上げるのに積極的な役割を果たした者もいる(40)。しかし国家や社会との対決を抜きに、いわゆる「通性」への顧慮が不十分なままに、いわば文学的に語られる自我や個性の高唱は、時代の教育を積極的に切り開くものとはならなかった。

この時代における個性教育論の一つの到達点は、木下竹次の指導した奈良女子高等師範学校附属小学校の実践、とりわけその一人、清水甚吾の実践ではなかったかと思う。

「他律的教育から自律的学習へ」と説いた木下竹次は、「学習の目的は簡単に云ふと自己の建設である。しかも其の自己は社会化したものでなくてはならぬ。社会的自己の建設は同時に社会文化の創造である。(中略)従って社会に依拠して進展した学習でなくては決して学習の目的を十分に遂行する所以で無いと思ふ。学習研究者の注意すべき所である」(41)と述べたように、個人を常に社会的な関係のなかでとらえようとしていた。したがって彼は「児童固有の本性」に注目し独自学習を重視しつつ、同時に児童相互の交流・協力の場としての学級の意義を強調して「優劣混淆」「優劣共進」を主張し、「優劣を分けて学級を組織するが如きは学級と云ふ社会の進歩を害する」(42)と、いわゆる能力別学級編成を批判した。この根底に、立憲政治下での国民形成という課題意識があったことはよく知られているとおりである。

清水甚吾もまた「環境を離れ社会を離れて個性の発展は不可能である」と主張した。「個人は国家社会を離れては生存しない。一国の品位勢力は個人の品位勢力によるものである。（中略）個性の発展を社会的感情と結合融和せしめることが個人のためにも社会のためにも価値あることである。それで今日やかましい個性の自由な発達といふのもつまりは個性の社会化の発達である」というのである(43)。そして彼は学級編制について能力別編制の利点と欠点を比較考量したうえで、次のように結論するのである。

要するに能力別編制がよいといふのは、教師本位の考で教師中心の教授をするには便利である。且知能の教育からは優ってをる。併し児童中心の学習によると優中劣混交してゐるところによいところがある。殊に実社会的の人間をつくるといふ上からは能力別編制はよくない(44)。

4 個性の拡散と矮小化

一九二七年一一月二五日、文部省は訓令第二〇号「児童生徒ノ個性尊重及職業指導ニ関スル件」を発した。これを直接の契機に、個性の語を標題に持つ文章が、これまであまり掲載されなかった、教育実践研究の総本山ともいうべき東京と広島の両高等師範学校附属小学校の機関誌にも登場するようになった。

訓令本文中に「学校ニ在リテハ平素ヨリ児童生徒ノ個性ノ調査ヲ行ヒ其ノ環境ヲモ考慮シテ適切ナル教育ヲ施シ各人ノ長所ヲ発揮セシメ……」とあり、また普通学務局の「要旨略説」に、「然るに従来の実情に於ては此の教育上重要なる個性尊重の旨義が頗る徹底を欠き、随て教授訓練の方法も多く形式に流れ、画一に失し、（中略）憂ふべき弊害を助長しつゝあることは争ふべからざる事実である」などとあるように、文部省自ら教育の画一化や形式化を憂い、個性尊重や個性調査の必要を訴えたのである(45)。

もっとも、この訓令は「わが国における学校職業指導の発達のうえで決定的影響を与えた」(46)とされているように、そのねらいは個性尊重よりも、訓令の標題後段の職業指導の強化にあった。じつは前引の「要旨略説」中省略した個所に、「国民の実生活に顧みて職業に関する理解を得しめ、又職業に必要なる知能を授くるとか、勤労を重んずるの習慣を養ふとかいふことも、動もすれば閑却せられ、特に高学年に進むに従って上級学校の入学試験準備に没頭し、之が為に或は心身の発達を害し、元気を銷磨せんとする」とあるように、激化し始めた中等学校への入試問題は、多くの児童生徒が自らの「個性」をかえりみず、就職を嫌い、もっぱら中学校や高等女学校などへの進学を希望するところにある、と認識されていた。そしてその認識の背後に、高度の資本主義発展に必要な労働力育成と効率的な人材配置という経済的要請があったことは明らかである。

当時の職業指導教育に中心的役割を果たした大日本職業指導協会主事の増田幸一がその著の中で、近代産業の最も注目すべき動向として、アメリカのテーラー・システムに代表される科学的管理法と第一次大戦後のドイツにおける産業合理化の動きをあげ、「然して我々が特に留意せねばならぬ事は、之等の産業界の新運動が『個性』の認知に重大関係を有するといふ一事である」と述べたように(47)、この頃ようやく産業界が個性に注目し始めたのである。

いうまでもなくこの経済的要請は、「国家産業上の能率を増進し国運の進展に寄与する」(「要旨略説」)という国家的要請に基づくものであり、ここで尊重される個性は、かつての議論にいうところの、「手段としての個性尊重」にほかならず、しかもそれはきわめて限定されたものであった。それは「個性」と呼ばずして「適性」と呼ぶにこそふさわしいものである。

日本の「個性」は、既述のように「個人」の派生語としての「個人性」を経て登場した語であった。このように人間についてのみ使用された「個性」は、このころから「算数教材の個性」や「理科の個性」などのように「個体性」の意味でも使用されるようになってきた。もちろん、もともと翻訳語である個性の原語(Individualität, individuality 等)の意味を考えれば、この用法は間違いではない。いずれにせよ、この頃から、「個性」はかつてのように説明を要する違和感を持つ語ではなくなり、より広く一般的に使われるようになってきたのである。教育雑誌には医学や心理学の成果に基づく、いろいろな個性調査法や個性検査法が紹介された。これらは視覚・聴覚等の感覚機能、注意力・記憶力等の精神機能、握力・作業速度等の運動機能といった細分化された個々の能力を検査しようとするものであった。

しかし、これも長続きはしなかった。

一九三七年三月、「国体明徴」のスローガンの下、文部省は『国体の本義』を刊行した。ここで個人主義は、刷新すべき悪しき西洋思想として、批判の前面に据えられた。

(日本の教育は教育勅語に言う「国体」に基づいて行なわれるのだから——引用者)従って個人主義教育学の

唱へる自我の実現、人格の完成といふが如き、単なる個人の発展完成のみを目的とするものとは、全くその本質を異にする。即ち国家を離れた個人的心意・性能の開発ではなく、我が国の道を体現するところの国民の育成である。個人の創造性の涵養、個性の開発等を事とする教育は、動もすれば個人に偏し個人の恣意に流れ、延いては自由放任の教育に陥り、我が国教育の本質に適はざるものとなり易い(48)。

かくしてここに個性それ自体を目的とする教育は、「我が国教育の本質に適はざるもの」として完全に命脈を断たれることになった。同時に「個性」を標題にもつ文章もまた、教育雑誌上からほとんど姿を消してしまうのである。

一九四一年四月の国民学校令実施にさきだって文部省が作成した「国民学校教則案説明要領」でも、「従来の教育学の唱へる自我の実現、人格の完成といふが如き単なる個人の発展完成のみを目的とするもの」(49)は「皇国ノ道ニ則」る国民学校の精神とはまったく異なると、『国体の本義』の前引個所をほとんどそのままなぞりながら説明された。そして教則案の総論の解説者文部省督学官倉林四郎は「国民的に育成するのであるから、所謂、児童本位の教育や、自由主義的個人主義的の教育はこれを排撃することも当然である」(50)と述べた。

もっとも、国民学校令施行規則第一条は教育上の留意点を十項目あげた中で、その九番目に「児童心身ノ発達ニ留意シ男女ノ特性、個性、環境等ヲ顧慮シテ適切ナル教育ヲ施スベシ」と規定した。個人主義を否定する国民学校とて、当然のことながら、方法上、児童の個性や環境への配慮を否定することはできなかったのである。

石山脩平は言う。

全体主義は国民が各々その個性に応じて本分を盡すことを要求する。誤った全体主義は個性を無視し、画一的・強制的に国民を型に嵌めたり引きまわしたりする（が）、（中略）我が国の全体主義は（中略）国民の個性を尊重し、それに応じて本分を発揮することを要求する(51)。

さらに石山は、個人主義と区別して個性主義を主張し次のように言うのである。

真正の全体主義は個人主義を排斥するけれども個性主義を要求する。個人主義は個人を目的として全体を無視するものであるが、個性主義は全体を目的として、それに奉仕するに個性の発揮を以てせんとするものである(52)。

この国民学校の時代には、ほんの一〇年ばかり前にさかんに研究・紹介されたような、さまざまな個性検査法は逆に批判にさらされることになる。天野正輝も言うように「批判の対象が排外思想の風潮にのって、教育測定の分析的態度や客観性を求める態度にまで向けられ、大正期にようやく芽生えてきた科学的・客観的評価研究の方向を発展させることにはならなかった」(53)のであった。それは、一九四一年七月四日に発せられた国民学校の学籍簿取扱に関する通牒への普通学務局解説の中で、成績記入の方法を従来の十点法から優・良・可の評語に改めることについて、次のように述べているところでも知ることができる。

国民学校の教育は皇国の道の修練にあるは勿論のことであるが成績は即ち各児童が修練した実績であり各児童の能力と努力、之に先生の能力と努力が相俟って結果が生れるのであって従って之を数量的に点数を以て表はすといふ事は不合理でもあり困難でもあり又一面極めて便宜的のものに堕してしまひ国民学校の教育の精神に沿はない結果を招来する懼れがあるのである(54)(傍点—引用者)。

個性は、結局、「円満なる国民的人格」(55)という曖昧さの中に埋没してしまったのである。

5　解放された個性とその運命——敗戦・戦後

文部省から一般教師向けに新しい教育の解説書として刊行された『新教育指針』(56)は、第一部前編「新日本建設の根本問題」の第三章に「人間性・人格・個性の尊重」という標題を掲げ、その第三項「個性とは何を意味するか、個性の完成と社会のちつ《(ママ)》序とはどのような関係にあるか」のなかで次のように述べた。

これからの教育は、各人の個性を完成することを第一の目標としなければならない。それは正しい意味での個人主義である(57)。

占領下、戦時下の個人主義理解は当然の如く否定された。『新教育指針』の成立過程には不明な点があるが、いずれにせよその中心人物は当時教科書局編輯課長の石山脩平であったらしい。先の石山の、この時からほんの五年もたたない時期の言説を考えると、どの程度の深い確信のもとに書かれたものかと、不安を抱かざるを得ないのだが、「個性尊重」は、再び、新教育の合い言葉になった(58)。

第一部後編「新日本教育の重点」では、第一章に「個性尊重の教育」を掲げ、「一、教育は何ゆえに個性の完成を目的とするか」「二、教育の方法において、個性を尊重するにはどうすればよいか」という二つの課題を提示し、教育の目的と方法の両面において、個性を尊重すべきことを説いている。そして一では「(一) 個性の完成は、人生を目的にかなった幸福なものにする」「(二) 個性の完成は、社会の連帯性を強め協同生活をうながす」「(三) 個性の完成は社会の進歩をうながす」の三項目、二では、「(一) 生徒の自己表現を重んずること」「(二) 生徒の個性をしらべること」「(三) 教材の性質や分量を個性に合わせるように工夫すること」「(四) 学習及び生活訓練において個性を重んずること」「(五) 進学や就職の指導に個性を重んずること」の五項目をあげ、それぞれ懇切丁寧な説明を行なった。

この中で例えば一の（二）の次のような個性についての説明は、戦前においては大正期に垣間見え、そして十分に展開されることのなかったものであり、きわめて新鮮な響きを持っていた。

個性を完成するということは、一人々々を、ばらばらにはなれた、ひとりぼっちの人間にすることではない。人間は『社会的生物』であって、たがいに協力し助けあって生活する能力をもっている。（中略）だから個性を完成するということは、当然このような能力を発達させることをふくんでいるのであって、個性が完全になればなるほど、このような能力が発展させられて、他の個性とのつながり、すなわち社会的連帯性が強くなってくる。（中略）

また人々はそれぞれの個性を完成するにつれて、ますます社会の協同生活を要求してくる。（中略）自分の個性を完成するということは、それに応じて社会における自分の義務と責任とをはたすことである。同様に他の人々もそれぞれの個性を完成して、それに応ずる義務と責任とをはたす。このようにして、すべての人々が個性の完成を通して社会の協同生活を奉仕することになるのである(59)。

戦前においては個人と国家（あるいは民族）が対置され、両者を媒介すべき社会についての考察が決定的に欠落していた。その意味で、右の視点はきわめて重要であったが、逆に、ヨーロッパでの個性登場の背景を考えると、個性とデモクラシーとの関係の陰の部分への考察を欠いた、あまりに楽天的なものであったとも言えよう。

現に、米ソの冷戦の国内版としての保守・革新のきびしい政治対立は「社会の連帯性」や「協同生活」の内実の理解をさまたげ、また戦後解放された国民の、いち早い生活の建て直しと経済的上昇への欲求は、「個性の完成」よりも、より即物的な学歴取得競争を現出させた。『新教育指針』は、その後のこのような現実を考えても、敗戦・占領下、日本権力の空白という特殊事情の下で咲いたあだ花であった、と言わざるを得ない。

戦後早々、一九四七年一月に創刊された『児童心理』は、同年一二月「個性教育」という特集を組んだが、それから約二〇年後、あらためて、「個性の発見と伸ばし方」という特集を組んだ。この中で杉山明男は「戦後の日本の経済がしだいに安定し、社会体制が固定化してくるとともに個性ということばがしだいに影を薄くしているように思われる」と述べ(60)、また宇留田敬一は「以前しばしば強調されていた『個性の伸張』というものは、なにか影が薄くなったようである」と述べている(61)。

高度経済成長下の能力主義教育政策のもと、「適性」の語は使用されたが「個性」はあまり使用されなかった。例えば一九六三年一月の経済審議会答申「経済発展における人的能力開発の課題と対策」に「適性」は登場するが「個性」は一度も登場せず、それが教育政策化された六六年一〇月の中教審答申「後期中等教育の拡充整備について」でも「個人の（あるいは生徒の―引用者）適性・能力」は何度も出てくるが、「個性」は冒頭部分に一回出てくるだけである(62)。この時期、経済界が労働者に期待した能力は「一般的な人間能力ではなく、個々の具体的な職業能力」であった(63)からであろう。

これに対して多くの国民は、そのような「個々の具体的な職業能力」ではなく、より高い学歴を身につけることを欲した。特定の職業のために何かを「する」能力よりも、何で「ある」かを示す学歴の方が有用であると考えたのである。

「第三の教育改革」を標榜し、のちに「四六答申」と呼ばれる一九七一年六月の中教審答申に対抗して日教組教育制度検討委員会が作成した第一次報告は、激化する〝受験戦争〟に表れた「国民の教育要求の切実な、かなしいまでのはげしさ」を、「当然であり、必然であり、そして基本的には健康である」と述べた(64)。

そしてさらに、同報告は次のように述べている。

子どもや青年は無限の発達可能性をうちに秘めた存在である。そしてこの可能性はしばしばおとなたちの予想、予測をこえて顕現し開花する。教育は、(中略)新しい人間と社会への希求を、子どもと青年のうちにひそむ予想をこえた発達の可能性に賭ける理想主義的ないとなみということができるであろう(65)。

「無限の発達可能性」に賭けようとすれば、しばしば「個々の具体的な職業能力」を教えることは忌避されることになる。事実多くの国民はこれを求めなかった。しかし、人間は「選びながら発達する」(大田堯)ものであるが、やがては誰もが何らかの職業に就く。だから個々の具体的な職業を選ぶ能力を形成することもまたきわめて重要である。「予測をこえた発達の可能性に賭ける」ことは、ともすれば、このような能力の形成をもさき延ばしすることになる。子ども達は、「無限の発達可能性」に導かれながら、結果的には、出番を与えられず、だらだらと、実社会から閉ざされた、学校という階段をどこまでも登っていかなければならない。

結局、戦後の経済復興から経済成長、進学率上昇、受験戦争激化という教育爆発の時代、「個性」はあまり顧慮されることはなかったのであった。

一九七六年一二月の教育課程審議会答申は「ゆとりと充実」をキャッチフレーズにしたものであったが、「教育課程の基準の改善のねらい」の一つに、「国民として必要とされる基礎的・基本的な内容を重視するとともに児童生徒の個性や能力に応じた教育が行われるようにすること」（傍点—引用者）をあげた。

オイルショック、低成長といった状況の中で、「落ちこぼれ」、登校拒否、校内暴力等々のさまざまな教育荒廃現象が顕在化し、高度成長期の能力主義的多様化路線が壁に突き当たったこの時期、「個性」は「能力」と並置され、教育がめざすべき目標としてではなく、応ずべき方法として登場してきたのである。

高校に習熟度別学級編成という名の能力別学級編成が初めて正式に取り入れられることになり、国公立大学共通一次学力試験によって加速されつつ「学力」による一元的能力主義が確立した。偏差値が猛威をふるい始め、「ゆとりと充実」のキャッチフレーズとは裏腹に、公立ばなれが起こり、私学ブームが起こった。

「個性」に応ずるとは、要するに「学力」に応ずることであり、激化する「学力」競争のもとで、個性に応ずる教育は、子ども達を、心理的にもバラバラにしていった。それは、個性を完成することは「社会的連帯性」を強め、「協同生活」に奉仕する、と主張した『新教育指針』の個性観とはまったく異なるものであった。

一九八五年六月の臨時教育審議会第一次答申は「改革の基本的考え方」の第一に「個性重視の原則」をかかげた。

今次教育改革において最も重要なことは、これまでの我が国の教育の根深い病弊である画一性、硬直性、閉鎖性、非国際性を打破して、個人の尊厳、個性の尊重、自由・自律、自己責任の原則、すなわち個性重視の原則を確立することである(66)。

これ自体、モンクのつけようはないが、しかし、そのすぐ後に「個性とは、個人の個性のみならず、家庭、学校、地域、企業、国家、文化、時代の個性をも意味している」(67)と言われてみると、首をかしげざるを得なくなる。「個性」は、再び、無限に拡大されるのである。

このような臨教審の個性概念について、乾彰夫は、「『個人の尊厳』なる言葉を引いてはいるものの、その担い手としての個人の人格的独立への配慮がきわめて弱いことが特徴だ」と述べ、さらに「その背景には、財界・政府の八〇年代戦略が描く日本社会像、人間像がある。それはたんてきに表現すれば『日本型集団主義』といえる」と述べている(68)。おそらく的を射た批判であろう。

一九八七年一二月教育課程審議会は臨教審答申を「踏まえるよう配慮」(69)した答申で、「教育課程の基準の改善のねらい」の一つに、「国民として必要とされる基礎的・基本的な内容を重視し、個性を生かす教育の充実を図ること」(傍点—引用者)をあげた。この一文は七六年の答申に「個性や能力に応じた教育」とあった以外ほぼ同じである。

臨教審答申とこの教育課程審議会答申とを比較して、後者の審議会委員の一人でもあった水越敏行は「個性を重視する教育として、同じようなことを述べているようで、実は微妙な違いがあるように思う」と述べている(70)。「後者は、基礎・基本を一人ひとりの児童生徒が確実に習得できるように、個に応じた指導を工夫するのだという。つまり指導の個別化や学習の個別化を前面に出している」と言うのである。しかし、「個性に応ずる」が「個性を生かす」に変わっても、基本的な考え方はあまり変わらない、ということであろう。

他方、一九九一年四月の第一四期中教審答申は、「職業高校よりも普通高校を好んで志向し、そのため学校間『格差』をますます広げる同一線上での単一競争は、個性や癖の少ない均質な労働者の組織内協調を前提とした競争によって能率を上げようとする日本の企業社会の構造に照応していないだろうか」(71)と、乾彰夫が批判した「日本型集団主義」に対して一定の批判を加えていることが注目される。「個性」は、重要な概念として多用されているにもかかわらず、政府文書の中でも混乱しているのである。

9章

福澤諭吉における「授業料の精神」

1　はじめに

冒頭から長い引用で恐縮だが、『福翁自伝』「授業料の濫觴」の項から次の一節を引用しよう（引用文は原則として新字体に改めた）。福澤諭吉は、一八六八（慶応四）年四月自らの塾を築地鉄砲州から芝新銭座に移転、塾舎を新設し、慶應義塾と命名して新たな出発を開始した。この時、塾則を制定し授業料を徴収することにしたのである。

生徒から毎月金を取ると云ふことも慶應義塾が創めた新案である。従前日本の私塾では支那風を真似たのか、生徒入学の時には束脩を納めて、教授する人を先生と仰ぎ奉り、入学の後も盆暮両度ぐらゐに生徒銘々の分に応じて金子なり品物なり熨斗《のし》を附けて先生家に進上する習はしでありしが、私共の考へに、迚もこんな事では活発に働く者はない、教授も矢張り人間の仕事だ、人間が人間の仕事をして金を取るに何の不都合がある、構ふことはないから公然価を極めて取るが宜いと云ふので、授業料と云ふ名を作て、生徒一人から毎月金二分づゝ取立て、其生徒には塾中の先進生が教へることにしました。其時塾に眠食する先進長者は、月に金四両あれば喰ふことが出来たので、ソコで毎月生徒の持て来た授業料を掻き集めて、教師の頭に四両づゝ行渡れば死《しに》はせぬと大本を定めて、其上に尚ほ余りがあれば塾舎の入用にすることにして居ました。今では授業料なんぞは普通当然のやうにあるが、ソレを始めて行ふた時には実に天下の耳目を驚かしました。生徒に向て金二分持て来い、水引も要らなければ熨斗も要らない、一両持て来れば釣を遣るぞと云ふやうに触込んでも、ソレデモちゃんと水引を掛けて持て来るものもある。スルトこんな物があると札を検める邪魔になると云て、態と上包を還して遣るなどは随分殺風景なことで、世間の人の驚いたのも無理はないが、今日それが日本国中の風俗習慣になって、何ともなくなったのは面白い。何事に由らず新工風を運らして之を実地に行ふと云ふのは、其事の大小を問はず余程の無鉄砲でなければ出来たことではない。左る代りに夫れが首尾能く参って、何時の間にか世間一般の風になれば、私の為めにも恰も心願成就で、こんな愉快なことはありません(1)。

『福翁自伝』に数ある福澤の、「愉快な」思い出話の一つである。

福澤が自慢するように、私塾が授業料を徴収するということは「慶應義塾が創めた新案」だったと言ってよい。てよい。海原徹によれば(2)、江戸時代の私塾の入門料としての束脩などは、もっぱら酒、肴、扇子、紙束などの品物で行われた。時代が下るにつれて現金に代わったが、現金を出す場合もそれをそのまま差し出すのではなく、酒代や扇子代という品物の名目にするという慣行は残った。まことにこれは、「金銭のやりとりを賤しむ、とりわけ教育活動の対価を金銭に求めることを潔しとしないこの時代特有の考え方による」(3)のであった。

多くの私塾では、実質的な授業料にあたる束脩や謝儀の定額を示した規則さえ持たず、これは江戸時代の塾の中でもっとも制度化された咸宜園でも例外ではなかった。

しかも重要なのは、福澤が慶應義塾で授業料を取り始めたのは、たんなる偶然や思いつきではなく、彼の教育論あるいは思想そのもの(「授業料の精神」)に根ざしたということである。規則を定めただけでなく、熨斗をつけるなどという形式を省いて、公然と行なったという点でも、たしかに福澤の授業料徴収は、文字通り画期的であった。

前引の『自伝』で「教授も矢張り人間の仕事だ、人間が人間の仕事をして金を取るに何の不都合がある」と喝破していた福澤は、すでに『西洋事情』のなかで、次のように書いているのである。

教授を以て銭を得るは農工商の業を営むに異ならず。故に之を産業と云ふ(4)。

この一文は、一八七〇(明治三)年刊行の『西洋事情』二編巻之一収税論の中の「一国の財を費す可き

公務を論ず　第二　人民を教育するが為めに財を費す事」という項に出てくる。

「教師に与る給料は、其人の才学と器量とに従ひ多寡あるべし。学術教授の産業を進め、之を鼓舞作興し、必ず其人をして学力の深浅と誠実の厚薄とに因て生計の道を得せしめんとするには、給料の多寡を以て之を制するに若くは無し」（傍点―引用者）という一節中の「学術教授の産業」という語の割注として出てくるのである。

じつは、この「収税論」は、ウェーランド『経済論』*The Elements of Political Economy* の翻訳であることが知られている(5)。今日使われる、そして今日なおその語の組合せにある種の違和感を伴う「教育産業」という語に似た表現を、福澤は既に百年以上前、明治維新早々に使っていたのである。

このように、学問や教育を一種の商品ととらえ、学問の教授を金銭の代価を伴う「産業」（商売）とする考え方は福澤の生涯に一貫するものであった(6)。

「元来学問教育も一種の商売品にして、其品格に上下の等差ある可きは誠に当然の数なれば」(7)。「唯文明流の教育を商売の主義に基き、教育の品の良きものは価貴く、粗なるものは価廉なり」(8)。このような言説を『全集』の中にいくつも見出すことができる。

福澤は晩年に至っても「経済一偏の主義より云へば教育も亦商売の事にして、教育者が家を建築し書籍器械等を用意して人を教ふれば、其人は教育相当の代価を払ふて差引勘定相済む筈」(9)と述べている。

福澤諭吉は、日本において、教育制度への市場原理の導入や教育の商品化といった問題を、いち早く、しかも積極的かつ肯定的に論じた、ほとんど稀有の人物であった。

このような彼の教育観は、どのように導き出され、またどのように展開したのか、本章の課題はこれを検討することにある。同時にこのような角度から福澤の教育論に光を当てることによって、従来とは異なる福澤・教育論の像を浮かび上げることができるのではないかと思うのである(10)。

2 福澤諭吉の金銭観――「レシプロシチ」と「ナチュラル　コンセクウェンス」

商売品としての学問や教育。そもそも福澤は学問や教育を一体どのようなものとして考えていたのか、それを検討するためには、まず福澤の金銭観を見ておかねばならない。当時から拝金宗、拝金主義と批判された福澤にとって、金銭とはどのようなものであったのか。

「人間万事金の世の中になりて、金力即ち栄誉面目となるべきは、文明進歩の定則にして、我日本国も今正にその方角に赴かんとするの最中」(11)、と福澤は述べている。福澤によれば「西洋の文明開化は銭に在り」なのであった。

真なる哉、西洋諸国は銭の世の中にして、銭さへあれば有形肉体の快楽を買ふ可きは無論、尚ほ此外に無形の栄誉体面なるものありて、苟も富有の人とあれば社会の尊敬する所と為りて声望甚だ高く、其富豪の大なる者に至りては王公貴人も容易に之に交はるを得ず。(中略)左れば西洋諸国にては社会運動の根本と為りて、有形の実物なり無形の栄名声望なり、銭を以て買ふ可らざるものはなく、銭即ち無上の権源なるが故に、国民の銭を求るに熱心なるは殆ど其程度を知る可らず(12)。

福澤は、西洋社会において金銭が「社会運動の根本」「無上の権源」となっていると言う。日本が文明開化するとは、要するに「銭の世の中」になることだと福澤が強調するのは、第一に「世に栄誉勢力ある人物が殖産の事に身を委ぬる事」(13)、すなわち身分の高い者も積極的に経済活動に参加することによって国の富強を推進することができると考えたためでもあるが、それ以上に「従前の富豪家をして自から其体面を高くせしむること」(14)のためである。

福澤が日本の商人の「守銭奴」的な「町人根性」に批判的であったことはよく知られていよう(15)。そしてその原因が「商人は、江戸時代には士農工商といわれるように、時代の価値体系の中でいちばん低いところに位置づけられてきた。そういう価値づけを逆手にとってどうせ自分は賤しい身分なのだから、金儲けだけ考えればいい。儲けのためには取引上、手段を選ばないという破廉恥な利潤追求の態度が出てくる」(16)ことによることを福沢はじゅうぶん知っていたのである。

同時に福澤が文明開化にとっての金銭の効用を説くのは金銭は身分の高下貴賤に関係なく誰にでも開かれている、と考えたためである。

前引のように西洋諸国では「有形の実物」だけでなく、「無形の栄名声望」をも金銭で買うことができる。しかし日本の農商工民はたとえ金銭をじゅうぶん所持していても栄名声望や権力を手に入れることができない。「日本は尚未だ銭の国に非ず」(17)であり、「富貴相伴はず、富外に貴あり、貴外に富あるの気風は、今尚依然として消滅せざるもの、如し」(18)なのである。

「富貴の門に門はなきものぞ」(19)。そのためには日本も西洋諸国のように「銭の世の中」にならなければならない。

福澤が批判したのは、金によって支配されていながら、金もうけを忌む、そのような偽善的風潮に対してだけではない。人間にとってニュートラルな存在である金銭の支配する世の中、このような社会を形成することによってこそ人間の旧い身分意識は消滅させることができる、と考えたのである。

金銭を媒介とする対等な交換、「レシプロシチ」(reciprocity)こそ福澤の求めたものであった(20)。旧い身分意識に基づく不合理な差別は、たんに金銭所持の多寡の違いにとって代わられねばならない。貧富の差は、合理的な経済活動の結果によるものならば正当性を持つ。なぜなら経済活動の成否は、結局は学問の有無によるのであり、学問の有無は、結局は本人の志しによるからである。一身独立の気概さえあれば誰でも富を得ることができる。貧富は、身分のように固定的ではなく流動的なのである。

今日本にて貴賤上下の差別あるやうなれども、こは唯旧き悪風のをもかげのみにて、其実は政府の命にて四民の別を立て人権を分ちたることなし。百姓に命じて必ず百姓たらしむるに非ず。士族に命じて必ず役人たらしむるに非ず。貧人も富人も、政府の命に依て貧富たるに非ず。役人の門も金持の門も開放して、誰にても其仲間に這入り、更に差支あることなし。(中略)貴賤は廻り持ち、貧富は順番、面白き世の中にあらずや(21)。

このように考える福澤にとって、学問とは徹底して「功利的」(22)なものであった。福澤は慶應義塾の学生に対する演説の中でもしばしば説いている。

学問は一身一家を利し又人間社会を利するの方便にこそあれ、学問さへすれば以て人間の目的を達したるに非ず、自利々他の功徳なき学問ならば初めより学ばざるに若かざるなり(23)。

「一身一家を利し又人間社会を利するの方便」にして「自利々他の功徳」ある学問、それは現実に働きかけることのできる学問であり、かつそれを具体的に活用して、資産を作り出すことのできるはずの学問でなければならない。

しかし、これまでの日本の学問はそうではなかった。

左れば今日我日本国の教育を蒙りたる学者は、到底殖産の社会に適用すべき者にあらず。殖産に不適当なる人物なれば、如何なる卓識の先生も、如何なる専門芸能の学士も、碁客将棋師に等しくして、迚も一家の富を起すに足らず。一家富まざれば一国富むの日ある可らず。教育の目的齟齬したるものと云ふべし(24)。

このように学問を学ぶ「第一の目的は生計を営むの資料を得んとするに在」るとするならば、「学問は受るに銭を投じ、授るに銭を収め」るのは当然である(25)。

そして福澤は、「金銭を借りた場合は利息を付けて返金し、時間を取らせたならばその時間内に可能な労働量からくる手間賃を支払うべきだ（等価的応報）として、これこそが正に正義に基づくと言い切る」(26)。これこそ福澤にとって、J・S・ミルから学んだ「ナチュラル　コンセクウェンス」であった。

3　教育と経済——教育偏重批判

憲法発布の式典に向かおうとした文部大臣森有礼が暗殺されたその月、福澤は『時事新報』に「文部大臣の後任」という社説を書いた(27)。この中で福澤は森が儒教主義の復活を批判し「兎にも角にも日本の普通教育に西洋の文明主義を実行して古学風の再発を防ぎたる」功績を讃え、その不幸な死を悼んだうえで、森の主張した「経済主義」にも関わらず政府予算中に占める教育費の割合が嵩んだことに懸念を表明して、教育と経済との関係についての次のように述べた。

教育と経済と二体の本尊を仰ぎ奉りて、教育の運動は甚だ妙なりと雖も、経済の許さゞる所には進む可らず、経済の命ずる所には餓死する者さへあり、教育大切なりと云ふも暴進す可らざるなり。故に今日の要は先づ文部省の性質を根本より思案して、本省のいよ〳〵任ずべき所のものは固く執て之に任じ、然らずして他に放任す可き部分のものは惜む所なく之を棄てゝ顧みず、細大緩急、都て教育と経済と両様の権衡を失はざるの一事に在り。（中略）其教育を重んずると同時に経済を軽んず可らずと、我輩の敢て忠告する所なり。

「教育の運動は甚だ妙なりと雖も、経済の許さゞる所には進む可らず」。なぜなら「経済の命ずる所には餓死する者さへあ」るが、教育がないからといって餓死することはないからである。福澤にとって、教育は経済の変数、換言すればこれに従属すべきものであったかの如くである。

福澤は同様のことを繰り返し述べた。

国を立つるには商工の実業こそ最大要素にして、其盛衰消長は即ち国運の盛衰消長を為すものなれば、国の教育も亦実業の目的に向ふ可きこと固より論を俟たず(28)。

中央政府に於ても又民間に於ても、教育の事をば第二の要として、他の焦眉の急に忙はしくするの日なり(29)。

ここに言う「他の焦眉の急」とは、「国民の資力」を増すことであり、「国民の殖産」を盛んにすることである。福澤にとって、少なくも当面は、あくまでもこれが主であって、学問教育は「第二の要」であった。

養蚕の目的は蚕卵紙を作るに在らずして糸を作るに在り、教育の目的は教師を作るに在らずして実業者を作るに在り(30)。

学問に従事するも、決して此学問に凝る勿れ(31)。

抑も学問は人生の目的にあらず、人生居家処世の為めの方便なり(32)。

福澤得意の、寸鉄人を刺す小気味良い警句と言うべきものであるが、彼は特に慶應義塾の塾生に向かって、学者よりも実業者となることを、よりストレートに語っている。

福澤がこのように教育や学問を経済や実業に従属するかのように語っているのは、「教育さへ行届けば文明の進歩、一切万事、意の如くならざるはなしと信じて、却て其教育を人間世界に用るの工風を忘れたる」(33)ような、当時の教育や学問のあり方を徹底的に批判するためである。「俗世界は依然として卑く、教育法はます〳〵高く、学校は恰も塵俗外の仙境にして、この境内に閉居就学すること幾年なれば、其年月の長きほどます〳〵人間世界のことを忘却して」(34)しまう学者や教育家を徹底的に批判するためである。「畢竟するに数年来世の教育家なる者が、学問を尊び俗世界を賤しむこと両様共に甚だしきに過ぎ、(中略)却て其凡俗を容るゝことをできずして、大切なる教育を孤立せしめ、自ら偏窟に陥りたるものと云はざるを得」ないからであった(35)。

このように福澤が主張するのは「学事と俗事と連絡を容易にする」こと、言い換えれば「学問を神聖に取扱ずして通俗の便宜に利用するの義」である(36)。学問教育を孤立化し絶対化すること、そして逆に実業経済を矮小化し卑下すること、福澤はこのような当時の学問・教育状況に対して徹底して批判的であった。

このような福澤の「高尚」なる学問の絶対化（「学問の中毒症」(37)）に対する批判は、福澤の生涯を貫く儒教主義に対する批判と軌を同じくすることは明らかである。

福澤の儒教主義批判は、智・徳・政が未分化のまま、結局は、政に一元化され、智や徳や、それに政そのものも十分に発達することのない、その本質への批判であった。

現に今日と雖も各地方の師範学校などにては依然鴻儒碩学の流に古学を説かしめて生徒に聞かしむるが故に、自から其流儀に薫化せられて、全国を平均して其生徒の半数は古流主義のものと見て差支なかる可しと云ふ。（中略）即ち明治十四、五年に病源を醸したる其病が、十五年後の今日にいたりて漸く外に現はれ、社会の全面に毒を流すの結果を見たるものなれば、其病勢を緩和して全く治療の効を奏するには今より更らに十五年の後を期するの覚悟なかる可らず(38)。

福澤の、いわゆる改正教育令期の儒教主義復活政策への批判は、晩年に至るも何ら変わるところはないのである。

4　教育の限界——遺伝決定論

人の病に遺伝あり、体格膂力に遺伝あり、容貌語音に遺伝あり、伎芸好尚に遺伝あり、然ば則ち其徳義と智力とに至て独り遺伝なきの理あらんや(39)。

之を要するに、学校の教育は唯僅に人生天賦の能力に聊か潤飾を加ふること、彼の園丁の草木を培養するに等しく、其性質を作るに非ずして其自然の発生を妨げざるのみ。故に諸君が抜萃の人物として日本政治社会の表面に立つは、義塾の教育能く諸君を鋳冶したるに非ず、天賦の資を富む諸君が偶然にも慶應義塾に入学して、其天賦発達の機を空ふせざりしが故なりと云ふの外なし(40)。

このように人間の発達にとっての遺伝的要因を重視し、教育に「無限の可能性」などという過大な期待を抱かなかったのも、福澤の教育論の前提となっている人間に対する見方であった。

しかし、福澤はこのように人間発達における遺伝的要因を重視し、教育に対する限定的な見方をしていたのであるが、このことは教育の可能性を否定したということにはならない(41)。前引後者の文章にしても、貴族院、衆議院議員となった慶應義塾出身者が開いた同窓会に招かれたときの謝辞演説の一節であるから、義塾の教育に対する謙遜の情が込められていることにも注意を要する。福澤は教育の可能性を限定しつつ、同時にその可能性を重視するのである。

例えば、晩年の著作『福翁百話』で、「人の能力には天賦遺伝の際限ありて決して其以上に上る可らず。（中略）人の子の天賦に知愚の定度あるは、馬の子の良否に約束あるが如く、力士の昇進に際限あるが如くにして、苟も其達す可きに達したる上は毫も其以上に出るを得べからず。」と、遺伝的要因による人間発達の限界を主張しつつ、同時に「然らば則ち教ふるも益なし教へざるも損なし、教育都て徒労なりと思ふ者もあらんかなれども、是亦大なる間違ひにして、世の中に人を教ふるほど大切なる事はなしと云ふも可なり。」と教育のもつ重要性を主張した(42)。

福澤の人間発達に対する教育の役割についての認識は、次の言葉に要約されるであろう。

教育の要は人生の本来に無きものを造りて之に授るに非ず、唯有るものを悉皆発生せしめて遺すことなきに在るのみ(43)。

すなわち、教育は「天賦遺伝」の能力を、それを無視・超越して無限に発達させることは不可能であるが、「天賦遺伝」によって与えられた能力を、すべて発達させることは可能なのである。教育なくしてこの能力を発見し発達させることはできない、というのである。

人間発達にとっての遺伝的要因を重視する見方は、これを単に個人についてだけではなく、社会階層に対しても適用するとき社会的ダーウィニズムが生まれる。福澤もまたこれに与した発言をしているところがある。

武人の子は武を好み、文人の子は文を好む。商人の家に生る丶者は利に喩《さと》り、学者の家に生る丶者は学事に喩《さと》る。彼の俳優又は碁将棋の師家と称する者が血統の世々に其芸を伝ると云ひ、又封建の時代に儒者医師等に家を限りたるも、無稽の法の如くなれども、自から遺伝する所のものありて、事実他家の子孫に異なる所あることならん(44)。

然ば則ち今日の教育法に於て、全国一般の子弟を教育するは固より緊要にして決して怠る可らざるは無論なりと雖ども、其一般中に自から区別なかる可らず。其区別とは何ぞや。良家の子を撰ぶ、即是なり(45)。

このように彼は「今日の教育法に於て」という限定つきであるとはいえ（そして限定つきであるということが重要なのだが）、複線型の学校体系を主張さえするのである（この点については後述）。

もっとも、福澤と社会的ダーウィニズムとの関係については、ひろたまさきの所説(46)に対する、安西敏三の「福沢は適者生存説（スペンサー）ないしは自然淘汰説（ダーウィン）など進化論の影響を受けて『智愚』遺伝決定論者へ転向したと言われる。（中略）（しかし、それは――引用者）必ずしも福澤が社会的ダーウィニズムに全面的に同意しての適者生存説ないし自然淘汰説の肯定的導入とはいえない」との指摘がある(47)。

たしかに福澤は安西敏三が指摘するようにたとえ幾世代かにわたる「緩慢」なものではあっても、教育の力によって「智者の子孫が愚者とな」り、「愚者の子孫が智者に変ずる」(48)可能性を否定してはいないのである。

それだけではなく「貧富論」の冒頭で「貧者の貧は寧ろ偶然の不幸と云ふ可し。今世の貧富は必ずしも人の智愚に由来するものに非ず」という表題をかかげ、次のように述べているところもある。

　貧民の多数を平均すれば大抵皆知恵に乏しき者なれども、事の原因と結果と相照して仔細に社会の実際を視れば、今世の貧民は無知なるが故に貧なるに非ずして貧なるが故に無知なりと云ふも妨げなきの場合少なからざるが如し。（中略）左れば人間の貧富は必ずしも本人の智愚のみに帰す可らずして、自然の運不運に生ずるもの多きを知る可し(49)。

このような一見矛盾した発言は――それはしばしば福澤に見られるものだが――どのように理解すればよいのだろうか。次の文章がそれを解くカギを教えてくれる。

　智徳遺伝の事実、斯の如く明白にして、今の世間に之を言ふ者少なきは何ぞや。都て社会の事物に就ては事実の理論と臨機の方便と二様の別ありて、二様共に欠く可らざるものなり。教育専務の人が専ら教育を太（ママ）切にして、如何なる大賦の輩にても学て進まざるはなし、進て最上の点に達せざるはなしとて、人を誘導するは臨機の方便にして、仮令ひ実際に於て違ふことあるも、由て少年進歩の勢を

> 奨励すれば其効能も亦少小ならざれば、今日智徳遺伝論の寥々たるは教育家の方便に支梧するが為に然るものならんと雖も、方便は方便なり、事実は事実なり、方便の為に事実を抹殺す可らず。故に教育家が方便を方便として用るは則ち可なりと雖も、或は事実の理を視察推究するの明なくして、夫子自から其方便の中に瞞着せられ、唯一方に偏して教育の有力を信じ、却て事実を忘れて大なる誤謬を生じ、遂に社会の大計に影響を及ぼすが如きは我輩の取らざる所なり(50)。

福澤は、遺伝決定論を「事実」として認識するものであったが、これを強調するのは、前述のような教育に対する過度の可能性を信ずる「教育専務の人」に対する批判に基づくものであった。教育家達が智徳遺伝の事実をあまり主張しないのは、学事振興に熱心な彼らの「臨機の方便」によるものだと福澤は考えたのである。福澤は逆に、当時の経済状況下では、全国民に対してではなく、まずは「良家の子弟」(「ミッヅルカラッス」)の教育に力を注がざるを得ないという状況判断を持っていた。

福澤が遺伝決定論を強調したのもまた、「臨機の方便」であったということになろう(51)。

5　徳育批判——家庭教育重視論

以上のように見てくれば、福澤の教育限界論は、正しくは、当時の日本の社会状況に対応した学校教育限定論というべきものであった。

この点は彼の徳育論によく表れている。

福澤が、学校で、特に私立ではない公立の学校において道徳の教育が行なわれ難いことを主張したことは周知のところであろう。一八八〇年の教育令改正以後文部省によって推進されたいわゆる儒教主義道徳の教育を批判した「徳育余論」で、福澤は次のように述べている。

近日世上の教育論者が徳教の厚からざるを憂ひ、天下の士人は次第に不徳に陥る可きの恐ありとて、頻りに学校の教育法を改革せんとする者多しと雖ども、徳育の一点に至りては学校教授のよく左右す可きものに非ず。家塾又は小私塾にて其塾主が直に生徒に接して教場の教の外に一種名状す可らざるの精神を伝ふる者は例外として、一般に公立の公学校に於て、公共の資格を持する教官が、公席に於て私徳の事を語り、以て徳育の実効を奏したるものは、古来今に至るまで曽て其例を見ず(52)。

福澤は、「学校」で道徳を教えることができるという考えに懐疑的である。もし教え得たとしても、それは教師と生徒が直接個人的に接触する中で、すなわち授業以外の場で、「一種名状す可らざるの精神」を伝えるほかはない。しかし、一般に公立の学校に、生徒たちは、本来「学校の名を聞て入る」のであって「教師の徳を慕ふて」入るのではない。そこでは「教官と生徒との間に師弟の親情」がなくてもやむを得ない。そのような状況の下で、そもそも道徳の教育は行なえるはずがない、と福澤は主張するのである。福澤は、学校教育は本来私立学校で行なわれるべきだという持論を持っている。しかし現実には公立の学校が必要なのだが、その場合にはその役割は知育に限定されねばならない。

是に於て我輩の工風は、地方の中小学校は徳育の門に非ずと最初より覚悟を定めて、唯知育一端の用に供せんと欲するものなり(53)。

知育と徳育の教授法には本質的な違いがある、と福沢は考える。福澤によれば、人間は「理」と「情」の二つによって支配されている。理とは、大小・軽重・長短・多寡等、形・数・時等に還元して計量可能なものである。商工・法律・科学等、人間世界に存在する具体的事物はこのような理によって支配されており、これに関する諸知識の体系は「有形学」と言い得る。これに対して情は、喜怒哀楽等、人間の心の働きであって、計量不能の無形の心より生ずるものである。しかも「其情の力は至極強大にして理の働を自由ならしめざるの場合」(54)が多い。何故なら有形学は所詮人間世界の外面を支配しうるに過ぎず、人間の内面を支配することはできないからである。

理学科学と云ひ、又法律と云ひ、理を根本とするものなれども、今の人間世界は学者の意の如くならず。又法律を以て人を支配せんとするも、唯其外面のみにして人の内心を制するに足らず。法律に対して恐る可きは唯財産と生命とを失ふに在りと雖ども、若しも人情の機《はずみ》にて財産を棄て生命を抛つと覚悟を定むるときは、法を以て人を制するの綱は其時限りに絶へ果たるものと云はざるを得ず。学者論も法律論も人情の力には及ばぬものと知る可し(55)。

したがって「道徳の根本は有形の数理に在らずして無形の人情に存するものなれば、之を人に伝ふるの法も亦、無形の間に言ふ可らざるの味あるものなり」(56)ということになる。

物理数学などの有形学の真理は客観的なものである。その真理は誰から学んでも、また誰に伝えても真理である。まさに「八算見一を学ぶに、数学の大先生を師とするも隣家の老翁《おやじ》に学ぶも、学び得たる芸は則ち芸にして味の異なるものなし」(57)である。

これに対して無形の情に支配された道徳の教授法はまったく異なる。なぜなら「其教授法の極意は似我《じが》の主義に存するものにして、教師が夫れ是れと教授の方法を工風して、書籍を択び講義の法を巧にするも、詰る所は我れに似よと云ふに過ぎず」(58)、また「道徳の教授法は唯其教授の人物如何に存するのみにして、書籍などの吟味は枝葉の細事として可なり」だからである(59)。

道徳の教授法の極意が「似我の主義」にあるとするなら、その原点は家庭における教育にある。

教育は重に幼少の時を以て肝要とするは勿論なれども、取分け徳育の如きは習慣を要素とするが故に、心の未だ僻せざるに先だちて早く善良に導くの工風を忘る可らず。(中略)而して幼時にありて最も目に触れ身に近きは何れの辺にもあらず、唯家庭に外ならざれば、(中略)徳教の第一着は家庭の取締にありて、之こそ少年百歳の基礎を成すものなりとは、何人も敢て異議を挟むこと能はざるべし(60)。

かくして、教育における家庭の責任があらためて問われることになるのである(61)。

6 複線型教育論――教育を金で買える者、買えない者

入らざる物数奇には千百金を抛ちながら、大切なる愛子の為めには二、三十円を惜しむ、(中略)其子の教育には銭を惜しみ、心身の発達十分なるを得せしめずして遂には家を破ることも計られずと云ふ、無分別にあらずして何ぞや。実に沙汰の限りにして、実に驚く可きに似たれども、畢竟その本を尋れば、古来子弟の教育に銭を費すの要を知らざる習慣に養はれて、今日尚ほ旧思想を脱せざるが故なり(62)。

教育は金で買うものである。その金を出すのは親の責任であり、家庭こそ教育の原点である。福澤の説いて止まぬところであった。

しかし家庭には当然貧富の差がある。となれば、富める者は値の高い教育を買い、貧しい者は値の安い教育しか買うことはできない。そして上等の教育は値が高く、下等の教育は値が低い。しかしこれは仕方がない、と福澤は言う。

抑も教育の施行に要用なるは資金にして、其高尚なるものは価貴く、近浅なるものは価低くして、之を教え之を学ぶ者の関係は正しく有形の物品を売買するに異ならず。銭ある者は上等の衣食を買ふて衣食す可し、銭なきものは下等の衣食に満足せざるを得ず。簡単明白の数にして、今の人間万事この法則に洩るゝものあるを見ず。故に教育も亦この法則に洩るゝこと能はずして、富家の子弟は上等の教育を買ふ可く、貧生は下等に安んぜざるを得ず(63)。

福澤は、引用文中最後の部分を自ら傍点を付して強調したのであった。
「上等の教育」と「下等の教育」とを分けるということは、複線型の学校体系を構想するということである。

人民の貧富、生徒の才不才に応じて、国中の学校も二種に分れざるを得ず。即ち一は普通の人民に日用の事を教る場所にして、一は学者の種を育る場所なり。銭あり才あるものは固より今の小学校に留る可らず。或は最初より之に入らずして上等の学校に入る可し。(中略)小中大と云へば、順序を経て次第に上る可きやうに聞れども、事実人の貧富才不才に従て初より区別する歟、或は入学の後、自然に其区別なきを得ず(64)。

一八七九年八月刊行の『福澤文集』二編にある一節である。福澤はすでにこの頃から「人民の貧富、生徒の才不才」に応じた初等教育段階からの複線型学校体系を構想していたのである。

一人の教育と一国の教育とは自から区別なかる可らず。一人の教育とは親たる者が我子を教ることなり。一国の教育とは、有志有力にして世の中の事を心配する人物が、世間一般の有様を察して教育の大意方向を定め、以て普く後進の少年を導くことなり(65)。

福澤は「一人の教育」と「一国の教育」とを区別する。そして「一人の教育」すなわち親が自分の子を教え育てるという行為こそ教育の基本だと考える。そのために親がその経済力と教育への熱意に応じて金を出すのは当然のことである。これを政府などに頼ってはならない。「人民として只管政府に依頼して教を受ると、聊かにしても私に教師を撰で之に随従すると、其利害如何に至ては、仮令ひ私の教育不満足なるも、人々自治の精神に至ては他日大に所得ある可し」(66)（傍点—引用者）だからである。「自治の精神」なしに受動的に学問を学んでも「一国の独立」を支える「一身の独立」を果たすことはできない。

すなわち「我下等社会の有様は衣食の未だ足らざるものなれば、此輩に教育を強ひんとするが如きは実際に行はる可らざる事にして、其際には多少の無理なきを得」(67)ないのであり、「左れば一国の政府たる者は公共の資金を費して国民の私の教育を補助するの義務ある可きや否やと尋ぬれば、鄙見に於ては是れなしと答へざるを得」(68)ないのである。福澤にとっては「高尚なる教育は全く官の手を離し、官公立の諸学校を全廃して人民の自由に任」[69]することが理想なのであった。
しかし現実には、自ら教育を買う金を持たない貧民の教育もまた、等閑にすることはできない。しかしそれは、もっぱら治安上の理由によるものである。福澤は、すでに『西洋事情』外編において、チェンバーズ『経済読本』*Political Economy* の翻訳というかたちをとってであるが[70]、次のように述べている。

右の次第に付き、貧にして知なき者の子を教育するの一事は、止を得ずして他人の任と為れり。然れども人も亦甘んじてこの任を引受け、その煩労を厭ふ可らざるの理あり。従来窮民を救ひ罪人を制する為めに税を納るの高は、既に已に夥し。今人民教育の為めに費す所の金は、人をして貧困に陥ることなく、又罪悪を犯すことなからしめんとするものにて、所謂禍を未然に防ぐの趣意なれば、既に貧しき貧人を救ひ既に罪ある罪人を制する為に税を納るよりも、其金を費すの功徳、遥に優る可し。故に国中に人民教育の入費を出さしむるは、之を貪るに非らず、実は却て其税額を減少せんが為めなり[71]。

このように「唯その無教育の弊悪を救治するの程度を限りて」[72]という条件のもとでのみ、公費による教育の強制を認めるという考えは、後年に至っても維持された福澤の公教育観であった。彼は第二次小学校令が公布され「教育ニ関スル勅語」が発布され、公費による学校教育がかなりの程度国民の中に定着しつつあった一八九一年においてもなお、「本来国家の経済に許さゞる所のものは人為を以て支ふ可きに非ざれば、遠からずして、国中最下等最上等の教育を除くの外は、公費を仰ぐことなく専ら私費に任ずるの時節到来す可きや、勢の免かれざる所なり」(73)と、一般の学校教育が基本的に私費によって維持される時節の到来を夢見ているのである。

7 おわりに――福澤教育論(「授業料の精神」)のゆくえ

ところが福澤は、日清戦争に勝利した後の一八九六年に、一転して次のように述べる(74)。教育費の支出についていろいろ議論があるが、「我輩の所見を以てすれば教育に金を費すの一事は公私に論なく大に賛成する所にして、敢て多きを厭はざるもの」である。たしかに「目下の弊は寧ろ教育の過度に在り」と説く者もある。しかし「我輩は此反対説に大反対の意見を懐くもの」である。そしてさらに次のように言う。

今の日本の教育は現在の程度より尚ほ二層三層の高さに引上るも決して過度の恐れなきは万々保証する所なれば、今後ますく奨励して、一般の人民をして真実文明の堂に上らしめんこと我輩の敢て希望する所なり。(中略)此事たる、単に一私人の上のみならず、国家の公共に於ても同様にして、教育に費す金は決して吝しむ可らず。立国の経済に余裕の許す限りは、教育事業の為めに大に支出して学問知識の発達普及を謀る可し。

ここで福澤は「立国の経済に余裕の許す限りは」と限定したうえでとは言え、国費の教育への支出に積極的に賛成している。これまで福澤の所論を検討してきた者は、彼のこの「変説」に驚くであろう。「教育の過度」を繰り返し批判してきたのは当の福澤自身であるからである。この「変説」はどのように理解すべきであろうか。

福澤が日清戦争の勝利を「愉快とも難有いとも云ひやうがない」(75)と手放しで喜んだのは有名な話である。日清戦争の勝利は「新日本の文明富強」を願いつづけた福澤にとって明治維新にも匹敵する「第二の大願成就」であった。我々は、あらためて、「新日本の文明富強」こそ福澤の「大願」であり、教育は、その「大願」における「第二の要」であったことに思い至る。

福澤は、「文明富強」は、一身独立した国民によってのみ可能であると考えてきた。そのような国民は「自治の精神」に基づき、自らの力で得た金で自らの必要のために買った教育を受けることによってこそ形成されるのである。他方、教育を買う金のない貧民に、必要以上の教育を公費によって提供する経済的余裕は、現に、政府にはない。福澤が繰り返し述べてきた「私教育」の主張は、このような経済の未発展という条件下での「臨機の方便」でもあった。

しかし日清戦争の勝利という現実は、福澤の危機感を幸運にも裏切り、杞憂にしたのであった。

明治政府が推進した国家主導の公費による教育は、なるほど国民の「自治の精神」に依拠せず、国民の「依頼心」を矯正することはなかったけれども、しかもなお皮肉にも、「富国強兵」という国家目標は見事に成し遂げられたのである。結果よければ全てよし（！）。晩年の福澤はとりあえず自らの「大願成就」をすなおに喜んだのであった。「富国強兵」を成し遂げて経済的にも余裕をもった日本国家が、公費による教育を推進することに、福澤は最早異を唱える必要はなかった。「一身の独立」を説きつづけた啓蒙主義者福澤諭吉は、この時、自らの使命に自ら幕を下ろしたというべきかもしれない。

福澤の時代、それは、経済未発展のもとでの、（福澤によれば）教育への過信と教育の不足の時代であった。現代、われわれは経済的繁栄のもとで、教育の過剰と教育への不信に苦しんでいる。福澤が現実と悪戦苦闘しつつ主張した、そして最後に放棄したかに見える「自治の精神」と「一身の独立」を、経済的繁栄のもとで、公教育の中でいかに実現するか、福澤の課題は、今なおわれわれの前にある。

第Ⅲ部　日本型教育論の可能性

10章

日本のなかの「考える」「聴く」「話す」「読む」「書く」

1　はじめに

森田伸子さんは「書物に対する断罪と子どもの内発的な活動の擁護という構図を歴史的に相対化してみることが本稿の課題である」と言う。書物という「印刷された死語」(「代補としてのエクリチュール」)に対置されるのは「現前としてのパロール」である。そして、「声の言葉パロールこそが魂の有り様を即時的に、いささかのずれもなく直接的に表現している、という、声の形而上学ともいうべき思惟がヨーロッパの思想の本流に脈々と流れている」と、デリダの指摘を紹介する。

しかし続けて森田さんは、この「エクリチュールとパロールの二項対立は、書き言葉と話し言葉の二項対立だけではなく、書き言葉のレベルにおける読むことと書くことの二項対立とも重なり合っている」として、以後もっぱら、読むことと書くこととの関係を論じている。ヨーロッパにおける識字化の三つの段階が論じられ、さらにフランスにおける作文教育をめぐる論議が紹介される(1)。

学会当日のフォーラムでの報告では、冒頭に「話し言葉と書き言葉をめぐって」の一節が置かれ、「西欧の形而上学が、音声言語＝自然なもの・内面的本源的なもの・真理・エクリチュール＝人為的なもの・外面的、二次的なもの・虚偽という、二項対立によって支えられてきた」との指摘がなされていた。これは最初の課題に示された「構図」にぴったりあてはまると思うのだが、この論文ではこれがほとんど省略されてしまった。

エクリチュールとパロールの二項対立は、書き言葉のレベルにおける読むことと書くことの二項対立と「重なり合っている」かもしれない。しかし、そもそもデリダの言うように「パロールこそが魂の有り様を即時的に、いささかのずれもなく直接的に表現している」とは、単純には言えないだろう。

2　柳田國男の国語改良

柳田國男は言う。「個々の民族に賦与せられた国語の用法の中で、書くと読むとは後々の発明であり、元からあったものは言ふと聴くとの他に、考へるといふ一つがあってそれが最も主要であることは、心づかない人はよもや有るまいと思ふのだが、其割には是の当不当と能率の大小を注意して居る者が、教育者にも少ないやうに見える」(2)。

柳田によれば、「人が心の中で使ひつゞけて居る日本語、是が分量に於ても最も大きく、又一ばん大切な仕事をして居る」のであって、どんなに稼ぐ「文筆業者」や立て板に水の「演説家」でも、「実際は其片端しか物にはして居ない」。「女などは普通寸刻も休まずに、朝起るとから夜睡りつくまで、引切りなく何か考へごとをして居るのだが、よくよくで無ければそれを口にせず、又彼等には言へない言葉が多い」(3)。そういえば、昔はこんな女性が多かったなあ、という感慨はともかく、柳田國男にとって国語改良のもっとも緊要の課題は、読み書きの習熟よりも、「御互ひがもっと自由に快く、思った通りを言ひ現はし又聴き取ることを得るやうになること」(4)、あるいは「とにかく内に根のある語、心で使って居るものが其まゝ音になったのを、心の外でも使ひ得るやうに是非させたい」(5)ということであった。

そもそも、民衆の生活する村には「共同の思惟」があり、「予期せられ得る共同の感覚」がある。「大抵の場合には目を見合す迄も無くそれが察せられ、たまゝ、二つ三つに岐れることがあっても、たった一言で心持はすでに判る。主格客格の完備した文法通りの長文句を吐くことは、必要でないのみか寧ろ異様であり且つ適切でなかった」(6)のである。

「一族一邑の心の知り合った者の間では、意を通ずるのに多言の必要はない」(7)のであり、無口で何の不都合もなかった、どころかそれが望ましいことでさえあった。そこでは言葉ではなく、むしろ笑いこそ、効果的な教育手段であった。「人を笑ふといふことは慎しみの足らぬ行ひだが、人と共に笑ふことは必要であった。独り取残されて笑はずに居るといふことは自分が笑はれる場合でなくとも、淋しい頼りない状態であったからである」(8)。笑いによる教育は、「久しい歳月に養はれた国民の集合性、即ち孤立を忌み畏れる淋しがりやの気風から、殊に効果を生じ易かった」(9)。

柳田はまた、「十一十二になる児までが、群がって祖父祖母の物語を聴いた時代にも、彼等に期待せられるのはゲニとかサソとか又はフンソレカラとかいふ合槌を打って、熱心に耳を傾けて居ることを示すだけで、覚えて直ぐに又自分でも同じ話をすることではなかった」とも言っている(10)。

明治から始まる学校教育以前、このような、話し言葉による、聴く話すの世界、しかも多言を要せず、多くの場合もっぱら聴き役にまわる「昔の国語教育」が、日本の民衆生活の中で長く続けられてきた。

このような状況は、森田さんが検討の対象とするヨーロッパやフランスとはだいぶ異なっていたものと思われる。そこには、日本の民衆のように、多言を必要としない生活や笑いの教育もあったのかもしれない。しかし東アジアの大陸から海を隔てたこの列島に住んでいた人々が、方言こそあれ、ほとんどが日本語という共通の言葉を使っていたのに対して、フランスにおいては、方言以外に異なる多様な言語を話す人々と、さまざまな原因による民族の移動を通して、たえまなく交流し生活していたであろうから、コミュニケーションの手段である「話す」ということに対する感覚は、そうとうに鍛えられることになったであろう。「言語的自己主張」(11)は、生活のために必要であったのである。

speech の訳語に苦労した福澤諭吉が言っている。「演説とは英語にて『スピイチ』と云ひ、大勢の人を会して説を述べ、席上にて我思ふ所を人に伝るの法なり。我国には古より其法あるを聞かず」(12)。たしかに「或は会したる趣旨を述べ、或は人々平生の持論を吐き、或は即席の思付を説て、衆客に披露するの風」(13)など必要ないのが、それまでの日本であった。

話すこと＝パロールをめぐる彼我の違いは、歴史的に、きわめて大きかったと思われる。現在でも私たちは、この日本で「正直な者ほど人中で黙りこくって居り、雀のやうによく喋る娘でも、改まった席では暗記して来たことしか言へぬ」(14)といった状況をしばしば目にすることができる。「すぐキレル」のが問題だとすれば、読み書き以前にまずもって聴き話しの思想こそ検討すべきかもしれない。そしておそらく、読み書きと聴き話しとは思想史的にも深く関係しているのである。日本における聴き話しの「貧困」こそ、後述するような読み書きの「繁栄」を生んだのではないか。

柳田の言うように、「考へる」ことを「言ふ」ことに近づけるためには、「共同の思惟」を桎梏と感じる必要がある。しかし同時に、言葉そのものが改良されねばならない。『国語の将来』での柳田の関心は、もっぱらここにある。

「諸君はそれを構はずに、専ら生徒をして思ふこと感ずることを、率直且つ有効に表出させるやうに、さうして其自由を妨碍するあらゆる外部の原因を、排除するやうに努められたいものである」(15)。柳田は教師に向かってこう力説する。しかしいまだに日本人にとって、パロールは「魂の有り様を即時的に、いささかのずれもなく直接的に表現している」とは言いがたいのである。

3　日本の文字文化

民衆の生活に文字が入ってくるのが、森田さんの言う識字化の第二段階であった。おそらく日本とヨーロッパの根本的相違は「聖書」の有無にあったのではないか、と思う。教理問答書がヨーロッパの民衆に与えられたとすれば、日本の民衆に対するそれは童子教や実語教であったろうか。しかし教理問答書は教会や家で繰り返し読まれたのかもしれないが、童子教や実語教がそのように読まれたとは考えにくい。石川謙が岩手県下の手習塾[16]が使用した教材の調査によれば、これらを使っていた塾は、そのほど多くはないのである（調査対象塾数一三七のうち、実語教三、童子教二）[17]。

日本の民衆にとって、仏教は、六音か七音の短い念仏や法華経を繰り返し唱えればよく、村の鎮守に祈る場合も黙してかしわ手を打てばよかった。森田さんの言う「宗教的道徳的意味をもつ読みの教育」[18]は、この段階の日本の一般民衆にはあまり必要とされなかったであろう。

もちろん幕府による「宗教的道徳的意味を持つ読みの教育」が企図されたことがなかったわけではない。一八世紀前半（一七二二年）、吉宗の時代に幕府は手習師匠に向かって「手習之間々に、重立候御法度書を始め、五人組帳、或は人之教に可成事、手本に書かせ、又はよみ覚させ」るべきことを命じたり、下って一九世紀半ば（一八四三年）の天保の改革時には、同じく幕府が手習師匠に「風俗を正し、礼儀を守り、忠孝を訓へべき事肝要」であるから、「御高札・御文段・御触書、又は庭訓もの、其外実語教・大小学、婦人は女今川を始め女誡・女孝経の類を、筆道の傍に訓へ」るべきことを命じている[19]。また幕末期、村落秩序の動揺を恐れた村の支配層によって営まれた村民教化のための手習塾や学問塾でもこのようなことが行なわれている。しかし何よりも、日本の民衆に必要だったのは、森田さんの言う「実用的用途に向けられた書きの教育」[20]であった。

日本の一般の民衆生活の中に、文字文化が本格的に入り始めるのは、一八世紀末から一九世紀にかけての頃であるが、これは、「商業資本主義の発展・拡大がいちじるしく、財貨の商品化が急速にすすみ、町人・職人はもとより農民の生活でさえも商品経済の体制のうちに編みこまれるようになったことを基本的な原因として」(21)、このころから手習塾が全国的に展開するようになったからである。この点は、森田さんの、書き方は「読みとはまったく別の特殊技能」で、都市の商人層の商業活動と結びついていた、との指摘と一致していて興味深い。

手習塾での学習順序は、だいたい、いろは、数字、名頭や国名等の漢字、手紙文等の日用文章、そして最も上級で商売往来等の実用知識、といった具合であった(22)。「さし当りの入用には名頭とか村尽しとか、実地に即した御手本が設けられ、商売往来まで進めば手代番頭には十分であった」(23)。手習塾での教育は、文字通り手習い（習字）の指導が主であって、読みの教育は、手習いの手本にある字を読むことによって得られるものであった。文章を読む、というよりも、単語を読むことにとどまるのである。

このように手習塾の教育は、商業的活動と結びついた「実用的用途」に向けられていた。その意味では、柳田國男の言うように、「前代の読書算筆は職業教育であ」(24)り、「寺小《ママ》屋は結局特殊なる小部分に過ぎない」(25)。したがって、「寺子屋の村方に普及したのは新らしいことで、出来てもそこへ通ふ者は住民の一割か二割の、それも二年と続けるのは少ないといふ実情であったに拘らず、是だけを教育と解し其以外をすべて無教育と呼ぶ仕来りが、諸君の間にまで続いて居る」(26)、ということになるのである。

もちろん、このようにして習い憶えた文字が、たんに商業的活動だけではなく、「御公儀様」を批判する落文・火札・張紙や一揆の訴状に活用される場合もなかったわけではない(27)。文字は、どのように習得されようとも、両刃の剣であるからである。

これに対して、上層庶民や武士子弟のための読みの教育は、手習塾とは別の、儒学漢学を教える学問塾(28)で行なわれた。武士の子弟は初めからこれ（または藩校）に通い、庶民の子弟でも、上州桐生の裕福な機屋の息子吉田元次郎のように、学問を身につけようとした場合のみ、手習塾のあと、またはこれに並行して、学問塾に通った(29)。この初歩段階が素読である。テキストに忠実に声をあげて読み、暗誦するのである。辻本雅史氏によれば、『大学』（四書のうち）または『孝経』から始めるのが普通だったというが(30)、「韓国」の庶民教育機関・書堂《ソダン》では『千字文』から入る。「天・地・玄・黄……」と各々異なる千の漢字によってできたこの文を、「ハヌル・チョン」、さしずめ日本語に直せば「そら・テン」という具合に一字一字、教師について大きな声で音読暗誦し、同時にこれを書写し記憶する。「天地玄黄」と続けて読むことはしない。漢学の基礎としての漢字を、文字通り、一字一字学習するのである。ここでは、読みの学習と書きの学習は、漢字学習という一点において統合されている。この漢字学習のあとに、韓国・朝鮮オリジナルテキストである『童蒙先習』を読む。意味を取りながら読むのだが、日本のような訓読ではなく、いわゆる直読である。「人倫明於上、教化行於下」は、日本のように「人倫上《ウエ》に明らかにして、教化下《シタ》に行なわる」などと読まずに、あえて日本語に置き直して言えば「人倫《ジンリン》が明於上《メイオジョウ》して、教化《キョウカ》が行於《ギョウオ》下《カ》す」と読む(31)。二つの読み方を比べれば、明らかに訓読の方が親しみやすい。だから日本の場合『大学』や『孝経』を、いきなり素読のテキストにすることができたのであろう(32)。

素読の次に、読書となる。意味を解しながら読むのであるが、自己流の解釈は厳しく禁じられた。益軒は学問における「自得」の重要性を説いてやまなかったというが、「自得とは慎んでよく思ひて、心中に道理合点して、わが物にし得るなり」（『大和俗訓』）ということである[33]。森田さんの言うように、一般的には「テクストを読むことはテクストを書き直すことである」かもしれないが、聖賢の言葉を通して聖人に一歩でも近づこうとする儒学の場合、自らの主観を排し（「慎んでよく思ひて」）、テクストにあることを自らに納得（「心中に道理合点」）すること、あえて言い換えれば、「テクストを書き直す」のではなく、「自己を書き直す」ことを、理想の学問態度とした。もっとも日本の訓読は、すでに初めから、テクストの文字通りの書き直しにほかならず、儒学者たちは、無自覚に、大いに書き直していたことになる。ここに「倭語ノ読ニハ顚倒」あることを畏れた古学者徂徠が、「書を読むは書を看るに如かず」と言わねばならなかった理由があった[34]。

しかし福澤諭吉が「故に学問の本趣意は読書のみに非ずして精神の働に在り」[35]と批判したように、「自得」のための読書は、「精神の働」（テクストの書き直し）を極力抑えることによって成立するものであったのではないか。

福澤が前のように述べたのは、さきに引用した個所と同じ「演説の法を勧るの説」という文章の中であった。福澤は聴き話しの貧困と自得のための読書は、「精神の働」の欠如という一点で通底していると見ていたのであろう。

ところで、書き（手習い）と読み（素読あるいは読書）との関係について、前掲の吉田元次郎が通った学問塾の塾主が述べていることが興味深い。数え九歳になった元次郎は、親の意向で、手習塾に並行して学問塾にも入塾し、素読を始めることになったのだが、いっこうにこれに精を出さない。これを嘆いたこの塾主は、親に宛てた手紙の中で、大略、次のように述べている。

手習いはいくら熱心に学んでも「高のしれし事」であり、「手すじよく、文字をうつくしく書」いても学問のためには「さしたる用ニ立不申、また物読み候事も出来不申」、だから幼年のときは、「手跡ニ骨折」らなくても「よむ方さへ達者ニ相成」りさえすればよい。「手習ひハ芸なり。学問は道なり。芸と道とは天地の相違も有之候」。「手習ひの軽きと学問の道のおもきとは、雲泥ほどもちがひ候へハ、男子たるものは、軽きを後とし、おもきを先といたさせ申やうにいたさせ度候。まして学問さへ出来候へバ、手跡抔者、自然ニかけ候をや」(36)。

手習塾の女師匠に対するライバル意識もあったかもしれないし、この塾主の考えをどの程度一般化できるかは、慎重な検討を要するが、書き方(手習い)が、少なくも男子の学問的教養としては必ずしも高い位置になく、むしろ特殊技能(「芸」)と見られていたことを推測させる。また、武士の中で、もっぱら書くことを専門とする祐筆役の地位も高いものではなかった。

このように考えると、森田さんが「宗教的道徳的意味を持つ読みの教育と、実用的用途に向けられた書きの教育という、二つの系列は、半識字の段階を通して互いに別々のものであり続けた」(37)というのは、日本の場合にも基本的にあてはまる、と言えるであろう。

もっとも、実用のための書きの教育が民衆の中に展開する以前から、美しく字を書くことに対する関心は高かった。前述の塾主が批判するように「芸」であったかもしれないが、江戸時代を通して、筆道・書道の本は数多く出版されている。

このように「美しく書く」情熱は、漢字文化圏に共通したものであろうから、漢字そのものの意味（機能）を考えねばなるまい。次章で述べるように、漢字の拘束とそこからの解放という問題は、漢字文化圏に共通する問題であり、また解放の方法も、日本、韓国・朝鮮、中国それぞれに異なっていて興味深いのだが、いずれにせよ、読み書き、つまり文字との関係は、アルファベット文化圏と漢字文化圏では大きく異なっていたであろう。少なくとも日本とフランスとを比較したとき、前述のように話し言葉の意味が異なったように書き言葉（文字）の意味も、かなり異なっていたのであろう。

「話す」ことに情熱を持ち、ここに自らの主体が表現されることに確信を持ったヨーロッパと、「書く」ことに情熱を持ち、表現すべき主体そのものを形成する必要のなかった日本、近代になって民衆達は、ともに「読む」ことに出会うのだが、その出会い方は相当に異なったのではないか。日本の民衆にとっては、表現すべき主体の形成のためには、漢字そのものからの解放と、西洋語の翻訳語として新たに生まれた「二字づゝ繋がる生硬な漢語」（「何何的」(38)語）による新たな拘束と解放という、二重の解放が必要であった。

ついでながら、日本の手習塾（寺子屋）は、しばしば韓国・朝鮮の書堂に比される。しかし書堂は、遥か先に、一般庶民にもひらかれた（だが実際にはほとんど辿り着けない）官吏登用の科挙試験を目標とする儒学学習のためのものであり、商業的活動と結びついて発展した日本の手習塾とは、同じ庶民教育とはいえ、基本的に性格が異なる。その意味で、「宗教的道徳的意味を持つ読みの教育」は、韓国・朝鮮においてこそ、日本以上に普及していた、と言えるかもしれない。

書堂での最も初歩段階は、先述のように千字文の暗誦である。大声をあげ、上体を前後左右にはげしく揺り動かしながら暗誦する。そして読み、記憶するために書く(39)。書くことを通して読みを学ぶ日本の手習塾とは、ちょうど正反対である。上体を揺り動かしながらコーランを暗誦するムスリムの子ども達や、同じようにお経を暗誦するチベットの僧らの情景をテレビで見たことがある。ヨーロッパのカテキズムは、どのように暗誦されたのであろうか。

日本の僧侶達も、同じようにお経を暗誦するのかもしれないが、一般の民衆にこのような習慣はない。上体を揺すって音読し記憶するよりも、黙して姿勢を正し、実用に必要な文字を書いて憶えたのである(40)。

4 近代の「識字」

一九世紀前半に始まった日本の識字化過程の第二段階、なかでも、学校教育の始まる以前の識字率がどのぐらいだったかを測定することは、何をもって「識字」とするかという基本的な問題があり、また町方村方の地域差、あるいは階層差などが大きかったであろうから簡単ではない。江戸時代の再評価の機運にのった最近の近世研究は、総じてこれを高く評価する傾向がある。出版活動や貸本業が盛んであったことなどをその根拠にされる。

この文章を書くにあたって、私はたまたまインターネットで「識字率」を検索したところ、江戸時代の識字率について男性六〇％女性一五％だの、七〇―八〇％だの、あるいは「すでに世界一」だの、何の根拠もあげずに、「と言われている」などと言っているのが多いのに一驚した。識字率の高さを誇るというのは、柳田國男が批判してやまなかった、読み書きが出来ないこと＝無教育という近代的思考に、あまりにとらわれすぎているというべきであろう。

しかし大まかな推測ならできる。先に柳田が言う手習塾への就学の率、一割から二割をそのまま識字の率と考えるのが、下限の数字であろう。もちろん柳田自身、この数字を確たる根拠をもってあげたわけではないし、また行論で明らかなように、柳田は読み書き、特に漢学（漢字）にきびしい見方をしていた人物であることも、考慮されねばならない。

しかしまた、次のような数字もあるから、柳田の勘も、農村部においてはあながち見当はずれではない。すなわち、一八七五（明治八）年に岐阜県が管下美濃国の学区取締に命じて各地の教育文化状況を調査させた「美濃国民俗誌稿」(41)のなかの加茂郡の個所には、野上村で人員六四八人（男三三一人、女三一七人）のうち「内国名及ヒ名頭字等ヲ読ミ得ル者六十余人、然レトモ算術ニ至テハ八算位ヲ知ル者二百余人モ有ルベシ」、牧野村で人員四五三人（男二二〇人、女二三三人）のうち「内国名及ヒ名頭字等ヲ読ミ得ルモノ四十余人」、小山村で人員五八六人（男三一五人、女二七一人）のうち「内国名及ヒ名頭字等ヲ読ミ得ル者二十余人、然レトモ算術ニ至テハ八算位ヲ知ル者百余人ニ及ブベシ」などとあるのである。これらの村々は、町方とはいえないが、特別辺鄙な地域ではない。もちろんこの数字も、学校教育普及の最前線を担わされた学区取締達によるものであるから、ある程度割引する必要があるのかもしれない。

手習塾の就学率という点では、一九二〇年代の老人男女一三〇〇人余を調査した乙竹岩造の研究がある。老人達の回答は、その地区の児童のほとんどが全部が寺子屋に通ったと言う者七%、大多数が通った一六%、過半数が通った九%、約半数一五%、過半数が通わなかった三三%、大多数が通わなかった一九%となっており、地域によって違いがあるが、「児童の過半数が不通学であったといふのが全国都鄙を通じての実況であった」というのが、乙竹の結論である(42)。この老人たちが七〇歳と考えると、これは一八五〇~六〇年代、すなわち明治維新前後の状況ということになる。

R・P・ドーアの推計もある。「単純明瞭な推定で割切り、厳密な数値らしきものを算出」した結果は、一八六八年の、「何らかの学校教育を一度でも受けた者の各年齢層における比率」は男児四三%、女児一〇%である(43)。

このようにあれこれ見当していくと(まだまだまったく不十分だが)、明治初年の学校教育出発直前の識字率は、学制発布直後の就学率、一八七三年男子三九・九〇%、女子一五・一四%、平均二八・一三%に日々出席生徒数を勘案した通学率一五・九九%という数字に、限りなく近づいていくのではなかろうか。しかもこの数字は、手習塾が全国的に、すなわち商品作物生産にともなう商業的活動の浸透によって農村部にも展開し始めた一九世紀前半から、手習塾の普及カーブに見られるように、急激に上昇した結果である。そしてさらに、明治維新を経て、識字率はさらに急カーブを描いて上昇し、二〇世紀初めには九〇%

を越えるようになっていき、日本の識字化の第二段階を終えたということになるであろう。

ヨーロッパの場合について乙竹岩造は、さきの著書の中で「仏国に於て、かの仏蘭西革命の際、即ち千七百九十年にウェリーが議会に於て為したる演説を見ると、当時仏国の人口は約二千五百万と称せられてゐるが、その中で書読に差支無き者は約二十万に過ぎず、他は皆無学者であると述べてゐる。これに拠れば比較的文化国民であった仏国でも、千七百九十年代に於ては書読に差支無き者は全人口の百分の一にも達してゐ無い。独国は、これより先き義務教育を遂行したる州もあり、民衆就学の早く奨励せられたる国ではあるが、然も始は不就学者が大多数であったのである」と述べて、「これ等に較べると我が邦徳川時代の後期に於ける庶民教育は、存外進歩してゐたことを知り得るのである」と、評価している(44)。またドーアもイギリスやフランスの例をあげて明治維新前後の就学率または識字率は「恐らく当時の一部のヨーロッパ諸国と較べてもひけをとらなかっただろう」と述べている(45)。

たしかに、明治維新前後には、日本の識字率は、相対的に高かった、と言えるであろうが、このように急速に終えた第二段階の意味、それこそ近代化過程そのものなのだが、この内実を問うことが、重要な検討課題となるのである。

5　生活綴方教育の意味

「全体に教育の盛んになったといふ最近の四五〇年間に、日本の言葉は飛んだ六つかしいものになった」(46)と、柳田國男は言う。

心に考えることと、それを口に出して話すこと、その間には長い長い距離があり、話すことは考えることのごく一部にすぎなかったが、そこには充実があった、というのが柳田の見立てである。しかし学校教育が始まり、「読書算筆を以て汎く一般の生活に必要なる修養と認め、是をたゞ単なる職業教育の一種と視なくなった」(47)時代がやってきた。村々家々が、文字を必要としないその教育機能にすっかり自信を失い、かつてはそこで十分に行なわれていた「群れの力」による聴く話すの教育が急速に退縮してしまい、その結果、学校で教えられる読み書き教育とそれ以外の領域、すなわち、考えることと話すこと、そしてさらにこれを書くことの間に「広漠なる空隙」(48)が生じてしまった、と柳田は言う。

一方、明治になって、一〇年代から三〇年代にかけて、一〇〇種に余る多くの作文関係書が出版された。これについて滑川道夫は「いかに庶民が『正しい文章、いい文章の書きあらわし方』を身につける願望をつよくいだいていたかを、明かに反映している現象である。それにしても日本人は伝統的に読書作文好きな性向にあったのではないだろうか。」(49)と述べている。

滑川の言う「願望」は、「伝統的な読書作文好きな性向」といったものではなく、柳田の言う「空隙」を埋めようとする努力の表れだったのではないか。

しかし、明治一〇年代から三〇年代にかけての作文関係書に見られる作文は、定義文とその発展としての論説文や、書簡文であった。前者は教科書にある翻訳調文体に漢文脈の文体を接合したものであり、江戸時代の読書の伝統を引くものだといえる。作文投稿雑誌『頴才新誌』(一八七七=明治一〇年創刊)の初期のものなどは、もっぱらこのような作文で埋められている。これに対して書簡文もさかんに指導されたが、これは手習塾で教えられた日用文章の伝統を引くものだといえよう。

すなわち森田さんの言う識字化第二段階の二つの系統は、明治以後の作文教育の中に、形を変えて引き継がれたのであった。しかし両者ともに、読書なり手習によって得た「文章範例」（文範）を手本として、範文することを前提に成り立つものであり、両者ともに、言うなれば「精神の働」（福澤）を要しないものであった。

この二つの系列は武士（上層）階級と庶民階級に対応するものでもある。そしてこれら二つの系列が統合されるためには言文一致体(50)（＝「国語」の創出）が必要であった。これは「国民」創出のための条件でもあり、また結果でもあった。この点は、森田さんが、主としてフォーラムの報告で指摘しているところである。

たしかに言文一致体が生まれることによって、「思ったこと」「あったこと」を「ありのままに」書くことができる基本的な条件が整った。しかし言文一致体は、必要条件であって、十分条件ではない。

言文一致体を学校教育に採用するのに大きな役割を果たした上田萬年の『作文教授法』（一八九五年）は、「作文教授の目的」を、「一国人民の感情及び思想を、国民的に養成する」にあるとし、それを達するには「小児に先ず言葉通りを書かす」べきだと言文一致を称揚した(51)。しかし具体的な教授の段階では、第一段階として文範の書き写し、第二段階として文範の修正法を教授したのち、ようやく最終の第三段階で「自ら文章を作り出すこと」に到達する。上田は、「むずかしい『仮名遣法、困難極まる漢字』の混入している日本語文を思うと『望みたいのは万々でありますが』『私は今日の処、そこまで（自作）を小学校に望むといふ勇気を持ちませぬ』（七三頁）と述べて自作に消極的態度を表明している」(52)のである。

一九〇〇年の小学校令によって国語科綴方が成立する。この官製指導解説書というべき東京府師範学校国語研究会編『文部省令準拠・小学国語綴方教授書』は「綴リ方に於ては読ミ方に於て学びたる文字語句を用ゐて明瞭に自己の思想を表彰することを得しむるを以て目的とす」（傍点―引用者）と述べているのだが、「自己の思想」の表彰は、「学びたる文字語句を用ゐ」ることを前提としたものであり、したがって「故に綴リ方は読ミ方よりも稍々低き程度に拠るべきこと自然の順序なりとす」ということになるのである。すなわち、その教授法として「書取法」に始まり一四の方法が列挙されるのだが、「自作法」は、その最後に位置づけられるにすぎない(53)。

このような官的作文教授論の盛行の中で樋口勘次郎『統合主義新教授法』（一八九九年）の、次のような言説が、いかに画期的な意味を持っていたかは、容易に想像できるところであろう。

教育の作業は、総て生徒の自発活動によらざるべからざれども、特に作文科の如き、自己の経験又は他の学科に於て得たる思想を発表せしむる学科に於て然りとす。然るを、様ざまの形式に拘泥して、児童の思想、文字、文体等に拘束を加え活動力を剋制して、受動的に文を作らしめ、これが為に発表力を萎縮せしむる傾向あるは実に慨嘆に堪へざるなり。故に予は自作文に於ては別に教案を立てず、只、文題を定めおくのみ(54)。

同時にこの主張は、読書についての次のような主張と軌を一にしていた。

書を読むは自己の思想を読むに外ならず。（中略）されば他人の文章をよむは、即自己の観念界より、必要なる観念を喚起して、之を他人の排列の順序に排列して領解するものなり(55)。

この樋口が切り拓いた読・書における主客逆転の地平のさきに、「教えて綴らせる」方法から「綴らせてみちびく」方法へと転回する(56)芦田恵之助の随意選題があり、「綴るために生活を指導する」生活綴方の運動があった。

生活綴方の提唱者小砂丘忠義は言っている。「自由に筆を駆使することも望ましいことにはちがひないが、それが綴方の目的ではない。」「まづ生活を豊富旺盛にしてやることを忘れて、表現の指導に没頭してゐる傾がないとはいへない」(57)。

表現の指導から、その前提（「培ひ」（小砂丘））としての生活の指導へ、日本の綴方教師達はここに「生活教育の新拓野」(58)を発見したのであった。

デューイを紹介してデュルケイムに学んだが奇行の噂絶えず精神を病んで窮死した樋口勘次郎、一地方簡易小学校授業生から出発し東京高師附属小学校訓導となった芦田恵之助、土佐の山間に生まれ師範学校時代のプイと横を向いた集合写真にその反骨の面影を残した小砂丘忠義、彼らはいずれも、教育界のアウトローであったのは偶然であるまい。

「心に考えたことをありのままに書く」ことを民衆が獲得するためには、まず、そのための言葉と文字を獲得する必要があり、それを書く主体（「豊富旺盛なる生活」）を獲得する必要があった。この過程こそ、柳田の言う「空隙」を埋める営為でもあったのではないか。したがって、これこそ日本における「近代教育」そのもの、と言うことはできる。

たしかに生活の指導は、「大人たちの都合、時代の要請によっていくらでも変わりうるもの」(59)となる可能性がある。そのように、恣意的に変らぬためには、あらためて、教育とは何かという重い問題を教師は背負い込まざるを得ない。どのように背負い込まざるを得なかったか。生活綴方の理論と実践をめぐっては、ていねいな歴史的検討が必要であるし、またこれまでの先行研究にかなりの蓄積がある。単純に「戦前＝戦中＝戦後という時代において生活綴り方は一貫して〝変わっていない〟と考え」(60)るのは、粗雑すぎる。

森田さんが言うように「ペイヨが前提として理性の普遍的秩序がその根拠を失うとしたら」(61)、すなわち日本の教師にとって「マルクス主義」や「民主主義」という普遍的秩序の認識がその根拠を失ったかに見えたとき（一九六〇年代）、生活綴方教育運動も、その「重荷」に耐え切れず分裂をし、やがて衰退せざるを得なかったのであった。

そして、それはおそらく、柳田が言う「空隙」の構造の変化（消滅ではない）に対応するものであったのである。

11章

東アジアにおける読み書き能力の歴史

——漢字支配とその簒奪、廃棄、馴致

1　はじめに

これらの三つの書き方は、国民として集まった人々を考察しえる三つの異なった状態にかなり正確に対応している。（絵文字のような—引用者）対象の描写は未開の民族に、（漢字のような—引用者）語や命題の記号化は野蛮な民族に、アルファベットは開化された民族に、ふさわしいものである（J＝J・ルソー『言語起源論』）。

アルファベット的文字言語（エクリチュール）は、即かつ対自的に最も悟性的である（ヘーゲル『エンチュクロペディー』）。

その著、『根源のかなたに――グラマトロジーについて』(1)の冒頭のエピグラフに前の文章を引用したジャック・デリダは、これに表徴されるような、音声言語《パロール》こそ魂(内部・精神)を映す「自然」のものであり、文字言語《エクリチュール》はパロールの「衣装」(人為的外面的なもの)にほかならず、魂は、表音的エクリチュール、すなわちアルファベット的エクリチュールにおいてこそ最良のものとして置き換えられる、との音声=ロゴス主義が、プラトン、ルソー、ヘーゲルから、現代のソシュール、レヴィ=ストロースにいたるヨーロッパ形而上学の伝統に貫かれている、と論じている。デリダは、このようなロゴス(言葉・理性)中心主義(logocentrisme)が、同時にヨーロッパを至上とする民族中心主義(ethnocentrisme)にほかならないことを暴露するのであるが、デリダがその著の中で展開するその暴露の過程は、ソシュール、レヴィ=ストロース、とりわけルソーを対象として、執拗かつ徹底的である。そしてこれを読む者は、その執拗さと徹底性によって、逆に、ヨーロッパのロゴス中心主義をささえるアルファベット的エクリチュールへの自信と信仰が、いかに深くかつ絶対的なものであるかを知るのである。

デリダはまた、その著の中で、ヘーゲル『エンチュクロペディー』から次の一文も引用している。

支那の精神文化の註釈主義(exegetisme)(2)にのみ、この民族の象形的な文字《エクリチュール》はふさわしい。しかしながら、このような型の文字《エクリチュール》は、一民族の最も狭い部分に、つまり精神文化の独占的領域を所有する部分に、保有されている文化遺産である。……また象形的な文字《エクリチュール》は、一般に支那文化が註釈的であるのと同じように註釈的な哲学を要求するであろう(3)。

アルファベット的文字言語《エクリチュール》への自信と信仰は、象形的な文字《エクリチュール》である漢字に対して、ルソーによれば「野蛮な民族」にふさわしく、ヘーゲルによれば精神をその民族の「最も狭い部分」（一部の特権階級）に閉じ込めることによって歴史を停滞させ「持続の帝国」を生み出した、との認識を作り上げたのであった。これに対して白川静は言っている。

しかし文字が象形文字であり、神聖文字であるという基本的性格は、近東においてはながく維持されることがなかった。民族の興亡がはげしく、文化の隆替ということもあって、その文字はやがて他の民族によって借用されるようになったが、そのとき異なることばの体系に適応させるために、ことばと文字との直接的な結合を分離することが必要であった。文字はその形象の含む本来的な意味を離れて、音標化された。こうしてアルファベットが生まれる。アルファベットの成立は、文字の大きな進歩とされるものであるが、しかしそのとき、ことばと文字との結合という古代文学のもつ最も本質的なものは失われた。そして漢字だけが、いまもなおその特質をもちつづけている(4)。

漢字の起源として、現在確認されているのは甲骨文である。亀の甲や牛の肩甲骨の一端を火で焼いてできた亀裂によって吉凶を占う。神の答えである亀裂の意味を解読するのは王自身である。甲骨文は、この神との問答の記録、卜辞を記した文字である。王は神に何を問い、神は王に何と答えたか、を硬い甲骨の表面に刻み込んだのである。これは紀元前一三〇〇年頃から一〇〇〇年頃にかけての殷代のことであるが、この時期同時に銅器に文字を彫りこむ金文も盛んに行なわれた。鼎、盤、尊、爵などと、その形によって呼び分けられる青銅器は、神を祭るときに使われる神聖な道具である。銅器を鋳することは、その材料・方法ともに、簡単なことではない。この一大行事に、その由来を記す銘文が金文であった。

甲骨文にせよ金文にせよ、原初の漢字は、神との交信を記すためのものであり、聖なる文字にほかならなかった。これを、書き、読むことができるのは、王、あるいはそれに類する有力者のみであり、ここに漢字の基本的性格がすでに示されている、というべきであろう。なるほどヘーゲルの言うように、原初において、そしてその後の時代にも継続して、「このような型の文字《エクリチュール》は、一民族の最も狭い部分に、つまり精神文化の独占的領域を所有する部分に、保有されている文化遺産」(5)であったのである。

本章表題に言う「東アジア」は漢字文化圏である(6)。東アジアの読み書き能力の歴史は、この地域に住む民衆達による、このような基本的性格を持つ漢字の、ヘーゲルの言う「一民族の最も狭い部分」からの簒奪、あるいはその廃棄または馴致の歴史にほかならない。

2　漢字支配とその簒奪——中国の場合

魯迅は、幼年時代を回顧した文章の中で次のように述べている。清末、一八八〇年代後半のことである。

小学生が有頂天になって、粗末な『児童世界』などを読みふけっているのを見ると、外国の児童図書の立派さを考えて、つくづく中国の児童がかわいそうになる。だが、私なり、私と同窓の幼な友だちなりの幼年時代を思い出してみると、まだしも今の方が幸福だと思わざるを得ず、われわれの過ぎ去って返らぬ光陰のために悲しみの弔辞をささげずにいられない。われわれには当時、見るべき何があったか。少しでも絵のある本は、ことごとく塾師、つまり当時の「青年指導の先輩」から、禁止され、叱責され、ひどい時は掌を打つ刑罰に処せられたものだ。私の幼い同級生たちは、「人之初《レンチーチュ》、性本善《シンベンシャン》」ばかりを読ませられ、その無味乾燥にうんざりして、わずかに第一ページを開いて「文星高照」の四字を題した悪鬼のような魁星の像をこっそり盗み見、辛うじておさな心に芽生えた美へのあこがれの本性を満足させるだけだった(7)。

清朝末期の子ども達がどのように読み書きを学んだかは、田中謙二の「旧支那に於ける児童の学塾生活」という論文に詳しい(8)。これによれば、子どもたちは数え年の五~七歳頃から、自宅または学塾で読み書きを学び始める。元来、その課程は、「識字」、「読書」、「習字」、「対句」、「算数」に分けられるが、もっとも重視されたのは「読書」であり、要するにテキストの朗誦そして暗誦であった(これを日本では「素読」と称する)。

テキストに使用されたのは、清末であれば、多くの場合、「三本小書」と称された『三字経』、『百家姓』、『千字文』である。『三字経』は、前引にあるように「人之初。性本善。性相近。習相遠」に始まる毎句三字、隔句に押韻するもので、朗誦に適している。全三五六句、総計一〇六八字である。中国以外の東アジアでも普及し、『××三字経』と称する類型本が数多く現れた(9)。撰されたのは宋末あるいは元初とされるが撰者には諸説がある。

『千字文』は「天地玄黄。宇宙洪荒。日月盈昃。辰宿列張」で始まる毎句四字、やはり隔句に押韻があり、重複のない一千字で構成される。撰者は南北朝時代梁(六世紀前半)の周興嗣とされるが(10)、異説もある。『千字文』は唐代以後ますます普及し、中国以外の東アジアの各地でも使用され、その類型本が多数現われた点は『三字経』と同様である。しかし小川環樹によれば、『千字文』は一千字の中に常用の文字をすべて包括しているわけではなく、識字の教科書としてみたとき、不完全である。数字も一から十までのすべてを含むわけではなく、東・西・南があって北がない。にもかかわらず『千字文』は普及した。習字の教本としても人気を得るのであり、日本においては特にそうであった(11)。

『百家姓』は中国の姓氏を四字句に組み込み、やはり隔句に押韻したものである。これが中国以外にあまり普及しなかったのは、中国以外ではあまり学ぶ意味がなかったからであろう。日本の手習塾では「源・平・藤・橘」から始まる『名頭』を学んだのである。

田中謙二によれば、清末の学塾では多くの場合、「三本小書」のうち、『三字経』か『百家姓』のいずれから「読書」を始めたと言う。その方法は朱熹の言う三到(心到・眼到・口到)であるが、何よりも重んじられたのは口到(声に出して読む)であった。子どもは教本を持って塾師の前に出て机上にそれを置く。塾師が一句読み上げると、それに付いてその句を読み上げる。かくして一節を終えると、そこに印をつけてもらい自席に戻り、いま学んだ箇所を、ひたすら朗々と声高らかに、繰り返し繰り返し、誦読する、子どもたちは、それぞれに自分に課せられた一節を競い合うように暗誦する。「暗誦の連続で咽喉が乾き、ふと声を停めでもすれば、忽ち塾師の戒尺が飛ぶ。児童たちはこの戒尺の音を耳にすると、また朗々と果てしない暗誦を続けるのである」(12)。このとき上体を前後左右に大きく揺らす。まさに身体に記憶させるのである(13)。そして翌日、その記憶の成果を塾師の前で示す。魯迅のように「その無味乾燥にうんざり」しようと、来る日も来る日も続くのである。まさに「読書百遍、義自ずから見《あら》わる(読書百徧而義自見)」であって、初歩のうちは、字義が解かれるわけでもなく、教本の内容が講義されるでもない。諸家はこれを「念死書」(死書と念《よ》む)と罵倒したという(14)。

かかる「読書」が、『神童詩』、『千家詩』、『唐詩三百首』などの詩選集から四書五経の経書、さらには歴史書へと、延々と続くのである。

読書についで重視されたのが「習字」である。しかし習字は幼少の子どもに直ちに課すには無理があるとされ、読書よりもやや遅れて始められた。初歩段階の習字は、書くことによって字を覚えること、すなわち読書進歩の手段として重視されたのである。大字から小字へ、そして字形の巧拙よりもむしろ正確さが重んじられた。

藤枝晃は「正書とは行書や草書に対して、崩さないでキチンとした書体ということである。儒、道、仏を問わず、正規の経典は行書や草書では書かない」(15)と述べている。すなわち、漢代の隷書から発展した唐代の楷書こそ、学ぶべき書体であった。この点、楷、行、草と、崩すにしたがって習字が上達したかのように考える日本とはまったく異なる(16)。中国で、行書、草書は、下書きやくだけた私信に使われる書体であり、木版印刷においても、日本のように、行書、草書が使われることはほとんどない。じっさい宮崎市定が言うように、科挙の試験においても「四角で肉太で、活字のような個性のない字」のほうが有利であったのである(17)。

田中謙二は、立罰、跪罰、笞罰などの体罰についても詳しく紹介している。田中自身が断っているように、その記述は、辛亥革命前後の文芸作家、すなわち旧制度に反発した人々の自伝や回想文を手掛かりにしているので、旧制度下の子ども達の「不幸」を、より強調したものになっているかもしれない。

しかし漢字が、冒頭に述べたような基本的性格をもち、中国最初の統一国家・秦の始皇帝の「焚書坑儒」から清朝康熙帝の『康熙字典』編纂にいたるまで、皇帝による徹底した文字支配が続いたとすれば、そしてそれを科挙制度が担保したとすれば、そのもとでの読み書き学習もまた、基本的に同様の特質を保持し続けたと考えるべきであろう。

科挙は「科目による選挙」を意味する(18)。地方官などが官僚候補者を選んで中央政府に推薦することを「選挙」というが、この「選挙」を推薦によらず、科目による試験で行なおうとするのが「科挙」である。選挙権を持つ地方貴族の、堕落と専横に業を煮やした隋の文帝がこれを始めたのであった。この制度は唐代に確立し、以後、清朝末期一九〇四年まで存続した。

科挙の科目は、唐代には「秀才、明経、進士、明法、明書、明算」の六科、入口を多くして多様な人材を吸収しようとのことであったが、やがて進士科が科挙の中心になった。進士科は他のように、一芸に秀でるのではなく、経書、韻文、散文等、士君子に必要なオールラウンドの教養を課する。中国歴代の官僚に求められた能力は、このような文人的教養であった。経書題は、儒教の経典に通じていることが試されるのだが、これは士君子の教養の基礎である。したがってこれでは、ほとんど優劣がつかない「基礎資格試験」のようなものだったという(19)。しかし、経書題の基本的テキストというべき四書五経の文字数は、重複を省いても、全部で四三万余字、「一日に二百字ずつ覚えてちょうど六年ほどかかる」(20)のである。経書題で「ほとんど優劣がつかない」ためには、ほとんどの受験者が、これを頭に記憶しておかなければならない。

皇帝の支配が続くかぎり、そして皇帝のもとで働く官僚の権威が精神的にも物質的にも変わらないかぎり、いかに「無味乾燥」であろうと、「念死書」と呪われようとも、「口到」による暗記のための読書は続くのである。しかも科挙は、もともと貴族官僚の特権を廃することを目的に導入された、理念的には四民平等に開かれた制度であった(21)。この制度を否定(拒否)して、これとは別の権威を獲得することは困難であった。

宋代に入ると中国社会は経済的に飛躍的に発展し、新興富民階級が生まれ、彼らもまた学問を志すにつれて出版業も盛んになり、木版印刷の技術も改良された。本の量産化に対応した、直線的で単純化した字体「宋朝体」が工夫され、綴じ本による宋版が出現した(22)。科挙受験者は飛躍的に増加し、学問のすそ野も広がった。科挙以外の人材獲得ルートづくりをめざして、王安石の新たな国立学校創設の試みもなされた。しかし科挙への依存は、新たな学校制度を発展させることを阻害した。科挙がそれなりに機能しているかぎり、学校創設は無駄な投資にほかならなかったからである。根絶しようとしても決してなくならない不正行為の発生等、科挙実施にともなう問題はあったが、試験公平化のためのさまざまな工夫・努力は、結果的に科挙存続のために役立ったのである。

「科挙の特長は、何よりもそれが教育を抜きにした官吏登用試験であるという点にある」（傍点—引用者）と、宮崎市定は述べている(23)。仮に漢字を記憶させるにしても、単なる暗誦に頼らぬヨリ効果的な教授上の工夫や、経書学習の意義を理解させるなどによる学習意欲の喚起などの、教育上の配慮があるべきであったかもしれない。しかし科挙の権威と圧倒的な漢字の量は、そのような工夫を無益のものと思わせたのであろう。

中国の文字改革は一九世紀末から始まる(24)。清末に起こった白話文運動は、辛亥革命後の胡適らの文学運動に継承され、「国語」の文言から白話への転換、言文一致が志向される。これらの改革を推進した人々の多くは、日本への留学経験を持ち、日本の国語国字問題にも詳しかったという(25)。この動きに並行して漢字のローマ字表記化も検討され、一九二六年には「国語研究会」の「国語ローマ字」が公表された。当時、これとは別に、ソ連で「ラテン化新文字」が制定され、これは、革命を進める中国共産党が、民衆識字化運動の中で採用するところになった(26)。そして中華人民共和国建国後、「国語ローマ字」と「ラテン化新文字」がもとになって(27)、一九五八年に「漢語拼音方案」が草案されたが、拼音は、漢字に代わる表記法としては、結局採用されなかった。ローマ字化の動きと並行して辛亥革命前後から漢字簡略化の動きもあり、これが一九五六年一月、「漢字簡化方案」に結実し国務院より発布された。一九六四年われた。

「簡化字総表」が公布され、二二三八字の簡体字を確定したのである。この間、異体字の整理なども行なわれた。

『中国教育年鑑』一九八九年版成人教育の項は、次のように述べる。

建国以来、一九四九年から一九八八年までの間に累計一億六、三〇〇万の人々が非識字から解放され、総人口に占める非識字率は一九四九年の八〇%から一九八八年の二〇・六%に下がった。とはいえ、満一二歳以上の非識字者はなお二億二、〇〇〇万人もおり、わずかにインドに次ぐという状態で、世界の非識字者総数の四分の一を占めている(28)。

一九八八年二月には「掃除文盲工作条例」が発布され、民衆識字化の努力はなお継続されているが、大原信一は「現在のように、経済効率が重んじられている社会では、そこまで手が回らないのが実情ではないか」と述べている(29)。

中国民衆の読み書き能力の発達にとって、その起源に由来する漢字の基本的性格そのものが阻害要因となったが、『康熙字典』に四万二〇〇〇字といわれる漢字の莫大な量や複雑な字体も、民衆がこれに近づくのを阻んだ。近代以降のローマ字化や簡略化の動きは、民衆による漢字の簒奪の試み以外の何ものでもなかった、と言えるだろう。

しかし中国において、ローマ字化はもとより、簡略化も一九六四年以降実現していない。逆に一九九〇年前後から繁体字ブームが起き、また台湾では繁体字のままである。漢字が、中国語の単音節語というその構造に根差しているとすれば、これを単に廃棄することによって「解放」されるのではなく、それを生かし活用する方法こそ求められるのであろう(30)。

しかしいずれにせよ、中国近代化の過程は、漢字への呪詛とその改革の過程、言い換えれば、民衆による皇帝からの漢字「簒奪」の過程にほかならなかったのである。

3 新文字創制と漢字の廃棄――「韓国」(31)の場合

漢字は、圧倒的な中国の政治・文化の力を背景に、近隣地域に伝えられ使用されるようになる。漢字文による原書がそのまま伝えられるのだが、これを読む近隣地域の言語体系は異なるのだから、それをそれぞれの地域固有の音声言語《パロール》によって理解しようとする努力の中で、さまざまな解読法が生まれる。そしてさらには、自らの文字言語《エクリチュール》をいまだ持っていなかったそれらの地域では、逆に漢字を使って、自らのパロールを表記する方法が案出される。以下、その過程を「韓国」と日本の場合について略述しよう。「外国」であるこれらの地域において、漢字の支配は中国ほどには徹底されず、しだいにその支配から解放されることになるが、その過程は、「韓国」と日本の両地域において、大きく異なるのである。

「韓国」に、漢字がいつ伝えられたかは明らかではないが、四世紀から始まる高句麗・百済・新羅のいわゆる三国時代には、かなりの水準で定着していた。そして漢字利用の努力は、まず、七世紀にその体裁を整えたとされる「吏読」に示される。吏読は「吏吐・吏道・吏書」などとも称されるが、新羅時代の下級役人である胥吏《しょり》が、公文書等の文書類を作成するときに使用した実用的表記法であった。具体例による説明は煩雑になるので省略するが、日本の「宣命書き」が、「祖父父兄良我、仕奉祁留」と書き、「祖父父兄らが、仕奉ける」(32)と読むのに似ている。吏読は、高麗・李朝を経て一九世紀末まで継続して使用されたが、「下級役人胥吏の読み方」を意味する「吏読」という呼称に、すでにその性格が示されているように、漢文の権威を前提とした便宜的な表記法と見なされた。

吏読が、主として助詞・語尾などの「韓国」語音を漢字で表記しているのに対して、新羅時代の歌謡である「郷歌」の表記法は、歌詞全体を漢字で表記しようとしたものである。しかし、その表記法が複雑で解読がきわめて難しく、高麗時代には消滅してしまった(33)。郷歌は日本の万葉仮名に似ているとされるが、これが後述の万葉仮名のように発展せず、消滅してしまったのは、「韓国語の音節構造が複雑でその数が多く、漢字ではとうてい満足に表記することができなかった」(34)ためであるという。

これに対して「口訣《クギョル》」は、漢文の読法というべきものである。例えば、一六世紀中葉「韓国」の朴世茂によってなった初学用図書『童蒙先習』(35)の冒頭の一節「天地之間万物之衆、惟人、最貴」を、「天地之間万物之衆厓、惟人伊、最貴為尼」と表記する。傍線部分が「口訣」であるが、その「韓国」語音は에(エ)、이(イ)、하니(ハニ)であり、これを日本語に訳せば、それぞれ「に」、「が」、「なれば」のような助詞や語尾である。「口訣」はこのように、漢文を漢字音のまま読み、助詞や語尾のみ「韓国」語音で読むために使う補助的な表記であった。

郷歌は、それと相似た日本の万葉仮名が平仮名の原型となったような役割を果たすことができなかった。「小中華」「韓国」は、可能な限り本場中国の圧倒的な先進学問を、漢字の音を含めて忠実に（しかしもちろん四声の消滅のように「韓国」風に変容しつつ）学び取ろうとしたのであった。「韓国」では、ついに漢字の訓読みは生まれなかったし、漢字の音読みも、唐代の長安音、いわゆる漢音に固定化され、日本のように呉音を併用することもなかった(36)。高麗時代、九五八年に導入された科挙制度も、本場中国と同様、「韓国」の漢字支配に役立ったにちがいない。

「韓国」において、パロールとエクリチュールのまったくの乖離という状態は、一四四三年世宗による「訓民正音」創制まで続いたのであった。

訓民正音創制後、新しく作製した文字の構造を説明し、これを公布するために刊行された『訓民正音』の冒頭には、世宗の言というかたちで、創制の趣旨が次のように記されている。

（我）国の語音、中国と異なり、（漢）文字と相流通せず。故に愚民、言うを欲するところありて、終にその情を伸ばし得ざる者多し。予、これを憫然となし、二十八字を新制し、人々に易く習わしめ、日用に便なることを欲す(37)（原漢文、カッコ内—引用者）。

要するに一般庶民の想いを率直に表現する文字がないことを憐れに思い、学習しやすく、日常生活に役立つ文字を創制した、というのである(38)。

訓民正音は前引にあるように、創制当初は子音一七、母音一一の二八字母(39)、これを組み合わせれば計算上一八七語音、さらに終声《パッチム》を付けることによって、より多くの語音を表現することができる。これによって「韓国」語の複雑な音節構造を十分に表現できるエクリチュールが生まれたのである(40)。

世宗は、訓民正音創制後、さっそくこれを使用して朝鮮王朝讃歌というべき『龍飛御天歌』を作成させ、以後、仏典、経典、教化書、歴史書、医書、農書等々の漢文原書に、新しい文字で訳や註釈を加えた「諺解」本が次々と刊行された。

しかし漢字を「真書」と称し、これを「諺文」と卑称したように、公文書は依然として漢字で作成された。科挙制度により登用された漢文の高い教養を持つ官僚達が、それを蔑視し、またその普及に冷淡であったからである(41)。

彼らの訓民正音に対する態度は、崔万理をはじめ宮廷の学問所というべき集賢殿の最高位の学者達が、名を連ねて、その創制時に世宗に上疏した「崔万理等　諺文創制反対上疏文」(42)の中に端的に示されている。彼らは六つの理由をあげて反対したが、それを要するに、中国への「至誠事大」を第一義とする漢字に対する絶対的な権威化と、それによって確保されるであろう自らの権威への固執であった。

しかし訓民正音は、いかに「諺文」と卑称されようとも、音声学的な合理性と科学性に裏付けられた学習の簡便さによって、民衆の中に、とりわけ漢字からはまったく疎外されていた女性の中に普及・浸透していった。訓民正音は암클（アムクル―女文字）とも呼ばれた点、日本の平仮名に似ている。

一六五三年八月一六日未明、オランダ船に乗船して日本へ向かう途中、台風のため済州島で難破して

「韓国」に抑留され、一六六六年八月三日夜脱出に成功したオランダ人ヘンドリック・ハメルがその体験を記録した『朝鮮幽囚記』に、訓民正音が女性や民衆の中に普及している様子が次のように記されている。

（文字を書く方法は、漢字の楷書体と草書体のほか―引用者）第三の、そしてもっとも劣る方法は婦人や一般の人々によって用いられます。それは彼等にとって学びやすいばかりでなく、あらゆる事物や、今まで聞いたこともないような名称を上記の二つの方法よりも容易にかつよりよく書き表わすことができます(43)。

訓民正音創制から約二〇〇年後、民衆の生活の中に、これがしっかりと根付いているのを知るのである。金萬重（一六三七―九二）のように、男性の文人や学者の中にも、訓民正音を使って小説や随筆を書く者が現れ(44)、一八世紀以後にはこれを使って書かれた小説類が多数刊行されるようになり、また、民衆の口誦演芸であるパンソリが訓民正音によって小説化され、刊行されるようにもなった(45)。

しかし「韓国」において、漢字が、日本のように、訓読みされることはなく、漢字と訓民正音は並存するのみで、一八九四年の甲午改革によって公文書の漢文専用を廃し、国漢文混用体を正式に認めるまで、両者は相交じり合うことはなかった(46)。

例えば先に引用した『童蒙先習』冒頭の一節も、日本であれば、例えば「天地之間（てんちのかん）、万物之衆（ばんぶつのなか）、惟人（ただにひとが）、最貴（もっとももとうとければ）」などと訓読するところ、

「韓国」では、これを、あえて日本語に置き直してみると、「天地之間（テンチシカン）、万物之衆（マンブツシシュウに）、惟人（イジンが）、最貴（サイキなれば）」のように、漢字はすべて漢字音のまま読む。つまり前出の「口訣」は、訓民正音創制後、これによって表記されるようになるが、読み方は相変わらず、いわゆる漢文直読法なのである。

「韓国」の漢字学習は『千字文』から始まる。「天地玄黄」で始まるこの教本を、「하늘 천、땅 지、검을 현、누를 황」、あえて日本語に置き直せば「そらテン、つちチ、くろゲン、きコウ」のように読む、つまりこれは中国語で言う「読書」ではなく、「読字」というべきものである。これをひたすら上体をゆすりながら、朗誦し暗誦するという点では、中国と同じであるが、このような読み方で、いかに百遍唱えようと、個々の字義は理解できても、中国のように文の意味を理解することは、不可能であったろう。

意味を理解するよりも、まず徹底して、異民族のエクリチュールである漢字を憶える。そのため、文の意味を理解しそれを日常生活に適用しようとすれば何ほどか役立つであろう『三字経』よりも、文字の上でも内容的にも難しい『千字文』が、ただその「千字」の獲得という意義のゆえに、最初歩の教本として使用されたのである(47)。

このような初級段階の漢字学習は、自宅で父や祖父から、あるいは書堂の訓長と呼ばれる師匠から学ぶ。その有り様は、基本的に中国の場合と同じである。はるか彼方の科挙受験がその目的である。書堂はしばしば日本の手習塾（寺子屋）に比されるが、手習塾が商業活動と結びつき、初め商業地（町方）から普及したとすれば、書堂は農村において普及した。ここは『商売往来』や算盤などとは無縁の場所であったのである(48)。

訓民正音は、一九世紀末、李朝末期のナショナリズムの高揚の中で、「韓国」固有の文字《エクリチュール》として社会の表舞台に登場する。前述のように、一八九四年の甲午改革のもとで公式の文字と認定され、以後、官報、新聞、雑誌、教科書等、国漢混用体が使用されるようになり、訓民正音を한글（ハングル—大いなる文字）と命名したとされる「韓国」語学者周時経（一八七六—一九一四）らの「国文運動」がおこり、九六年四月にはついに、このハングルのみを使用した日刊新聞『독닙신문』（トンニプ・シンムン—独立新聞）が創刊されたのであった。

一九一〇年のいわゆる日韓併合以後、ハングル（文字）は言葉とともに弾圧されるが、民族の文字として生きつづけ、一九四五年解放後、大韓民国（以下、「韓国」と記す）では一九四八年一〇月に「ハングル専用法」が公布され公文書はハングルで書かれることになり、朝鮮民主主義人民共和国では一九四九年六月新聞雑誌などの刊行物から順に漢字を全廃し、ハングルのみを使用することになった(49)。

現在、韓国では、日本、中国との交流の便のため、漢字復活の動きもないわけではないが、圧倒的な趨勢はハングル専用の方向にある。「韓国」語音の漢字表記を阻んだ音節構造の複雑さは、漢字語の同音異義語を少なくしており、日本語の仮名表記の場合のような不便さを回避できる(50)。そして最近のコンピュータ書記技術の普及が、漢字変換の煩雑さのないハングル専用を一層強めているのである。

中国に近接し、その圧倒的な影響下にあった「韓国」は、漢字の支配から、なかなか解放されることがなかった。パロールの特質という理由もあって、日本のように、漢字を変容させた「仮名」を考案するにはいたらなかったが、一五世紀中葉、人工的なエクリチュール「訓民正音」を作り出した。これは圧倒的な漢字支配の下で「諺文」と蔑まれたが、「韓国」語の複雑な音節構造を徹底的に研究して生まれた「訓民正音」は、簡易な表音的文字言語《エクリチュール》として、民衆の中に根強く生きつづけ、ついに外部の異物であった漢字を廃棄し、「韓国」の正式な文字となって現在に至っているのである。

4　漢字の馴致と利用――日本の場合

漢字によって支配された東アジアにおいて、日本は極めて特異な位置を占めている。「仮名」の考案がそれである。仮名は平仮名にせよ片仮名にせよ、ともに万葉仮名を起源とする。日本は固有のパロールを漢字で表記することに成功したのである。これに比して「韓国」の同様の試み、「郷歌」が定着しなかったことは、すでに述べた。

何故「韓国」でなし得なかったことが、日本ではなし得たか、それは「韓国」でなし得なかった理由と対照的な理由によってであろう。パロールの比較的単純な音節構造と(51)、中国と海を隔て相対的に距離が遠隔であったことにより、その文化支配からの脱出が比較的容易であったのである。

万葉仮名は、当初、日本の人名、地名などの固有名詞の表記に使われるが、八世紀前半奈良時代になると、『古事記』、『日本書紀』のように、文章を万葉仮名で書き下すようになる。七一二年編纂の『古事記』冒頭「天地初発之時」の「天」に「阿麻」と読むように注を付するがごとくである。

八世紀後半に完成した『万葉集』になると、万葉仮名はいっそう自在に使われる。「八雲立つ、出雲八重垣、妻籠みに、八重垣作る、その八重垣を」を「夜久毛多都、伊豆毛夜弊賀岐、都麻碁微尓、夜弊賀岐都久流、曽能夜弊賀岐哀」と表記する。そして白川静が、柿本人麻呂の「ひむがしの野にかぎろひの立つ見えて、かへりみすれば月かたぶきぬ」を「東　野炎　立所見而　反見為者　月西渡」と表記するためには、このように表記して、前のように読むという認識が、当時の人々の中に相当広範に共有されていなければならなかったはずだ、と述べているが(52)、まことにそのとおりであったろう。ここに至って漢字の日本語化はかなりの程度進んだのである。

漢字日本化の次なる段階は、平仮名、片仮名の成立であった。もちろん「仮名」は、漢字の「真名（まな）」に対する卑称とも言える。しかし「韓国」の「諺文」とは異なり、漢字の陰で長く無視され続ける、ということはなかった。

平仮名は、漢字である万葉仮名の草書体である。したがって書かれた文字を「漢字」と見るか「仮名」と見るかは、微妙な点もある。しかし「九世紀末には、既に相当な程度まで、完成の域に達していたかと思われる」(53)。一〇世紀初期の『竹取物語』や『伊勢物語』が平仮名によって書かれ、そして何よりも、九〇五年の勅によって紀貫之らによって撰進された『古今和歌集』が平仮名によって書かれるのである。

中国において唐代以降、正書は楷書であったことは既に述べた。これに対して日本では、楷書を行書から草書へと「くずす」ことに躊躇することはなかった。じっさい、この方が書記の速度はあがり、効率的だからである。そしてその流れるような筆致は、この地域の人々の感覚には受け容れやすいものでもあった。行書体を基本とする書体が、江戸時代には、幕府の公式書体とされたことは、すでにふれた。漢字を神聖文字とする本場中国では（そして「韓国」でも）あり得ないことであり、まことに漢字訓読による漢字仮名交り文と同様、「全く融通無礙の芸当というほかはない」(54)と評すべきだろう。

他方片仮名は万葉仮名の一部を用いた漢字の省画体である。これは漢文を読むときの訓点として使用された。つまり漢文訓読の中からその補助手段として生まれたのである。

平安時代、公文書は漢字のみで書かれたが、日記・書状などの私文書、和歌・物語等は、主として平仮名あるいは漢字平仮名を併用して書かれ、僧侶や儒者の学術的著述には漢字片仮名交り文が使われるようになった。要するに、和歌・和文系統は平仮名、漢字漢文系統は片仮名が使用されるようになるのだが、築島裕によれば、両者の世界「それぞれの〝縄張り〟は、根強いものがあった」(55)という。片仮名交り文は僧侶・儒者等、漢学を読み書く学者の表記法として受け継がれ、江戸時代末期の蘭学、英学などの洋学関係の書も、そして明治維新後の論説文等も片仮名交り文で書かれることが多かったのである(56)。

一五八五年、日本滞在二二年になるイエズス会士ルイス・フロイスによって書かれた「日本覚書」の中に、次のような項がある。

われらの子供は、まず初めに読むことを習い、次いで書くことを習う。日本の子供は、まず書くことから始め、その後に読むことを学ぶ(57)。

日本の子ども達は、江戸時代以前から、「いろは」などの平仮名の習字から、文字学習を始めていたのであろう。石川松太郎が言うように、「いろは」は、「中世いっぱいをかけて普及しつづけ、近世になると、地域・身分・家柄をこえて、初歩教材としての地位を不動のものにした」(58)のである。

このような、習字から始めた文字学習の方法は、既述のように「読書」による文字の暗誦から始めた中国や「韓国」とは異なっている。これを可能にしたのは、平仮名の考案であった。日本では、「いろは」から数字、そして漢字の学習へと進んだのである(59)。文字世界へ初めて入る子どもにとっては、きわめて合理的な方法だったと言えよう。

またフロイスは、次のようにも書いている。

> われらにおいて、女性が文字を書く心得はあまり普及していない。日本の貴婦人においては、もしその心得がなければ格が下がるものとされる(60)。

「貴婦人」という限定つきであるにせよ、文字が確実に女性の世界へも入っていることを知るのである。先に紹介した「崔万理等　諺文創制反対上疏文」のなかに、「古より九州(中国全土の意—引用者)の内、風土異なるといえども、未だ方言によりて別に文字をなすことあらず。ただ蒙古西夏女真日本西蕃の類、各々その字あり、これ皆夷狄のことのみ、言うに足るものなし。」(原漢文、傍点—引用者)とある(61)。すでにこのとき、仮名が、日本固有の文字《エクリチュール》として少なくとも、「韓国」においては認知されていたことを示している。

漢字を徹底的に「くずす」ことによって「仮名」を考案した日本の「融通無礙の芸当」は、漢字の正体《せい》を「旧漢字」と突き放し、それを単に書き易くした「新漢字」という新文字をも、臆面もなく作り出した。その「原理」は、書き易さによる「筆写字」を、そのまま「印刷字」に採用するというものであり、これを「まにあわせの粗雑なもの」と評することもできよう(62)。しかしこのような「融通無礙の芸当」が、日本の、相対的な識字率の高さを生み出す秘密にほかならなかったのである。

5 おわりに

東アジアの読み書き能力の歴史について、この地域の有力なエクリチュールである漢字に、中国、「韓国」、日本が、それぞれ、どのように、あい対したか、という視点から論じてきた。支配者の神聖文字として漢字を生み出した中国においては、その支配と民衆による「簒奪」の過程を、中国に近接し強固な漢字の支配下にあった「韓国」においては、訓民正音（ハングル）という新文字創制によるそれからの解放と「廃棄」の過程を、中国から相対的に遠距離であった日本においては、仮名考案に見られるその「馴致」と利用の過程を明らかにした。

しかし、限られた紙幅の中で論じられなかった問題はあまりに多い。特にベトナムについてまったくふれられなかったのは遺憾であるが、基本的に「韓国」と似た事情にあったのではないかと思われる(63)。

また、日本についてもまったく不十分にしか論ずることができなかった。最近、とくに江戸時代の教育史研究において、八鍬友宏らの新しい実証的な研究が生まれているので、是非それらを参照していただきたい(64)。

アルヴェルト・マングェルは、紀元前三〇〇〇年頃、メソポタミヤにおいてシュメール人らによって粘土板に書き込まれた人類最古の文字が、牛などの家畜取引を記録する備忘録として残されたものであったと述べている。「文字を書く技術が、商業上の理由から考案されたことはほぼ間違いあるまい」というのである(65)。

じっさい商業活動と読み書きとの結びつきは、日本における手習塾の最もポピュラーなテキストが『商売往来』であったことに示されるように、きわめて深いものがある。この点、日本の場合は、比較的明らかにしやすいが、中国や「韓国」の場合はどうであったのか。この点について、若干の手掛かりを求めたが論ずるには至らなかった。広大な部分が不明のまま残された、と言うほかはない。

12章

「日本型教育論」の可能性

1 はじめに――「教育の日本的特質」

竹内洋は、『日本のメリトクラシー――構造と心性』の中で、欧米と比較しつつ日本のメリトクラシー構造を分析して、戦前の官吏登用試験や旧制高等学校、戦後の公務員試験の面接試験において合格者に求められた能力は、「人物」や「常識」であり、これは要するに、国民文化（日本人らしさ）への同調度であったと述べ、さらに「日本型メリトクラシー」の特徴について、次のような興味深い指摘をしている。

フランスでもイギリスでも日本でも選抜装置に変換器が内蔵されていることにかわりはないが、入力される項目が異なっているわけだ。葛藤理論や社会的再生産理論がいう支配階級文化の能力への変換ではなく、超階級的国民文化への同調性が能力に変換している。円満な人格（rounded individual）はイギリスでは階級文化であるときに日本では国民文化である。こうしたことは、文化資本としての階級文化ではなく、文化資本としての日本人らしさを示唆する。社会的再生産理論は選抜過程をつうじて文化の差異化＝威信の再生産がおこなわれること（文化的再生産→選抜→社会的再生産→文化的再生産）を示したが、日本では選抜をつうじてむしろ国民文化（日本人らしさ）＝文化の同質性が再生産されていく。社会的再生産理論がいう排除の論理が階級文化からの逸脱であるときに、日本型選抜の排除の論理は国民文化からの逸脱である。象徴的暴力は前者では「野卑」「下品」として、後者では「生意気」「変人」としてくりだされる。階級的文化とちがって、国民文化（日本教）は階級遍在的なモラルである。階級文化は属性主義的であるが、国民文化は業績主義的である。日本人らしさという国民文化はどのような階級集団も習得可能だからだ(1)（傍点―原文）。

フランス・イギリスにおける、「支配階級文化」の能力への変換に対して、日本における「超階級的国民文化」の能力への変換。前者における、文化資本としての階級文化に対して、後者における、文化資本としての国民文化（日本人らしさ）の存在。前者において、選抜過程をつうじて再生産される「文化の差異化＝威信」に対して、後者において再生産される「国民文化（日本人らしさ）＝文化の同質性」。そしてさらに前者の階級文化が属性主義的であるのに対して、後者の国民文化は業績主義的であり、どの階級集団によっても習得可能であるがゆえに、エリートと大衆の心理的距離を短縮し、これが大衆の勤勉（努力）

主義の源泉になった、とされる。

一方、苅谷剛彦は『階層化日本と教育危機――不平等再生産から意欲格差社会へ』の中で、現代日本に広く流布する「教育の場面における、能力や成績にもとづく序列化を忌避する心情」(2)、あるいは社会意識としての「日本的平等観」(3)を問題にする。苅谷は、アメリカやイギリスでの「差別的待遇」に関する議論は、いずれも階級や人種・性別などの社会的カテゴリーによる個人の不当な扱いを問題にしているのであって、日本のように、学力による序列化を、「能力主義的差別」教育や「差別=選別教育」として指弾する議論は見当たらない、と言う。そして、戦後日本におけるメリトクラシーの大衆的規模での拡大が、「能力の可変性への信仰」(八九頁)を生み出し、前述の心情を流布させたのであろう、とする。

他方、志水宏吉は、日本とイギリスとの中等教育における学校文化の比較研究を行なっている(4)。ここで志水が注目するのは、学校文化の表層レベルに観察される「フォークウェイズ」とともに、その深層にある「教育のエートス」である(5)。そして、日本の中学校の学校文化を描き出すキーワードとして「指導」を取り上げ、結論的に、次のように述べている。


いずれにしても「指導」という概念が、狭くは中学校の教育、広くは日本の教育全般を考える上での重要な鍵となることは間違いない。生徒たちとの情的つながりや信頼関係を重視し、知的な発達と人格的成長を一体的に捉えようとする基本的な構えを日本の教師は有しており、それがわが国の学校教育の独特の風土を支える背景となっているのである(6)。

志水は、「教育のエートス」として、「わが国の学校教育の独特の風土」を問題にしているのである。

このように、主として欧米との比較の視点をもとに行なわれた、「日本のメリトクラシー」や「階層化日本と教育危機」の構造や「学校文化」の比較研究に関する最近の優れた教育社会学の研究成果が、ともにその実証的な調査研究の知見の果てに、「国民文化（日本人らしさ）」や「序列化を忌避する心情（日本的平等観）」や「わが国の学校教育独特の風土」にたどりついていることは、きわめて興味深いことである。

しかしながらこれらの知見は、そこで抽出された「教育の日本的特質」というべきものについて、志水が率直に、「ここで言う『教育のエートス』の歴史的起源や変化の方向性を的確に位置づけることは、そもそもきわめて難しい」(7)と述べているように、その意味について、歴史的視点から積極的に論じていない。これらの研究が、歴史的研究を本来の目的とするものでないのであるから当然である。しかし注などに記されたコメントからは、それぞれの見解らしきものが浮かび上がる。

竹内洋は、前の引用部分にある「日本教」について、その直前の個所で「イザヤ・ベンダサン、山本七平訳『日本教について』文春文庫、一九七五年」を注記しているところを見ると、「国民文化」や「日本人らしさ」を超歴史的にとらえているかのようである。苅谷剛彦は、前述のように述べながら、注記の中で、「戦前に同様な見方が広範に存在していたかどうかは、今後の研究にまたれるところである」と、右の「信仰」や「心情」が生起した時期については留保をしている。しかし、「戦前期においても中等教育を受けられなかった者が、引け目や劣等感を抱いていた可能性は高い。にもかかわらず、そのような感情を、『差別されている』と認識していたかどうか。『差別』という認識と結びつくためには、教育機会から排除されていることの不当性を主張できるだけの『民主主義』的基盤が必要だろう。そうだとすれば、本章で対象とする能力主義的―差別教育観も戦後の産物であったと考えられる」(8)と述べているところから見ると、「信仰」や「心情」(「日本的平等観」)の生成時期として、「戦後」を想定しているようである。志水宏吉の場合は、前記のコメントに続けて、「予想としては、佐藤(学―引用者)の言う一九三〇年代の『日本型システム』の成立が、それと密接に関連しているだろうと思われるが、その部分についての考究は今後の課題としたい」(9)と述べている。

もとよりこれら三人が言う、「国民文化」や「日本的平等観」や「教育のエートス」といった概念が対象とする問題は異なっている。竹内や苅谷が問題とするのは、日本社会に広く存在する日本人の心性や心情であり、志水が問題にするのは日本の学校文化を支えるエートスである。しかしいずれにせよ、これらの概念の歴史的把握が、「三者三様だ」と、日本教育史研究者である私としては、他人事のように評するわけにはいかない。これら概念の、歴史的生成と変化の解明こそ、日本教育史研究者が担わなければならない課題であるからである。ならば、日本教育史研究は、これら教育社会学者の知見に応えうる、いかなる知見を準備しているか。これを述べる前に、もう少し、ここで問題となっている「教育の日本的特質」とも言うべきものに関する、日本教育史研究のプロパー以外の見解を紹介しよう。一つは志水が言及している佐藤学のそれであり、もう一つは教育心理学の東洋のものである。

教育の「日本型システム」についてしばしば言及している佐藤学は、例えば次のように述べる。

企業における「日本型システム」と呼ばれる特有の雇用形態（労資協調、年功序列制、終身雇用制）が、戦前の大政翼賛運動を通して形成され戦後にも持続したように、教育における「日本型システム」（中央集権的な官僚主義と効率主義、画一主義的な平等主義と集団主義）も大政翼賛運動を基盤として登場し国民学校体制（一九四一年）において制度化されるが、その制度の基本的骨格は、戦後も継承されて今日を迎えている(10)。

佐藤は、現在の「学級崩壊」に見られるような日本の学校と教室の危機は、この「日本型システム」崩壊の危機（あるいは希望）ととらえることができるとする。そして、教室の「日本型システム」を、一九二〇年代に手塚岸衛が「国体」のミニチュアとして組織した「学級王国」に典型を見るように、一九二〇年代に自由教育の実験学校で創出され、一九三〇年代に総動員体制とともに公立学校に普及した『自主性』『主体性』『協同自治』『協同経営』などを特徴とする経営様式(11)ととらえ、学校経営の「日本型システム」は、「校長と教職員が『和の精神』で結ばれた学校集団、個々人の創造性よりも集団的協調を重視する学校経営、協同自治による集団的経営、および、分業組織による全体主義的な経営」と、とらえる。これを一言で表現すれば、前掲の引用に言う「中央集権的な官僚主義と効率主義、画一主義的な平等主義と集団主義」というわけである。

佐藤の、教育の「日本型システム」理解は、このように教育行政、学校経営、教室経営のシステムの総体として、また、企業における「日本型システム」と相関させて、さらにはより広く「東アジア型」の教育を想定しその原型としてとらえている[12]点で、いまだ仮説的な提示にとどまっているとは言え、スケールの大きなものであるが、ここでは、佐藤が、「日本型システム」を一九二〇年代に生成し、一九三〇年代に普及し、戦後まで継承されたものとしてとらえている[13]ことを確認しておこう。

教育心理学の東洋による日本人とアメリカ人の発達に関する比較研究も注目に値する[14]。東は日米の心理学的な実証的比較研究の成果をもとに、子どもの意欲の根底に組み込まれている「受容的勤勉性」（日）と「自主的選好性」（米）、しつけと教育の方法における「滲み込み型」（日）と「教え込み型」（米）、道徳的判断における「気持ち主義」（日）と「律法主義」（米）等々を対応させることによって、日米のしつけと教育についての考え方や方法の違いを鮮やかに典型化した。

もとより東は、「日本人」「アメリカ人」というように集合的に概括することの意義と限界に自覚的であると同時に、ここで典型化されたそれぞれの特色が、日本人の場合にはアジアへ、アメリカ人の場合はヨーロッパへと、連続性を持つものであることにも眼を配っている。

日米のしつけと教育観の差異を規定するのは、歴史的に形成された両社会の文化的差異である。東は「鎖国の国」と「開拓の国」という対語によって、江戸時代に、アメリカと対比される日本の社会文化的特質が熟成されたとする。フロンティアを持ち拡大しつつ流動的な共和国として誕生したアメリカに対して、日本は、社会的流動性が制約された鎖国のなかで求心的にその特質を熟成させた、という[15]。

東は、尾藤正英の研究（『江戸時代とは何か』岩波書店、一九九二年）に拠りながら、江戸時代を、「日本的特質」の生成期と見なしているのである。

2 「教育の日本的特質」と日本教育史研究――佐藤秀夫と森川輝紀

さて以上のような教育学の諸分野の研究が明らかにしている「教育の日本的特質」というべきものについて、特にその歴史的特質について、当の日本教育史研究はどのような知見を提示しているかと言えば、その成果は意外と乏しい、と言わざるを得ない。

日本教育史研究は、日本の教育に、固有の歴史的特質があることを当然の、あるいは不問の前提としているがゆえに、あえてそれを対象化するまでもない、と見なしているかのごとくである。当事者としての私自身の観察としてより真実に近いと思われるのは、日本教育史に関するさまざまな個別事象を明らかにすることに忙しく、その総体を論ずる余裕がない、と言うのが正直なところであろう。個々の木を見て、総体としての森を見ず、である。

もとより、日本の教育の歴史的特質について本格的な検討を加えた成果がないわけではない。その中から、佐藤秀夫と森川輝紀の研究を紹介しよう。

佐藤秀夫の「明治期における小学校観の成立――小学校における課程編制の形成過程を中心として」(16)は、史料に基づく厳密な実証を武器に、日本における近代学校成立期の学校観を、小学校を中心に論じたものである。佐藤は、本論文の序で、「明治以降の初等教育制度が、民衆の間に自立的に存立してきた教育の組織に立脚して形成されたというよりは、むしろその自発性・主体性を奪いとったうえで『国家ノ事務』(井上毅)として政府の主導下に編成されたものである以上、当時の小学校観を研究するためには、まず権力側の学校観がテーゼとして提出されなければならない」(17)と述べているように、本論文は、教育政策立案者側の学校観を明らかにすることに主眼を置きながら、それとの対応で、政策を受け止めた民衆の学校観にも考察を加えている。

佐藤は、一八八六年第一次小学校令において森有礼文相によって奨励された四年制の尋常小学科より低度の修業期間三年以内の小学簡易科、一九八〇年第二次小学校令において四年制尋常小学校とは別に小学簡易科に対応するものとして設けられた三年制尋常小学校、あるいは一九〇〇年第三次小学校令において二年制、三年制、四年制の高等小学校のうち特に設置が奨励された最も短期の二年制高等小学校、これらいずれもが、文部省の奨励にもかかわらず、設置数の上で不振を極めたことを具体的数値によって明らかにし、政府の構想する小学校観と民衆のそれとの間に、「大きなずれ」があったと述べている。

佐藤の表現をそのまま借りれば、簡易科については、「社会階層の分化促進機能を初等教育制度レベルから通して貫徹しようとする政策措置は、結果として一頓挫せざるをえなくなったのであった」(18)のであり、三年制尋常小学校については、「一般的な就学不振の状況下にあってなおその子どもを就学させうるような親達にとっての教育への基本動因《ドライブ》は、『立身治産』ないしは階層上昇への期待に他ならなかったといえる」(19)のであり、二年制高等小学校については、「教育とりわけ高等小学校レベルの普通教育を階層上昇のルートとみ、したがって〈限度〉いっぱいの教育を受けられるよう、その制度保障を求める親の側の要望が作用していたと判断される」[20]のである。

佐藤はここで、「民度適応」の標語のもとに民衆の修学程度を低く抑えようとする政府側と、学校を階層上昇の手段と見なして少しでも高い修学の機会を得ようとする民衆の願望とのズレを明らかにするとともに、初等教育段階から社会階層の分化に対応した多元的（複線的）な課程を構想し志向した政府側――彼らがモデルとしたヨーロッパがまさにそれであった――に対して、民衆の側がその単一化・一元化を志向していたことをも明らかにしている。

結果において佐藤によれば、「初等教育の基礎（普通）教育性を制度外面上に一層きわだたせると同時に、その実質上にもつ階層選別化機能を、より強く制度内面の潜在機能として底流化させる」[21]、あるいは、「多元化を制度の内面機能として潜在的に包摂しつつも、制度の外面にあっては単一化が進行する」[22]小学校制度が出来上がった、ということになるのである[23]。

佐藤秀夫は、この論文から約二〇年後に書いた「近代日本の学校観再考」では、「日本の学校形成史上の特徴」の一つとして「『人民自為』の系譜」をあげ、井上毅の言うように教育を「国家ノ事務」とする国家教育権論の優位のもとでも、「人民自為」の系譜が「決して絶滅されたわけではなかった」と述べている[24]。佐藤の言う「『人民自為』の系譜」とは、一八七〇年代後半の第一次教育令、八〇年代後半の森文政期における私立小学校の増加、一九〇〇年代初頭の小学校教科書の各学校自主採択制とそれに関連しての小学校職員会議法制化の試み、一九一〇年代後半から二〇年代にかけての大正自由教育の公立学校への浸透、第二次大戦直後の教育改革動向などである。そのうえで佐藤は、次のように述べている。

日本近代の公教育体制は、「自為」の内実が、専制性の強い国家権力の民衆統治政策によって民主や自由の本来的なレヴェルから大きく距離をおいたものに変型されてしまったものにせよ、「自為」の表現を通じての民衆の協同や参加を調達することに奔走することなくしては、自己自身の実現がありえなかったし、民衆の方もさまざまなレヴェルにおいて、協同や参加の行動とひきかえに、自分（たち）の教育上の利益をそこからひき出そうとしてきた(25)。

佐藤はここに、「日本近代学校のもつ独特の民衆的性格」(26)を見出すのである。一九七二年の論文において明治以降の初等教育制度の形成が、国家主導によって行なわれたことを強調し、それと民衆との「ずれ」を問題にした佐藤は、二〇年後の論文おいては、むしろ民衆の、教育制度形成過程への「協同」「参加」の側面を強調しているのである。すなわち、

だが、先述してきた日本公教育における「人民自為」論の系譜から考えるとき、学校教育における「公」と「私」との関係は、従来指摘されてきたような単純な構造、「公」の圧倒的な優位と「私」の被抑圧という構図だけではとらえきれない性格をもっているといわざるをえない（七頁、傍点―引用者）。

権力側の働きかけや気配りだけではなく、民衆の側、とくに都市中間層以上や農山村中流層以上からのかなりの程度積極的な支持・協同が存在し、かつそれを媒介にして一般民衆層からの期待や願望をかちうることによって、日本近代公教育の急速な普及と定着とが可能になった（同前、傍点―引用者）。

一八八〇年代後半から小学校制度においてしばしば立ち現れた中等教育への予備コース設定構想が遂に未発に終ってしまったこと、中学校（旧制）において顕著だった異種異差の拒否と同種異差の容認（中学校の多種化に反対し、単種での一流・二流の実在は認める傾向）、さらには一九四三年の中等学校令において部分的に実行に移され、戦後改革で四八年に全面化した単種の高等学校（新制）制度の設立などはいずれも、この学歴取得上の「選抜される」機会の平等化、いいかえれば「特別に優遇された」コースの設定を社会的な不公正とみなし（「飛び級」などはもってのほか！）、「野に遺材なからしむ」を理想態とする、民衆の主張に押されて実現されたもの（ママ）みるとことができる（八頁、傍点―引用者）。

このように佐藤秀夫は「日本近代学校」に対して、「期待」や「願望」や「主張」をする民衆の、「被抑圧という構図だけではとらえきれない性格」を強調する。しかしそうだとすれば、そのような民衆を生み出す歴史的条件とは何なのであろうか。そのように問うことによって、前述の、竹内洋や苅谷剛彦や志水宏吉や、あるいは佐藤学や東洋の見解との接点が広がる。

しかしそれを論ずる前に、もう一つの日本教育史研究の成果、元田永孚、井上哲次郎、吉田熊次の三者の「国民道徳論」を、「伝統」と「近代化」の相克という視点で論じた森川輝紀の所論(27)を検討しよう。

森川は、教育勅語への道は「近代化と風俗習慣(伝統)の葛藤を統合する試み」(28)であった、としたうえで、元田永孚は「教育勅語に自らの国体論を盛り込み、最後に『勝利』を納めたの感すらある」とする。そして、保守主義者、儒教主義者として時代に孤立したかに見える元田の主張は、「決して孤立したものではなく、近代国家(天皇制国家)の形成にあたって、あるいは近代化に揺れる共同体の基層にあって、響きあうものを秘めていた」(29)と述べる。

ここでわれわれが注目すべきは、森川が、天皇制国家を近代国家に等値していることに加えて、やや躊躇をしながら述べるように、果たして元田の主張が、最後に「勝利」を収めたか否か、とともに、もしそうであるとするなら、元田の主張が響きあったと森川が述べるところの「共同体の基層にあるもの」とは何か、である。

森川によれば、元田永孚は、自身明言しているように朱子学徒であり朱子学的教化論に確信を持つ者であった(30)。元田は「個人の道徳性にもとづく社会秩序と法にもとづく国家的秩序の差異を認めず、前者に後者を収斂させる朱子学的立場をと」り、「この道徳性にもとづく社会秩序の形成とその前提としての仁の普遍性の確認こそが元田の機軸であった」と述べる(31)。元田永孚の朱子学的教化論(道心論)は、人間の個別性と能力不同を説く徂徠学に対立し、明治以後の森有礼と対決する。森川によれば、元田は、朱子学を深く学ぶとともに、肥後実学党を標榜するにふさわしく、時代の現実と格闘しながら、熊沢蕃山を介して神道論をとりこみ、万世一系の有徳であるべき君主・天皇による政教の一致を主張するのである。『国民道徳論の道』に収められた森川輝紀の元田永孚論は、勤務大学の紀要に「元田永孚論ノート」と題して、都合七年間四回にわたって掲載された論文がもとになっている。教育史研究者なら、誰でも関説しながら、しかしどちらかと言えば敬遠気味の元田永孚を取り上げ、正面から丹念に、その主張の発展・展開のあとをあとづけ、私は多くを教えられたが、長期にわたって分載された、「ノート」の原題にふさわしく、と言うべきか、叙述は錯綜して重層しており、必ずしも読みやすいものではない。

例えば、元田が「勝利」した教育勅語が前提とする共同体的国家の担い手として期待されたのは名望家層であったが、森川によれば、「第一次世界大戦後の階級・階層の自立にともなう名望家体制の崩壊は、元田的徳治論の喪失過程でもあった。その基盤を失うとともに、元田的徳治論は、『教化』論としてファナティックに主張されることになる」(32)、とされる。しかし他方、「元田の徳育論は、この日本社会の基層の心性に対応した祖先崇拝という実践的方法と結びつくことによって、命脈を保つことになったといえよう」(33)と言い、「旧来のものを墨守する反応的行為としての伝統主義ではなく、過去の世界への反省と方法的統御をともなう近代的現象である保守主義の思想に重なるが故に、元田の教学論は生活世界のリアリティに響きあうのであった」(34)とも言われる。ここで、前者の引用にある「日本社会の基層の心性に対応した祖先崇拝」は柳田國男の昭和初年の記述(「明治大正史」)を考慮に入れてのことであり、後者の引用の「近代的現象である保守主義の思想」はマンハイムを念頭に置いてのことである。とするなら元田の思想は、第一次大戦後にも(「その基盤を失う」にもかかわらず)、「生活世界のリアリティに響きあう」

ものを持っていたことになる。この「響きあう」もの、とはいったい何であろうか。

しかし森川は、これについて十分な考察をしていない。わずかに、丸山眞男を借りながら「日本社会の基層に『執拗低音』として流れ続けた音」(35)と言い、また尾藤正英を介して美濃部達吉の「一般的社会意識」(36)論＝法律と道徳とは截然と区別できないとする非西洋的な共同体的国家観、をあげるのみである(37)。

森川の著書は「日本の教育」の本質を問うものである。これを読む者は、そこから、「日本の教育」の本質に迫る、多くの疑問とともに、それに答える数々の示唆を得ることができる、であろう。しかし、いずれにせよここで、元田が、「執拗低音」なり「一般的社会意識」なりと呼ぶべきものと共振することによって、教育勅語を作成することができ、かつ、これが近代の「日本の教育」の本質を規定した、と「国民道徳論の道」を検討した森川が結論している、ということを確認しておこう。

3 「教育の日本的特質」の歴史的起源

さて、本稿において私は、教育社会学の竹内洋、苅谷剛彦、志水宏吉、教育方法学の佐藤学、教育心理学の東洋、そして日本教育史研究の佐藤秀夫と森川輝紀らの「教育の日本的特質」とも言うべきものに関する所論（以下、これを「日本型教育論」と呼ぼう）を紹介してきた。

これらの日本型教育論をあえて単純化して表のように並べてみる。すると、もとよりすべての所論をカ

竹内　洋	国民文化（日本人らしさ）
苅谷剛彦	序列化を忌避する心情（日本的平等感）
志水宏吉	教育のエートス（指導、生徒たちとの情的つながりや信頼関係を重視し、知的な発達と人格的成長を一体的に捉えようとする基本的な構え）
佐藤　学	教育における日本型システム（中央集権的な官僚主義と効率主義、画一主義的な平等主義と集団主義）
東　　洋	日本のしつけと教育（受容的勤勉性、滲み込み型、気持ち主義等）
佐藤秀夫	日本近代学校の民衆的性格（単一化・一元化志向、民衆の「協同」「参加」）
森川輝紀	日本人民の生活世界のリアリティに響きあるもの（元田永孚の国民道徳論、美濃部達吉の「一般的社会意識」論、非西洋的共同体国家論）

ヴァーできるものではないが、「教育の日本的特質」をめぐって、各々に共通する見解が浮かび上がってくる。事実か、幻想かは、とりあえず問わないとして、日本社会は共同体的であり、したがってその社会は均質化と一元化を求め、さらに言えば超階級的であろうとする、というものである。そのような、事実か幻想かに基づき、「教育の日本的特質」が形成され、また逆に、この「教育の日本的特質」によって、そのような、事実か幻想が再生産されているのではないか。その事実か幻想は、能力の可変性への「信仰」（苅谷によれば）を生み出し、志水の言う「教育のエートス（指導）」をも強化する。そしてこれは東の言う「日本のしつけと教育（受容的勤勉性、滲み込み型、気持ち主義等）」という事実をもたらすのである。

しかしこのような「教育の日本的特質」（あるいはその基盤）の歴史的起源という点については、論者によって相当に異なっている。苅谷は戦後を、佐藤学は一九二〇〜三〇年代を、東は鎖国の時代すなわち江戸時代を、そして佐藤秀夫は論点はやや異なるのだが古代までさかのぼって学校観の変遷を語っている[38]。もとより、歴史的起源についての各論者の論点は異なる。しかしいずれにせよここでは、同じく「教育の日本的特質」を論じながら、歴史的起源についての見解が区々であることに表れているように、その本格的歴史的検討は、今後の検討課題とされている、ということを確認すれば十分である。

それでは「教育の日本的特質」及びその基盤の歴史的起源をどのように考えたらよいか、私自身も、まったく手さぐり状態なのだが、東洋と森川輝紀が言及している尾藤正英の所論を手掛かりにして、考えてみよう。

尾藤正英は『江戸時代とはなにか――日本史上の近世と近代』の中で、大日本帝国憲法の近代的（あるいは自由主義的）解釈とされる天皇機関説を主張した美濃部達吉が、それ故に、一九三五年の天皇機関説事件で貴族院議員辞任に追い込まれながら、真の近代や自由主義が実現するはずの敗戦後には、逆に明治憲法に基づく天皇制を擁護したのは何故か、と問う。その説得的な論証の過程は省略するが、尾藤は、美濃部達吉の天皇機関説は大日本帝国憲法の制作者伊藤博文の天皇観とも共通するもの、つまり明治憲法の正統的解釈と認められるものであるとともに、単にドイツなど外国の学説に依拠したものではないのではないかと説く。すなわち、「主権を君主（天皇）にではなく、国家にあるとしながら、しかもその国家の権力を絶対的なものとはせず、慣習法や理性法（自然法）によって国家も拘束されるとし、さらにその慣習法などの背景には『一般的社会意識』があって、法も道徳もともにここに存立の根拠をもっている」(39)との美濃部の主張は、その国家観において、また法と道徳観において、欧米の近代法学の説くところとは、異なるのではないかと言うのである。

そして尾藤は、次のように述べる。

> このことは、自発的な個人の道徳意識によって維持されるべき社会の秩序と、政治的な制度としての国家の秩序との間に、本質的な相異があるとは、美濃部が考えていなかったことを意味している。それは社会の内部で人々の自発的な意志に基いて構成される各種の共同体（例えば村や町）と、ほとんど同じ性格をもつ組織として、美濃部が国家を考えていたということであろう。
>
> （中略）美濃部の主張の基礎には、個人の私的な利益の追求を、それが個人の正当な権利の行使であったとしても、公共の利益に反する場合には、悪とみる価値観があったと考えられるが、それこそまさに、共同体の内部での共通の（すなわち公共的な）利害関係を、個人の利害よりも優先させる、共同体的な社会意識の表れであり、それが右のように君主の統治権についても適用されている点からすれば、美濃部は国家を一種の共同体とみなしていたと考えざるをえないのである(40)。

このような意味で美濃部は、日本を、共同体的な社会意識を持つ共同体的国家と見なしており、彼の天皇機関説は、これを基礎に主張されたというのである。そしてさらに尾藤は、「このようにみると、ドイツなど外国の思想を強く受けているとして批難された美濃部の学説が、実際にはむしろ、欧米の法思想とは異質な性格をもつ、共同体的国家観に立脚していたことが、注目されなければならない。そしてその国家観は、美濃部によれば、日本古来の伝統と合致していた」(41)と、注目すべき見解を表明している(42)。「日本古来の伝統」。これは当然、森川が関説した丸山眞男の「執拗低音《バッソ・オスティナート》」とも重なるものである。尾藤はこれを、江戸時代については自らの研究に、中世、古代については網野善彦と吉田孝の研究に拠りながら、「美濃部の共同体的国家観が、かれ自身の主張したように、日本の歴史的伝統に基いていたことが、事実認識として必ずしも成立し得ないものではなかった」(43)と言う。「日本古来の伝統」や「日本の歴史的伝統」を持ち出すことには慎重でなければならない。このようなナショナル・アイデンティティの語りは、国民国家のイデオロギーにほかならないからである。しかし江戸時代についての尾藤正英の所論は説得的である。

尾藤は、日本における「役《やく》」の観念に注目する。「役」を、漢音の「エキ」と訓むとき、「労役」「苦役」「使役」等々、外部の権力などによって強制された逃れがたい義務といった意味になる。これに対して呉音の「ヤク」と訓むときは、「役人」「役所」あるいは「役目」「役割」等々、他から課されたかもしれないがむしろ自発的に責任を持って、さらに場合によっては誇りや名誉すら感じて遂行する義務といった意味になる。尾藤によれば、「役」の、後者のような意味は、中国語の原義にはない。つまり「役」本来の意味は、これを日本で漢音の「エキ」と訓むときの意味である。しかし日本では、呉音「ヤク」と訓むような意味でも、この語は広く使われている。そしてそれは、一五、六世紀ごろ以降の新しい国家が成立したころ、すなわち「公儀」の観念が生まれてきたころからではないかと言う。

「公儀」の語は、言うまでもなく、中国古典にはない日本固有の用法である。一般に、江戸時代の幕府を意味するとされるが、朝廷、あるいはより広く、天皇の権威によって支えられた国家の公権力、といった意味でも使われる。

要するに公儀とは、国家の公権力の意味であって、それは当時は実際には武家によって掌握されていたから、各地の大名や豊臣政権など武家の政府が公儀と呼称されるのが普通になっていたのであったが、その公権力の本来の主体は、やはり天皇であり、いわば武家の政権は、それが天皇の国家の公権力を分有し、もしくはそれを全面的に代表しているとみられる限りにおいて、公儀とよばれていたといえるのであろう(44)。

「役《やく》」は、このような「公儀」によって与えられ、また、「公儀」に対する奉仕でもあり義務でもあった。それは、農民にも武士にも町人にも、さらに大名にも将軍にも、天皇にさえ与えられた(45)。まさに役割は「分担」されたのである。

前の引用に言うように、武家の政権は「天皇の国家の公権力を分有し」たにすぎない。ならばこそ、大名自身が、農村支配に関して領内に下した法令(一六七七年・津藩藤堂家)の中で「我等は当分の国主、田畑に於ては公儀の物」と、領内の土地・人民がより高次の公権力(「公儀」)に属するものであるのに対して、自らの支配が一時的に(「当分」)分担された「役」の行使であることを表明したのであり、明治維新に際しての版籍奉還が比較的容易に行なわれたのであった(46)。このような「公儀」の観念は、共同体的国家観として明治憲法にも受け継がれたのであり、美濃部達吉の、天皇を機関とする説も、かかる歴史的事実を「日本古来の伝統」として継承するものであった、ということになる。

江戸時代についてのこのような尾藤正英の見解は、私自身にはじゅうぶん説得的なのだが、そもそも江戸時代研究としてどの程度妥当性を持つものかどうか、他の研究を参照しながらさらに検討が必要である。そのことを留保したうえで、現時点において、とりあえず、次のようなことは言えるのではないか。

まず苅谷剛彦の言う、現代日本に広く流布する「教育の場面における、能力や成績にもとづく序列化を忌避する心情」や「日本的平等観」は、戦後日本が生み出したというようなものではない。その歴史的起源は、はるかに古いと見なければならない。苅谷の言うように、「差別」という明確な認識は、民衆の権利の自覚(「民主主義」的基盤の成立―苅谷)なしには生まれないかもしれない。しかし、その「心情」や「信仰」の起源は、より古く、そしてより根深いものであろう。

したがって佐藤学の言う教育の「日本型システム」も、その基盤を考えるならばより古くさかのぼって考える必要がある。中央集権的な官僚主義や効率主義も、前述の「共同体的国家観」の中でより急速に形成されたと考えられるからである。佐藤秀夫の言う民衆の側の単一化志向や一元化志向も、あるいは「協同」「参加」の願望も、これに棹さしたであろう。より限定して、学校教育の「日本型システム」と言うのであれば、これはすでに佐藤秀夫が説得的に論じていることでもあるが、その直接の起源は一八九〇年代の「学級」の成立に見るべきではないか。

このように考えてくると、「教育の日本的特質」の起源は、もとより「教育」をいかに定義するかという重要な問題が残るけれども、近世以前にさかのぼらなければならないだろう。なかでも東洋が、「鎖国の国」と「開拓の国」と対比した江戸時代は有力なエポックとなるであろう。東の言うように、「この時期の日本は封建制とはいえ、ヨーロッパの封建時代と異なり、強い中央政権が全国に対する統制力を持ち、世襲的な身分役割体系による官僚統治が行なわれ、社会的流動性が低く、外に対してはきわめて閉鎖的であった」(47)からである。もとより最近の江戸時代研究は、この時代の社会的流動性が決して低くはなく、また、外に対して閉鎖的とは言えないことを強調する。しかし、例えば北アメリカと比較すれば、東のように言わざるを得ないであろう。

しかし、江戸時代が重要なエポックであったとしても、「教育の日本的特質」の基盤としての共同体的国家観ということになると、尾藤が言うように、さらにさかのぼらねばならないのであろう。

ここで想起すべきは、本章注三八に引用した、「高度な文明をもつ大陸の縁辺に適当な距離をもって離れて位置する一かたまりの列島という地理的歴史的条件が、海の彼方からの新文化への憧憬と、受容した外来文化の自在な自国化との、史的周期を作り出したといえる」との佐藤秀夫の指摘である。周知のように同様の指摘は、丸山眞男もしている。

そうすると、日本はかつてのミクロネシア群島、メラネシア諸島たるべくあまりに中国大陸に近く、朝鮮の運命を辿るべくあまりに中国から遠いという位置にある、ということになります。そびえ立つ「世界文化」から不断に刺激を受けながら、それに併呑されない、そういう地理的位置にあります。私は朝鮮型を洪水型といい、日本を雨漏り型というのです。洪水型は、高度な文明の圧力に壁を流されて同じ文化圏に入ってしまう。ところが、逆にミクロネシア群島になると、文化の中心部から「無縁」もしくはそれに近くなる。日本はポッポッ天井から雨漏りがして来るので、併呑もされず、無縁にもならないで、これに「自主的」に対応し、改造措置を講じる余裕をもつことになる(48)。

ここでの「朝鮮型」への言及には肯んじ得ない。「朝鮮型」が「世界文化」としての中国に「併呑」されているとは、とても言えないからである(49)。それはともあれ「日本的なもの」を執拗に追究した丸山が、その果てに、「原型」とも、「古層」とも、また「執拗低音《バッソ・オスティナート》」とも言うものの存在を認め、このようなものの存在根拠の説明を日本の地理的な位置、丸山自身の表現では「地政治学的要因」に求めているのは、きわめて興味深い(50)。しかし、「地理的位置」というのであれば、単に大陸からの距離だけではなく、この気候や地形等風土的条件をも考えるべきだろう。和辻哲郎の言う「人間存在の風土的規定」(51)である。

もっとも和辻の『風土』には、時代の制約であろうか、あまりに単純化され、また偏頗な考察もあって、理解不能の記述も少なくないのであるが、日本をモンスーン域の一つとしてとらえ、「湿潤」のもたらす自然の恵みと暴威(梅雨・台風・水(大雨・大雪)、四季、樹木等々)、あるいは山の多い地形がこの列島の人々(「日本の人間」)に与えた「特殊構造」に関する記述は、いま読んでも新鮮で示唆されるところが少なくない。

さて、「教育の日本的特質」の歴史的起源を求めて、日本の「地理的位置」や「風土」を持ち出すとは、あまりに素朴で陳腐な常識論に堕しすぎる、と嗤われるであろうか。しかし、自然的地理的条件が人間に与える影響は、科学が発達する近代以前であれば、一層無視することはできないのではないだろうか。そして、大なり小なりの人間集団が、それぞれの「文化」を形成し、国民国家が誕生した近代に「民族」という概念をも生み出したのである。かくして、「民族の歴史的伝統」や「歴史的特質」、「国民性」や「国民文化」が、国民国家のイデオロギーとして生み出された。それは共同の「幻想」であり、共同体の「想像」ではあるが、それにとどまるものではない。自然的地理的条件をも含めた「事実」によって規定されているからである(52)。

4 おわりに――「日本型教育論」の可能性

本章では、先行研究の成果に学びながら、「教育の日本的特質」というべきものの存在を確認し、さらに、これまた先行研究に学びながら、その歴史的条件を検討してきた。その結果、「教育の日本的特質」とその基盤を明らかにしようとすれば、すなわち「日本型教育論」の検討のためには、「歴史」を規定する自然的地理的条件をも考慮に入れなければならないのではないかと考えるにいたった。しかしそれでは、あまりに問題を広げすぎるのではないか、との批判も起こりうるだろう。さらには、そもそもこのように「日本型教育論」を論ずることが、容易に、国民国家のイデオロギーに回収されるのではないか、との危惧もあり得るだろう。

しかし、現代日本のさまざまな教育事象を検討するためには、単に外国の経験に学ぶだけではなく、日本の歴史の中にそれを解く鍵を求めることが、より積極的に行なわれる必要があるのではないか。これこそ日本教育史研究が担わなければならない課題であり、日本の教育を内在的に理解する道でもある。「日本型教育論」の検討は、日本の教育事象を解くためだけに有効なのではない。日米比較をした東洋が、次のような重要なことを言っている。少し長いが、引用させていただく。

さて、日本と外国との差異が認められる場合、それが何であれ、「どちらがよい」という価値判断を誘発しやすい。当然のことである。そして日本では、明治以来欧米を模範にしてきたことなどのため、欧米との差異があると日本の方が遅れているのだととりやすい傾向がある。今でも「ヨーロッパでは」「アメリカでは」で始まる比較には、彼を優として我を劣とする含意を伴う場合が多い。たしかに、欧米文明の長い蓄積に、なかなかかなわないと思うことは多い。経済的に優位に立ったぐらいで「日本はもうすっかり追いついた」と思ったとしたら、夜郎自大というべきだろう。また日本の社会的行動のスタイルが、個人の可能性や社会の風通しを無用に制約していることも認めなければならない。日本および日本人の閉鎖性は、経済的にも通信、交通の面でも世界がひとつになりつつある中で、どうしても克服されなければならないだろう。

しかし一方、アメリカの合理性や進取性は、また激しい自立主義は、多分にどこにも自由に移動し進出できる開拓社会と初期資本主義を前提としていた。そして今、アメリカも含め世界で開拓する余地はなくなり、互いに生活圏を侵さないように生かし合わなければならないようになってきている。

世界的に「ゼロサム」に近づいてきているわけである。ゼロサム社会を前提にした日本の社会行動のあり方に、特に相互依存性の積極的な受容など再評価すべき面もまた少なくないのではないかと思う(53)。

地球がどんどん狭くなっている、すなわち地球全体が「ゼロサム社会」化している現代において、鎖国の時代にその原型を培った「教育の日本的特質」は、むしろ再評価すべき面もあるのではないか、と東は言うのである。

もとより、交通機関の発達による国境を越えた大量の人々の往来、ＩＴ技術の開発に基づく大量にして容易な情報の交換・流通、そして科学技術の発達による居住環境の改善（平準化）、これらの私達を取りまく環境の急激な変化は、自然的地理的条件を、過去に比べれば、急速に無意味にしていくだろう。しかし歴史的条件は、そう簡単に変容または消滅するものではない。その意味で、「世界のなかの日本型システム」(54)という視点をも導入しつつ「日本型教育論」を積極的に検討することが、重要な課題となるであろう(55)。

註

序章

1 教育史学会『日本の教育史学』第三六集（一九九三年）、二二八頁。

2 同前、第二一集（一九七八年）、九二頁。なお、このときのシンポジウムのテーマは、「教育史的認識をいかに形成するか」で、他の報告者は、多賀秋五郎と宮澤康人である。

3 日本教育学会『教育学研究』第七一巻第二号（二〇〇四年六月）、七七頁。

4 同前、七九頁。

5 同前、七八頁。

6 前掲『日本の教育史学』第三七集（一九九四年）、二二九―二三〇頁。

7 寺﨑昌男「失望について」（『教育学年報』第二号、一九九三年）。

8 二〇〇七年の「日本教育史の研究動向（近現代）」（教育史学会『日本の教育史学』第五〇集、二〇〇八年）を執筆した小山静子は、橋本伸也「歴史のなかの教育と社会――教育社会史研究の到達と課題」（『歴史学研究』八三〇号、二〇〇七年八月）を紹介しつつ、「近現代の日本教育史は、外国教育史や近代以前の日本教育史に比べて、一次史料へのアクセスがはるかに容易であるがゆえに、『微細な個別教育』を生みやすい」と述べ、さらに「もちろん、教育社会史が教育史研究のすべてではないが、本論文から今後の教育史研究の方向性をいろいろと考えさせられた」と、本章で私が述べたことと同様の認識を示している。なお、右の橋本論文は「比較教育社会史」の意義を熱っぽく論じていて刺激的であるが、日本教育史研究者はこの提言をどう生かすのであろうか。

9 コメント論文は以下の通り。石井正司「ドイツ近代教育から日本近代教育史研究をみる」、山内芳文「西洋教育史研究における近代問題」、河原国男「『自然』(おのずから)の呪縛ということ」(ともに近代教育思想史研究会『近代教育フォーラム』第四号、一九九五年、所収)。

10 私はようやく最近になって、次の一連の論文を書いたが、まだ多くの検討の余地を残している。「近代日本における『個性』の登場――『個性』の初出を求めて――」(日本女子大学大学院『人間社会研究科紀要』第一二号、二〇〇六年)、「近代日本の教育学と『個性』概念」(日本女子大学教育学科の会『人間研究』第四二号、二〇〇六年)、「近代日本における個性教育論への道――教育雑誌掲載論文の検討を通して――」(日本女子大学大学院『人間社会研究科紀要』第一三号、二〇〇七年)、「日本における個性教育論の展開――大瀬甚太郎を手がかりに――」(『日本女子大学紀要・人間社会学部』第一七号、二〇〇七年)、「『個性』、“individuality”、“Individualität”についての覚え書」(日本女子大学教育学科の会『人間研究』第四三号、二〇〇七年)。

1章

1 佐藤秀夫「日本教育史の研究動向」(教育史学会『日本の教育史学』第二二集、一九七九年)一五一頁。

2 麻生誠「教育史への提言――教育社会学の立場から――」(同前、第三〇集、一九八七年)一七六―一七七頁。

3 天野郁夫「辺境性と境界人性」(日本教育社会学会『教育社会学研究』第四七集、一九九〇年)八九頁。

4 同前、九四頁。

5 同前。
6 同前、「編集後記」。
7 寺﨑昌男「教育史研究についての二、三の断想」(東京大学教育学部教育史・教育哲学研究室『研究室紀要』第六号、一九八〇年) 一頁。
8 同前。
9 同前、九頁。
10 以上の引用は、同前、九―一一頁。
11 佐藤秀夫「教育史研究の課題――日本教育史の場合――」(北海道大学教育学部教育史・比較教育研究室『教育史・比較教育論考』第八号、一九八二年) 六頁。
12 同前、七―八頁。
13 佐藤秀夫「教育史研究」(『教育学大事典』第二巻、第一法規、一九七九年) 一五七―一五八頁。
14 同前、一五八頁。
15 黒田俊雄「『国史』と歴史学――普遍的学への転換のために――」(『思想』七二六、一九八四年一二月) 七―八頁。
16 同前、一三頁。
17 同前、一三―一四頁。
18 中内敏夫『新しい教育史』(評論社、一九八七年) 二頁。
19 同前、八九―九〇頁 (原題「社会史としての教育史」『教育学研究』四七巻二号、一九八一年)。
20 寺﨑昌男「〈研究動向と問題点〉総説・学界の動向」(『講座・日本教育史』第五巻、第一法規出版、一九八四年) 一一―一四頁。

21　中内敏夫・前掲書、一三九―一四〇頁。
22　同前、一三八頁。
23　同前。
24　寺﨑昌男「〈研究動向と問題点〉第四章近世Ⅱ・近代Ⅰ」（前掲『講座・日本教育史』第五巻）一一八頁。
25　中内敏夫・前掲書、一三九頁。
26　佐藤秀夫「教育の社会史とは――日本における『教育の社会史』研究の状況に対する疑問と批判――」（前掲『日本の教育史学』第三二集、一九八九年）二二八―二二九頁。
27　同前、二三〇―二三一頁。
28　同前、二三一頁。
29　花井信「教育の社会史に期待すること」（『通信〈教育を拓く〉』第一号、新評論、一九八三年）三―四頁。
30　同前、四頁。
31　佐藤秀夫・前掲論文、二三〇頁。
32　勝田守一「教育の概念と教育学」（『勝田守一著作集』六、国土社、一九七三年）四四五―四四六頁。初出は『教育学』（青木書店、一九五八年）。
33　宮澤康人「教育史研究『入門』ノート――『子どものいる教育史』あるいは『教育史としての子ども史』を求めて――」（前掲『研究室紀要』第五号、一九七九年）八頁。のち宮澤康人『大人と子供の関係史序説――教育学の歴史的方法――』（柏書房、一九九八年）所収。
34　名倉英三郎「日本教育史の研究動向」（前掲『日本の教育史学』第二五集、一九八二年）一六二頁。
35　花井信『近代日本地域教育の展開――学校と民衆の地域史――』（梓出版社、一九八六年）v頁。

2章

1 宮澤康人編著『近代の教育思想』(放送大学教育振興会、一九九三年) 二一頁 (宮澤康人執筆部分)。

2 Cummings, W. K., *Education and Equality in Japan*, Princeton U. P., 1980. まえがき。友田泰正訳『ニッポンの学校』サイマル出版会、一九八一年、まえがき、八頁、一部訳文変更。

3 Ibid., p. 104. 前掲書、一三五頁、訳文一部変更。

4 ビクター・N・コバヤシ「カリキュラムの日米比較」(天野郁夫他『教育は「危機」か——日本とアメリカの対話』有信堂、一九八七年) 七六頁。

5 大田直子『イギリス教育行政制度成立史』(東京大学出版会、一九九二年) 三頁。

6 同前、一頁。

7 同前、三一九頁。

8 井野瀬久美恵『子どもたちの大英帝国』(中公新書、一九九二年) 一三一——一三二頁。

9 大田直子・前掲書、一五五頁以下。

10 同前、二八一頁。

11 同前、二八二頁。

12 牧原憲夫「文明開化論」(岩波講座『日本通史』第一六巻近代一、一九九四年) 二五二頁。

13 以上、同前、二六三頁。

14 同前、二六四頁。

15 同前、二七七頁。

16 この書を読んだ直接のきっかけは東洋『日本人のしつけと教育』(東京大学出版会、一九九四年) を読んだことによる。「発達の日米比較にもとづいて」という副題をもつこの本からも、私は多くを教えられた。

17 尾藤正英『江戸時代とは何か』(岩波書店、一九九二年)一九—二〇頁。

18 同前、二二頁。さらに尾藤は次のように述べている。「そのような社会の中で育ってきたのが、個人に与えられた「職分」を大切にし、それを遂行することに全力を挙げるとともに、そのことに自己の生き甲斐を見出すという、現代の日本人にも通ずる生活態度ないしものの考え方であるように思われます」(二二頁)。

19 同前、三七頁。

20 同前。

21 同前、六九頁。

22 柳田國男『国語の将来』(創元文庫、一九五三年)六〇頁。

23 高橋敏『近世村落生活文化史序説』(未来社、一九九〇年)、梅村佳代『日本近世民衆教育史研究』(梓出版社、一九九一年)等。

24 日本近代思想大系21『民衆運動』(岩波書店、一九八九年)三七〇頁。なお、これについては第6章でも言及した。

25 佐藤秀夫「明治期における小学校観の成立」(野間教育研究所紀要第二七集『学校観の史的研究』野間教育研究所、一九七二年)八三頁等。

26 『澤柳政太郎全集』第一巻(国土社、一九七五年)一〇四頁。

27 同前、九二頁。

28 ここでアダム・スミスの『道徳感情論』に見る「共感」の概念と学級論との関連を想起するのも無駄ではないかもしれない。David Hamilton, *Towards A Theory of Schooling*, The Falmer Press, 1989. 参照。なお、この書は安川哲夫によって『学校教育の理論に向けて』(世織書房、一九九八年)として邦訳された。

29 『澤柳政太郎全集』第九巻(国土社、一九七七年)所収。

30　注（26）、一〇六頁。

31　土方苑子『近代日本の学校と地域社会』（東京大学出版会、一九九四年）二三一頁。

32　野村芳兵衛「私の歩んだ道」（『野村芳兵衛著作集』第八巻、黎明書房、一九七三年）四七頁。

3章

1　宗像誠也『教育と教育政策』（岩波新書、一九六一年）一八四頁。

2　寺﨑昌男は、戦後の教育学の、戦前のそれに対する「全面否定・清算の論理」の再批判の必要を述べている（「基礎はすべて戦前につくられた――日本教育学説史の試み」（『AERA Mook 13』朝日新聞社、一九九六年）。本稿も、その主張に導かれたものである。

3　吉田熊次についての戦後の研究は必ずしも多くはないが、高橋陽一「『皇国ノ道』概念の機能と矛盾――吉田熊次教育学の教育勅語解釈の転変――」（『日本教育史研究』第一六号、一九九七年八月）、寺﨑昌男・「文検」研究会『「文検」の研究――文部省教員検定試験と戦前教育学』（学文社、一九九七年）の第三章「『文検』と教育学者」（榑松かほる執筆）、森川輝紀『国民道徳論の道』（三元社、二〇〇三年）などがある。なお『「文検」の研究』には「資料編」として吉田熊次の略年譜と著作目録が掲載されている。また二〇〇七年に日本図書センターから『吉田熊次著作集』全七巻が刊行され、第七巻に榑松かほるによる「解説」が付されている。

4　海後宗臣『教育学五十年』（評論社、一九七一年）六七頁。なお『系統的教育学』（弘道館、一九〇九年）の構成は次の通り。緒言／第一章教育に関する研究の進歩／第二章教育学と実際教育との関係／第三章教育学及教育の意義／第四章教育の目的／第五章教育の主体（教師論）／第六章教育の客体／第七章教育上に於ける教授の位置／第八章教授科目の選択及び分類／第九章各教授科目の任務（上）／第十章各教授科目の任務（下）／第十一章教授科目の配列及び統合／第十二章教授の方法及び段階／第十三章訓育論／第十四章美育論／第十五章体育論／第十六章学校論／附録大学に於ける教育学研究の任務。

5 『系統的教育学』序言、一頁。

6 前掲『「文検」の研究』一三六頁。

7 海後宗臣・前掲書、六七頁。

8 以下の吉田熊次の回想は、よく知られたものかもしれないが、念のため紹介する。「明治四十年の秋のことであるが、私が大学の教育学を担当することになったにつき、総長室に浜尾新先生を訪問した。（中略）而して私は果して浜尾総長の期待せらるゝやうな資格があるか何うかを常に思ひ病むと共に、大学に於ける教育学の真の任務は何処にあり、又如何にしてそれが果さるべきかといふことも在職二十有余年の間問題として来たのである。／浜尾総長は如何なる意味に於いて私を実際教育を主とする教育学風と考へられたかは判然としない。（中略）けれども大学といふ学術研究の最高学府に於ける教育学の研究と小学校・中学校等の実際教育とは如何なる連絡を持つべきかに関しては実は何等の定見といふものは所持して居なかつたのである。かくして私は独り自己が果して大学に於ける教育学を担当するに適するや否やに関して自信を持ち得なかった許でなく、大学に於ける教育学研究の施設として果して現状を以つて適当とすべきや否やに関しても病みつゞけて来たのである。」（吉田熊次「大学に於ける教育学の研究に就いて」『教育思潮研究』一一―一、一九三七年一月）

9 前掲『系統的教育学』序言、二―三頁。

10 吉田熊次「余及び余の教育学」『教育』四―一、一九三六年一月。

11 前掲『系統的教育学』第一章、一三―一四頁。

12 同前、一四頁。

13 同前、第三章。

14 同前、第一章、三四頁。

15 同前、三六頁。
16 同前。
17 同前、四〇頁。
18 同前、五二―五三頁。
19 同前、第四章、一二六頁。
20 同前、一二九頁。
21 同前、一五五頁。
22 同前、一五七頁。
23 この点に関わって、本章のもととなった一九九八年の教育史学会第四二回大会シンポジウムにおける片桐の報告をめぐる高橋陽一と片桐との「論争」と言うべきものがなされたことがある（このように言うのは、会場でなされた口頭でのヤリトリは「論争」と呼ぶには精度の低いものとならざるを得なかったからである。『日本の教育史学』第四二集、一九九九年参照）。
　この「論争」を、「高橋は吉田が当初から教育の目的論に教育勅語をくみこもうとした点を指摘し、国民道徳論の先議性を主張する。片桐は教育学の体系化こそが先議であり、教育勅語を前提にした教育学ではなかったとする」ととらえ、「問題は、どちらが先議的テーマであったかではなく、教育学講座の担当者は『教育学』と『国民道徳論』の体系化という二枚の看板を背負わされていたことに起因する。制度に規定された『宿命』であったというべきだろう」と評したのは、森川輝紀であったが（森川輝紀・前掲書、一七九頁）、「先議性」の意味はあいまいであり、そもそもある人物の学問研究の性格を制度の「宿命」をもって論じることができるのか、という疑問が残る。

　私は本文で述べたように、近代国家たらねばならない日本の教育学を、それにふさわしい（近代的な）ものとして体系化しようとした吉田熊次の努力を、より積極的に評価すべきだと考える。

　そもそも吉田熊次について、「(『系統的教育学』の—引用者)この第四章『教育の目的』において社会的教育学の立場からの個人主義批判と国家を論じているにもかかわらず、国体論や忠孝論はでてこないのである」と言い、「それゆえ、教育勅語の意義自体が、自明のもの、ではなく、説明されるべきものとして現れる」と述べ、「世界に共通しうると彼が考える普遍的な価値と、日本の歴史性を反映した特殊性を区別する論法は、教育勅語解釈においても端的に反映される」としたうえで、「吉田熊次の教育学における『国民道徳』論は、日本の国体を至上とするような安定性を保持していない。あらゆる社会に普遍的な倫理や教育学の模索と、それを前提にした歴史的な特殊性の問題として、つまり日本と外国を比較しうる問題として、普遍と特殊は区分して議論される」と論じているのは、高橋陽一自身なのである(高橋陽一・前掲論文、三—五頁)。

　なお海後宗臣の次のような見解も考慮されるべきであろう。「大学における研究や講義とは別に国民道徳や国体精神についての多くの著作があるが、これは弘道会などとの関係で、国民に対する社会的道徳啓蒙のために出版されたものであった。私の見るところではこれらの倫理運動は吉田教授個人の活動によるもので、東大の教育学風に倫理学や国民道徳思想などが力をもっていたとは考えられない。」(海後宗臣・前掲書、三一頁)。

24 『教育及び教育学の本質』(目黒書店、一九三一年)。その構成は次の通り。第一章教育の本義/第二章教育の対象/第三章教育の規範と方法/第四章教育学の独自性/第五章教育学と他の学との関係

25 同前、第一章、一三頁。

26 同前、二一頁。

27 吉田熊次「澤柳氏の『実際的教育学』を読む」、澤柳政太郎「拙著『実際的教育学』に対する吉田学士の批評を論ず」(『帝国教育』三二二、三二三号、一九〇九年五、六月)。なお、これらは成城学園澤柳政太郎全集刊行会『澤柳政太郎全集』一　実際的教育学(国土社、一九七五年)にも収録されている。

28 吉田熊次「吾が師としての澤柳博士」（『教育問題研究』第六一号、一九二五年四月）。

29 前掲『教育及び教育学の本質』第一章、三二頁。

30 山極眞衛「吉田熊次氏教育学説批判」（『教育』四―一、一九三六年一月）。

31 『本邦教育史概説』（目黒書店、一九二二年）。その構成は次の通り。前篇明治以前に於ける教育の発達／第一章総論／第二章本邦太古の教育／第三章本邦上古の教育／第四章支那上代の教育／第五章奈良平安時代の教育／第六章鎌倉室町時代の教育／第七章江戸時代の教育／第八章江戸時代の教育学説／後篇明治以後の教育の発達／第一章総論／第二章明治初年の教育改革と教育思想／第三章明治五年より同十三年に至る教育の実際及び学説／第四章明治十三年より同二十三年に至る教育の実際／第五章明治十三年より同二十三年に至る教育の学説／第六章明治二十三年より同三十三年に至る教育の実際／第七章明治二十三年より同三十三年に至る教育の学説／第八章明治三十四年より四十一年に至る教育の実際／第九章明治三十四年より同四十一年に至る教育の学説／第十章明治四十一年以後の本邦教育

32 同前、序言、一頁。

33 同前、二頁。

34 同前、一頁。

35 海後宗臣・前掲書、九〇頁。

36 佐藤誠実・仲新他校訂『日本教育史二』（平凡社東洋文庫二三一、一九七三年）による。

37 海後宗臣「日本教育小史」（一九四〇刊行。『海後宗臣著作集』第七巻、東京書籍、一九八〇年）三〇頁。

38 春山作樹『日本教育史論』（国土社、一九七九年）一〇―一一頁。

4章

1 教育史学会『日本の教育史学』第三五集、一九九二年。

2 『教育史学会20周年記念誌』（一九九七年）より引用。なお、このような上原の問題提起の意味について、その後の教育史研究者によってしばしば言及されている。たとえば、宮澤康人『大人と子供の関係史序説』（柏書房、一九九八年）序章。

3 上原専禄「現代認識の問題性」（岩波講座『現代』第1巻、一九六三年所収）参照。なお上原は、この講演の翌年出版された『歴史学序説』（大明堂、一九五八年）のなかで、歴史研究の課題設定には通常次の二つの仕方があると言い、「それぞれの学問分野において研究に従事している学者たちの間ですでに研究せられてきたところの問題、または当然研究せられるべきものと考えられてきたところの問題を、自分自身の研究課題として比較的素朴なかたちで受けとる、という仕方」と、「すでに学界において研究せられてきた問題、または研究せられるべきものと考えられてきた問題を無反省的に受けとって自分自身の研究課題にするのではなく、自分自身のいわば創意に基づいて問題を発見してゆき、研究課題を設定してゆく、という仕方」とをあげている。そして「研究者というものは、多くの場合、独立の人格的存在であると同時に学界の一員であるから、第一の仕方と第二の仕方が混ざり合ったかたちで現われて来るのが普通である」が、後者の場合が「単に望ましいばかりではなく、まさに必要である」と述べ、さらに、「重ねていいたいのであるが、現代はひとりびとりの歴史研究者が学界におけるいわば伝統化せられた研究課題に拘束せられることなしに、各自の生活経験と問題意識に応じて研究課題を新しく発見するよう努力すべき時である。このことは、日本史の研究者にとっても世界のそれにとっても、日本の学者にとっても全世界のそれにとっても、まったく同様にあてはまる、と思う。」と述べている（九一―九三頁）。

4 宮原誠一「はしがき」宮原誠一編著『教育史』（東洋経済新報社、一九六三年）。

5 なお、これらの著書に先立って刊行された玉城肇『日本教育発達史』（三一書房、一九五六年、但し前版は一九五四年刊行）は、「（1）教育をされる子どもやその親の立場から、日本の教育が明治以後たどったあしどりをながめようとした。（2）時の政府や文部省と、子供や親たちとのあいだで板ばさみになって苦しんで来た教師の立場をできるだけ考えに入れようとした。」（新書版の「まえがき」）という二つの立場から執筆されたものであり、その時々の子どもの状況が、回想文などを活用しながら記述されている。「おしひしがれる子供たち――昭和初年の欠食児童――」という一章もある（但し、標題の記述はその章の一項として取り上げられているに過ぎないのだが）。戦後のところでは、「今日の子供たち」にかなりのスペースが割かれている。「専門の教育史研究家でもな」い、という立場が、かえってこれを可能にしたのであろう。

6 上笙一郎『日本児童史の開拓』（小峰書店、一九八九年）所収。なお、この論文は『家庭科教育』一九八四年八月号〜八五年七月号に連載された。

7 『教育学研究』第四五巻第一号、一九七八年三月。

8 『日本の教育史学』第二九集、一九八六年。

9 前掲『系統的教育学』第一章。

10 アイヌ、琉球、あるいは植民地台湾や朝鮮の諸民族も同様であったというべきだ。

11 吉田熊次・前掲書。

12 吉田熊次「序言」（前掲『本邦教育史概説』）。

13 「教育意図史」という用語は宮澤康人によって使用されている。「ところが従来の教育史は、小にしては教師の実態から、大にしては国家の教育政策に至るまで、教育をする側に焦点を合わせて、ひどい場合には、教育主体の側の一方的な教育意図史としてのみ既述する傾向がつよかった」（宮澤康人・前掲書、二〇〇頁）。これは前述の宮澤康人編著『世界子どもの歴史』第六巻の「あとがき」の文章である。なお、宮澤はこの文章を前掲書に収録するにあたって、「子供史と『主観的教育意図史』のあいだ」（傍点—引用者）という表題をつけている。

14 私は、ほぼ同様のことを、『日本の教育史学』第三六集（一九九三年）所収の「日本教育史の研究動向」で述べたことがある。

15 広田照幸『陸軍将校の教育社会史』（世織書房、一九九七年）一三頁。

16 土方苑子『近代日本の学校と地域社会——村の子どもはどう生きたか——』（東京大学出版会、一九九四年）一頁。

17 同前、五頁。

18 そういえば教育社会学者の竹内洋が、教育史研究を田んぼに這いつくばって汗水たらす農業に譬え、その成果を右から左に動かして儲ける商業に教育社会学を譬えていたことを思い出す（「教育社会学における歴史研究」『教育社会学研究』第五七号、一九九五年）。

19 上沼八郎「書評」（『地方教育史研究』第一六号、一九九五年）。

20 土方苑子・前掲書、九頁。

21 青木哲夫「逸見勝亮『学童集団疎開史——子供達の戦闘配置——』を読む」（『日本教育史研究』第一八号、一九九九年）。

22 逸見勝亮は「私は本書において多くの先行研究・資料集・回想記録（体験）に依拠した」と述べている（二二八頁）。

23 大門正克『民衆の教育経験——農村と都市の子ども——』（青木書店、二〇〇〇年）一五—一六頁。

24 同前、一六頁。

25 広田照幸「書評を読んで」（『日本教育史研究』第一八号、一九九九年）。

5章

1　市川昭午『教育システムの日本的特質――外国人が見た日本の教育』（教育開発研究所、一九八八年）九二頁。

2　W・K・カミングス（一九八〇年）、友田泰正訳『ニッポンの学校』（サイマル出版会、一九八一年）八頁。

3　同前、一三五頁。

4　稲垣忠彦『明治教授理論史研究』（評論社、一九六六年）三〇頁。

5　上野知道『知育とは何か――近代日本の教育思想をめぐって』（勁草書房、一九九〇年）一五―一六頁。

6　同前、一五頁。

7　B・サイモン（一九六五年）、成田克矢訳『イギリス教育史Ⅱ』（亜紀書房、一九八〇年）一二六頁。

8　またサイモンは成り上がった上流中産階級を含む「世襲的階級」のものとなったパブリック・スクールもまた、「自由、個性、知的な興味と好奇心、これらの資質は、純粋に階級的な目的に奉仕する学校ではほとんど視野に入らなかった。その代わりに、現状をなんの疑いもなく容認し、擁護するような資質が、暗に奨励するごとく助長された」と述べている（同前、一一五頁、傍点―原文）。

9　天野郁夫他『教育は「危機」か――日本とアメリカの対話』（有信堂、一九八七年）七六頁。

10　M・ホワイト（一九八七年）、井出義光訳『ママ、どうしてあんなに勉強しなくちゃいけないの』集英社、一九九二年。

11　なおホワイトが「今日の日本の子供たちは、外見だけは西欧の学校に大変よく似た学校に通っている。しかし、日本の学校と西欧の学校との類似はうわべだけのことにすぎない。他から借りてきたモデルを固有の文化現象にしてしまうあの魔術が、占領時代の『アメリカ型』教育を、これまでに日本的な目的やしきたりに全面的に一致するものに変えてしまっているのである。学校の運営、スケジュール、教室の状態を眺めてみれば、両者子どもの違いの程度がいくぶんわかるであろう」（邦訳、一一九頁）、また「このようにして日本の学校と日本の親は、子どもの勉強のうえの進歩だけではなく、彼らの社会的、道徳的行動にも両者が全面的に関与しているのであって、学校は卒業生の進路指導に積極的に関与するのである。子供に対するこういう執拗な関与は、徒弟制度や小さな農村社会に見られる責任の分配という伝統に由来するのかもしれない」（同、一二五頁）と述べていることに注目しておこう。

12 井野瀬久美惠『子どもたちの大英帝国』（中公新書、一九九二年）一三二頁。

13 同前、一五三頁。

14 同前、一五六頁。なお井野瀬によれば「帝国記念日の五月二四日には、この精神を形で示すべく、午前中、学校では国旗が掲揚され、子どもたち全員が敬礼し、国歌『ルール・ブリタニア』が斉唱された。そして、イギリス市民の義務を説く校長先生の演説が行なわれ、生徒たちは、イギリス人としての義務と国家のための自己犠牲を歌った詩を暗誦させられた。多くの学校が、この日の記念に、『太陽の沈まない帝国』領土が赤く塗られた地図や英国旗などを生徒たちに配り、ダンスや行進の行列が街頭をにぎわせた。一九〇九年、リヴァプールでは、四八〇人の子どもたちが参加して『ブリタニアとその領土』と題するページェントがおこなわれている。このページェントでもイギリス市民であること、帝国臣民であること、そして愛国心とが三位一体に結びついていた」（一五六―一五七頁）。ただし、日本との決定的な違いは、実施四年後の一九〇七年で全国二万五四一校の小学校のうち参加したのは一万二五四四校にすぎず、「保守的なケント州からサマセット州にかけてのイングランド東南部の学校では参加が多く、イングランド北東部やウェールズでは採用する学校は少なかった」（一五六頁）というような地域的偏りが少なくなかったことである。

15 愛知県刈谷市立富士松北小学校「学校沿革史」。

16 『文部省第五年報』一四〇頁。

17　堀浩太郎「岐阜県における小学校設立維持過程と伊勢暴動」（教育史学会『日本の教育史学』第二三集、一九八〇年）二五頁。

18　同「明治初期における小学校と民衆」（教育運動史研究会編集『季刊・教育運動研究』第一五号、一九八一年）三九頁。同様のことは森川輝紀も指摘している（「『学制』の民衆的受容と拒否」「講座日本教育史」編集委員会『講座日本教育史』第二巻、第一法規、一九八四年）。なお秩父事件では新築したばかりの小学校を破壊せず、また学校廃止ではなく三か年の「休校」を要求したこと、しかし困民層には尋問調書のなかで「廃止」を述べるものがあったことなどについては片桐芳雄『自由民権期教育史研究』（東京大学出版会、一九九〇年）第二章参照。

19　『刈谷市史』第七巻・資料（近代）所収。なお以下「議事条件具申書」からの引用はこれによる。

20　「明治十一年・公達及諸用状諸願伺届式綴込」（野田史料館所蔵）。

21　前掲『自由民権期教育史研究』第四章参照。

22　堀浩太郎・前掲「明治初期における小学校と民衆」三五、三七頁。

23　『明治文化全集』第二〇巻（一九二九年）二七九頁。

24　前掲『自由民権期教育史研究』七八頁。引用は『文部省第十二年報』による。

25　天野郁夫『試験の社会史』（東京大学出版会、一九八三年）七八頁。

26　同前、八二頁より重引。

27　詳細は前掲『自由民権期教育史研究』八〇―八五頁参照。

28　安西勝『山本肇の短い生涯』（「私版城山郷土誌」第一集、一九九一年）一〇頁。なお安西勝のこの研究によって山本肇について多くのことが明らかにされており、それは私の『自由民権期教育史研究』の記述の不十分な点を補うものである。例えば私は一八八二年末神奈川県師範学校を卒業したばかりの山本が川尻小学校に赴任した（八四頁）と書いたが、山本は一八八〇年二月五日神奈川県師範学校小学師範学科を卒業し神奈川県西多摩郡雨間学校を経て八二年一二月二五日付で小学校長心得として川尻小学校に赴任した（安西―五頁）。また山本は一八九一年、三〇歳にならずに夭折したと書いたが（九三頁）、これは三五歳または三七歳の誤りである（安西―三二頁）。

29 『山本肇の短い生涯』一二頁。

30 前掲『試験の社会史』九〇頁。

31 日本近代思想大系21『民衆運動』（岩波書店、一九八九年）三七〇頁。同史料解題によれば本史料の成立年代は明治一七、八年頃と推定される。そして同史料の注に「ずるくりて――『ずるけて』の意か」「はいされて――『廃されて』か」とある。そして編集・解説者の安丸良夫はこの意味を「学校は『身をずるくしてしまふ』から廃止される』（同書解説「民衆運動における『近代』」四九三頁、傍点―引用者）と解しているようであるが、「はいされて仕舞のだ」は、学校を廃止することではなく「身を滅ぼしてしまう」といった意味にも解することができるのではなかろうか。

32 天野郁夫『学歴の社会史』（新潮社、一九九二年）七二頁。

33 同前、六一頁。

34 中内敏夫は「六・三制の誕生――『生い』と『教育』の社会史」（叢書産む・育てる・教える3『老いと「生い」』藤原書店、一九九二年）という注目すべき論文の中で、学歴主義を抑制していた「人づくりの『共同体論』的システム」の生成と解体について論じている。

35 これについては国立教育研究所編『日本近代教育百年史』（以下、『百年史』と記す）4（一九七四年）六五―八〇頁に詳細な記述がある（佐藤秀夫執筆）。

36 同前、六五頁。

37 同前、六七頁。
38 同前、七三頁。
39 教育史編纂会『明治以降教育制度発達史』(以下、『発達史』と記す)第三巻(一九三八年)一二九頁。
40 同前、一三〇頁。
41 以上の引用は同前、一三〇―一三二頁。
42 前掲『百年史』七二頁。
43 前掲『試験の社会史』六六―六八頁。
44 前掲『発達史』一一〇頁。
45 前掲『百年史』一四〇―一四六頁。
46 同前、一四四―一四五頁。
47 同前、一四五頁。
48 前掲『発達史』一〇二頁。
49 同前、一〇五頁。
50 同前。
51 同前、一〇四頁。
52 愛知県教育委員会編『愛知県教育史』資料編近代二(一九八九年)九一頁。
53 同前、七二頁。
54 前掲『百年史』二二三頁。
55 前掲『愛知県教育史』一九八頁。
56 三原芳一「一八九〇年代の学齢児童不就学とその受容」(本山幸彦教授退官記念論文集編集委員会編『日本教

57 育史論叢』（思文閣出版、一九八八年）一九一頁。
58 この点については大石嘉一郎・西田美昭編著『近代日本の行政府』（日本経済評論社、一九九一年）第一章補論「五加村における近代教育の形成」（土方苑子執筆）参照。
59 注（13）に同じ。
ポール・ウィリス（一九七七年）、熊沢誠・山田潤訳『ハマータウンの野郎ども』（筑摩書房、一九八五年）。

6章

1 宗像誠也『私の教育宣言』（岩波新書、一九五八年）三頁。
2 同前。
3 佐藤秀夫「学校観の系譜」（日本教育学会『教育学研究』第四五巻第二号、一九七八年）四四頁。この点に関する同氏のより詳細な分析は「明治期における小学校観の成立」（野間教育研究所編『学校観の史的研究』〈野間教育研究所紀要・第二七集〉、一九七二年）でなされている。
4 同「近代日本の学校観　再考」（日本教育学会『教育学研究』第五八巻第三号、一九九一年）四頁。佐藤はまた次のように述べている。「日本近代の公教育体制は、『自為』の内実が、専制性の強い国家権力の民衆統治政策によって民主や自由の本来的なレヴェルから大きく距離をおいたものに変型されてしまったものにせよ、『自為』の表現を通じての民衆の協同や参加を調達することに奔走することなくしては、自己自身の実現がありえなかったし、民衆の方もさまざまなレヴェルにおいて、協同や参加の行動とひきかえに自分（たち）の教育上の利益をそこからひき出そうとしてきた」（四頁）。
5 大石嘉一郎・西田美昭編著『近代日本の行政村』（日本経済評論社、一九九一年）一六七頁。
6 同書、一八八頁。

7 『自由民権期教育史研究』（東京大学出版会、一九九〇年）七九頁。

8 勝田守一・中内敏夫『日本の学校』（岩波新書、一九六四年）三七頁。

9 なお一九〇六年五月町村合併により刈谷町・元刈谷町・小山村・逢妻村・重原村が合併され新たに刈谷町が設置されたことにともない、同年一二月三一日刈谷尋常小学校は廃止されて翌七年一月一日付けで刈谷第一尋常小学校となり、同年三月の小学校令改正により碧海郡立高等学校を前身とする亀城高等小学校と刈谷第一尋常小学校は統合して亀城尋常高等小学校となった。

10 『亀城小学校沿革誌』の「明治十四年各小学校就学督責調査一覧表」によれば八一年の「学齢百人中就学比例」は刈谷学校七九・二二六％、熊村学校五三・五七三％、元刈谷学校四六・七六二％、高津波学校七六・〇八七％とあるが、写本のためもあって前後の数字にやや疑問があるので、敢えて概数で示す。

11 国立教育研究所編『日本近代教育百年史』4（一九七四年）二二四頁。

12 愛知県教育委員会編『愛知県教育史』第三巻（一九七三年）五六三頁。

13 同様の名称の会は東京の誠之小学校でも行なわれている（寺﨑昌男監修『誠之が語る近現代教育史』一九八八年、三六四―三六五頁）。

14 土方苑子が調査した長野県五加小学校では教員の在職が短期間で、しかも訓練を受けていない資格の低い教員が多かったという（前掲『近代日本の行政村』一八五頁）。

15 教育史編纂会『明治以降教育制度発達史』第三巻（一九三八年）一〇四―一〇五頁。

16 前掲『日本の学校』四七頁。

17 学習形態の個別化が喧伝され、ティームティーチングやオープンスクールがもてはやされる今日、日本教育史における「学級」の意義をあらためて追求する必要がある。その意味で志村廣明『学級経営の歴史』（三省堂、一九九四年）は注目すべきである。

18 宮坂哲文『学級経営入門』(明治図書、一九七六年)二二九―二三〇頁。

19 なお刈谷尋常小学校は、御真影下附願への回答がなかなか得られなかったので、八九年五月七日「去ル明治廿一年十一月十五日宮内省へ向ケ　御真影御下附願書御進達相願候処今以何等之御指令無之ニ付此段奉伺候也」と愛知県知事宛てに伺書を提出、同一一日に「貴郡尋常小学校刈谷学校へ　御真影御下附之議ニ付嚮キニ竹田錬三外二名ヨリ願出候処右ハ目今詮議相成難キ趣キ付別紙返戻及ヒ候条可然御指示之上願書御下戻相成度候也」との回答を愛知県第二部長より郡役所を介して得た。ちなみに八九年一二月から市町村立の高等小学校への御真影下附が認められることとなり、愛知県では翌九〇年一二月県内一八の高等小学校に御真影が下附された。刈谷尋常小学校に隣接した碧海郡立高等小学校（碧海郡立高等校の後身）もそのひとつで、一二月二一日高等小学校の校庭で奉戴式が行なわれたが、刈谷尋常小学校の教員生徒は全員これに出席し御真影を「拝観」した。他方、市町村立の尋常小学校には、九二年五月に御真影の複写が許可され、碧海郡では翌九三年一一月よりこれが行なわれた。刈谷尋常小学校では一日に職員生徒、関係村長、町会議員等がこれを奉迎し、三日の天長節には、生徒作品の展覧会や町村有志者による相撲・餅投げ、夜になると花火等、余興を交えてきわめて盛大な拝戴式が行なわれた。

20 文部省は煩雑になり過ぎる学校儀式に歯止めをかけるため、九三年五月の省令では、紀元節、天長節と一月一日のいわゆる三大節以外は各小学校の任意としている。

7章

1 なお岩波版『広辞苑』では一九九一年の第四版に「優等生」の項が初めて登場するが、それは「①学業に励み、成績優秀な生徒・学生。②優秀だが、面白味に欠け融通のきかない人。」というものであって、第二項は『学研・国語大辞典』をふまえたもののようである。また第一項において「成績優秀」のみをあげて「品行」について触れていないのは不十分であろう。ちなみに一九八三年の第三版では「優等生」は「優等」の使用例としてのみ挙げられている。

2 「張景惟袖二一書一、簾前獻レ之得二優等一。」

3 宮原誠一他編『資料・日本現代教育史』四（三省堂、一九七四年）四二二頁。

4 愛知県教育委員会『愛知県教育史』資料編近代一（一九八九年）三四一頁。

5 同前、五六三頁。

6 同前、四〇七頁。

7 同前、三四二頁。

8 前掲『資料・日本現代教育史』四、二二五―二二六頁。

9 大久保利謙編『森有礼全集』第一巻（宣文堂書店、一九七二年）五二二―五二四頁。

10 教育史編纂会『明治以降教育制度発達史』第三巻（一九三八年）五一九頁。

11 天野正輝『教育評価史研究』（東信堂、一九九三年）九六頁。

天野によれば各府県の人物査定の観点は次のように異なっている（同前、九七頁）。

東京府	行状	志操	
埼玉県	知力	徳性	身体
千葉県	品行	志操	
長野県	品行	才幹	勤勉
富山県	志操	才智	
岡山県	気質	才幹	行為
広島県	志操	品行	才幹

佐賀県　勤勉　親愛　才幹
青森県　行状　気質　品行　容儀

ちなみに一八八九年三月卒業の尋常小学校卒業生の人物査定結果について群馬県が集計公表したものは、表の通りであった（同前、九五頁）。

12 国立教育研究所編『日本近代教育百年史』四（一九七四年）二一一頁、及び天野正輝、同前、九七頁。

13 なお、「学級」そのものは森文政期の第一次小学校令下の「小学校ノ学科及其程度」に初めて登場し、これによって半年一級の等級制は廃止された。

14 『澤柳政太郎全集』第一巻、一〇四頁。

15 前掲『明治以降教育制度発達史』第三巻、一〇二頁。

16 同前、一〇五頁。

17 同前。

18 同前、一〇四頁。「通信簿」は、これを直接の出発点とする。

19 愛知県刈谷市立亀城小学校所蔵の学校日誌。

20 前掲『愛知県教育史』資料編近代二（一九八九年）七六―七七頁。

21 石川啄木「小学教師に望む事」（一九〇七年一一月『小樽日報』）『啄木全集』第八巻（岩波書店、一九五三年）

表　学力人物優劣表（尋常の部）

郡名	卒業生徒数	人物優等	人物尋常	人物劣等	学力優等	学力尋常
東群馬・南勢多	866	281	568	17	335	531
西群馬・片岡	883	48	832	3	365	581
緑野・多胡	382	49	332	1	180	202
南甘楽	64	7	52	5	9	55
北甘楽	485	130	333	22	23	282
碓氷	495	94	400	1	275	220
吾妻	421	27	388	2	132	289
利根・北勢多	286	52	233	1	49	237
山田	387	96	288	3	249	138
新田	316	39	267	1	120	196
邑楽	388	82	290	16	81	309
佐位・郡波	398	112	262	24	185	213
合計	5,371	1,017	4,245	96	2,003	3,253

一七八頁。

22　吉田助治『小学教師の手記』(隆文館、一九二〇年)四三頁。『明治大正教師論文献集成』三六(ゆまに書房、一九九一年)による。

23　同前、一〇四頁。

24　注(19)に同じ。

25　前掲『明治以降教育制度発達史』第四巻、一一七頁。

26　森川輝紀『近代天皇制と教育』(梓出版社、一九八七年)二〇八—二一一頁。

27　芦田恵之助『読み方教授』(育英書院、一九一六年)『芦田恵之助国語教育全集』七(明治図書、一九八七年)一二九頁。

28　教育ジャーナリズム研究会編『教育関係雑誌目次集成』第三期・人間形成と教育編　第三巻(日本図書センター、一九九一年)によって見るかぎり、『少年世界』の目次に「優等生」の語が登場するのは、一九二一(大正一〇)年一二月号に「絵物語・優等生になるまで」を除くと、これが最初である。

29　『少年世界』(三康図書館所蔵)第三二巻第四号、六二頁。

30　同前、第三二巻第三号、一一四頁。

31　同前。

32　同前、第三二巻第四号、六三頁。

33　天野正輝、前掲書、一七九頁。

34　同前、一六一頁。

35　同前、一八〇頁。また、碓井岑夫も同様の指摘をしている(「近代日本における教育評価の歴史」『教育学研究』第四三巻第二号、一九七六年六月)。

36　樋口勘次郎『統合主義新教授法』（同文舘出版、一八九九年）四二頁。『教育名著叢書』六（日本図書センター、一九八二年）による。
37　手塚岸衛『自由教育真義』（宝文館、一九二二年）一七七頁。同『教育名著叢書』九による。
38　小原國芳「わが半生」（為藤五郎他『教壇回顧・飛礫』集成社、一九二三年）三一一頁。『明治大正教師論文献集成』三一（ゆまに書房、一九九一年）による。
39　ちなみに当時、『少年世界』に伍して大衆少年雑誌の地位を不動のものとしつつあった大日本雄弁会講談社発行の『少年倶楽部』も一九二七年一月号で、「第一大付録」として「きっと優等生になれる各科上達の秘訣」を特集している。
40　戸坂潤「教育と教養」（『唯物論研究』一九三六年一〇月号）、海後宗臣他監修『近代日本教育論集』第三巻（国土社、一九七〇年）二九四頁。
41　国分一太郎「村の子供」（『教育』一九三八年七月号）、同前、第五巻（国土社、一九六九年）三二一頁。
42　小砂丘忠義「生活指導と綴方指導」（『綴方生活』一九三三年八月号）四―五頁。同前書にも収録。
43　石山脩平『国民教育要論』（目黒書店、一九四〇年）一〇六頁。
44　同前、一一六頁。
45　同前、一二七頁。
46　斉藤喜博『教室愛』（三崎書房、一九四一年）『斉藤喜博全集』第一巻（国土社、一九六九年）九頁。
47　同前、四一頁。
48　「戦後日本教育史料集成」編集委員会『戦後日本教育史料集成』第七巻（三一書房、一九八三年）一三八頁。
49　西田亀久夫「中教審答申について」（『教育委員会月報』一九七一年六月号）、前掲『前後日本教育史料集成』第一〇巻（三一書房、一九八三年）八三頁。

50 『文部時報』第一三七三号(一九九一年五月臨時増刊号)四六頁。
51 同前、一六頁。
52 小倉正博(一五歳)「道をそれてよかった自分」石川憲彦他編『子どもたちが語る登校拒否』(世織書房、一九九三年)四五〇頁。

8章

1 岩瀬章良、萩原元昭「教育問題としての『個性を生かす教育』」(日本教育社会学会第四六回大会発表要旨収録、一九九四年一〇月、椙山女学園大学)。
2 水越敏行、奥田真丈編『個性を生かす教育』(新学校教育全集三、ぎょうせい、一九九四年)五—六頁。
3 加藤幸次「子どもの個性を発見し育てる」(『児童心理』一九八八年四月号)。
4 太田政男「今日の教育改革と個性」(『教育』一九九四年三月号)。
5 教育ジャーナリズム史研究会編『教育関係雑誌目次集成』(日本図書センター)を利用した。
6 まれにcharacterがあげられている場合もある(鹿島研究所出版会発行の『社会科学大事典』、多田道太郎執筆)。なお、文部省と日本心理学会による『学術用語集・心理学編』でも、個性はindividualityとなっている。
7 仲新・稲垣忠彦・佐藤秀夫編『近代日本教科書教授法資料集成』第二巻(東京書籍、一九八二年)稲垣忠彦解説。
8 individual character は出てくるが、高嶺秀夫はこれを「一個人性質」と訳している(『教育新論』巻之三、五三六頁。国書刊行会『明治教育古典叢書』第一期九(一九八〇年)による)。
9 前掲『明治教育古典叢書』第一期八(一九八〇年)による。ただし「An Individual 単独体」はあるが、これは必ずしも人間に関するものではない。

10　丸山眞男『「文明論之概略」を読む』下（岩波新書、一九八六年）一五一―一五二頁。

11　ミルは individuality の意義を説明するためにフンボルトの"The Sphere and Duties of Goverment"を引用している。これは言うまでもなく『国家活動の限界を明らかにする試み』"Ideen zu einen Versuch die Grenzen der Wirksamkeit des Staats zu bestimmen"（一七九二年）である。

12　「ドイツ以外では、ほとんどの人がその（フンボルトの個性に関する―引用者）説を理解していない」（ミル『自由論』第三章）。さらに丸山眞男は、次のような興味深い解説をしている。ミルが「個性」を強調したのは、デモクラシーの発達とともに凡庸の支配が出てくる傾向を憂えたからである。個人主義と一口に言うが一八世紀の啓蒙的個人主義にはこういう意味での個性の主張はない。これは一九世紀に入ってロマン主義の台頭とともに前面に出てくる主張である。ヨーロッパの近代的自我には、普遍的理性を前提とした平等意識に基づく個人主義と、かかる個性的個人主義との、本来必ずしも一致しない二つの要素がある。後者をG・ジンメルは「唯一性の個人主義」（Individualisumus der Einzigkeit）と呼んでいるが、この流れはニーチェの「超人」になったり、民族に投射されると「民族精神」になったりする（前掲書、一五二―一五三頁）。

13　高嶺秀夫や伊沢修二が「個性」という語を使わなかったもう一つの大きな理由があった。「個性」が日本に登場するには、そもそも「個人」という語の登場が必要であったと考えられるからである。日本における「個人」登場の苦悩の過程は、柳父章『翻訳語成立事情』（岩波新書、一九八二年）に詳しいが、それによれば、「独一個人」「一個人」を経て「個人」が広く使われるようになるのは一八九一年頃からであろう、とされる。長谷川乙彦は前掲「個性と教育」のなかで「個人の特性又は特質（中略）之を略して個性とは名つくるなり」と述べている。

14　三枝孝弘訳『一般教育学』（梅根悟・勝田守一監修『世界教育学選集』一三、明治図書、一九六〇年）五四―六一頁。

15 前掲『明治教育古典叢書』二七（一九八一年）による。

16 前掲『近代日本教科書教授法資料集成』第三巻、二三二頁。

17 長谷川乙彦「個性と教育」（『大日本教育会雑誌』第一七一号、一八九五年一一月一日）。なお長谷川はのちに、滝沢菊太郎の後を継いで東京府青山師範学校校長等になったが、この人物について教育ジャーナリスト藤原喜代蔵は『明治大正昭和教育思想学説人物史』第三巻（東亜政経社、一九四三年）の中で、「至る処評判悪く」などと酷評している（七八六頁）。

18 湯原元一「個性（Temperament.）」（『日本之小学教師』四〜六号、一八九九年七〜九月）。なお「個性（Temperament.）」という標題には疑問がある。この論文の出典である湯原自身の著『教育的心理学』の末尾に付された「訳語対照」でも、個性（原文では箇性）は Individualität であり、Temperament. は、気質となっているからである。この標題は、編集者によるものか湯原自身によるものかは分からぬが、いずれにせよ、いまだ Individualität の訳語として個性が一般化していない状況を示すものであろう。

19 湯原元一「ヘルバルト派教育学説の全盛時代」（国民教育奨励会編『教育五十年史』民友社、一九二二年。ただし本稿は日本図書センターの複製版（一九八二年）による）。

20 湯原元一『教育的心理学』（金港堂、一八九九年）序。

21 ちなみに、ヴントは自らを心理学者と名のった最初の人物といわれるが、彼がライプツィヒ大学に世界最初の心理学実験室を設けたのは一八七九年である。

22 湯原元一・前掲書、三四—三五頁。

23 塚原政次「児童の個性を論じて教育の範囲に及ぶ」（『児童研究』第三巻第五号、一九〇〇年一一月）。

24 「個性を滅却することなかれ」（『児童研究』第四巻第四号、一九〇一年八月）。

25 松本孝次郎「個性に就いて」（『教育学術界』第一一巻第二号、一九〇五年五月）。

26 大瀬甚太郎「教育上の個性研究及び実験的方法につきて」（『教育学術界』第一六巻第五号、一九〇八年二月）。

27 なお稲垣忠彦が言うように、もともと日本に導入されたヘルバルト主義は、学校教育を通してGemeinsinn（共同心）やVolkstum（民族性、又は国民性）を養成しようとするものであり、日本のヘルバルト主義紹介者の多くは、その根拠を教育勅語に求めていた（前掲『近代日本教科書教授法資料集成』第三巻、解説）。

28 野田義夫「個性尊重と現実生活の要求」（『帝国教育』三八八号、一九一四年一一月）。

29 例えば一九一三年六月二一日長野県師範学校講堂で開かれた、修身訓練を主題とする長野県下小学校連合教科研究会は「新しい時代への転換を志向するものとして注目され」たが、その研究問題の第一問は、「児童個性研究法並に各個性に適する研究法如何」であった（『長野県教育史』第六巻、六三一頁）。なお、佐藤礼云は「個性研究の史的概観」（『帝国教育』第三九八号、一九一五年九月）のなかで、最近の著書として大川義行『児童個性の研究』（一九〇九年）、竹下和治『学校に於ける個性教育の研究』（一九一一年）、市川源三『知能測定及個性の観察』、渡辺徹『人格論』（一九一二年）、中沢忠太郎『個性観察の実際』（一九一三年）、水野與三左衛門『個性と訓練』（一九一四年）、中島泰蔵『個性の心理及比較心理』（一九一五年）等をあげている。

30 白峰応佐「個性尊重の意義」（『帝国教育』第四〇九号、一九一六年九八月）

31 石川謙「個性尊重の意義」（『教育学術界』第三四巻第一号、一九一六年一〇月）。彼はこの論文の冒頭部分でこのように考えるに至った動機について次のように述べている。「教育上に於いて個性を尊重するの必要を感じたのは永き教員生活の齎らした重要なる結果の一つであった。最近二ケ年半の新しい経験の中にも此の問題を痛切に考へさせでは止まぬ厳粛なる事実の幾多が織り込まれてゐた。極めて真摯な動機と永き思考の結果案出した方法とそして其の方法を行ふ為めに決心せられた犠牲的な企画とが、学校の統一、他学級との均衡の名に於いて惨ましくも葬り去らるゝ折々今少し教師の個性を重んじて其の自由な行動を認めなければ教育の効果は挙がるまいと思った。更に痛切なる経験は児童個性の尊重に対する自覚であった」。ここに言う「最近二ケ年半の新しい経験」とは、年譜に依れば、東京市元町小学校訓導としての経験をさすであろう。なお石川謙がこのような論文を書くにあたっては、当時下宿を共にし教育の研究方法について様々に議論をしたという、城戸幡太郎との緊密な関係をも考慮すべきであろう。「石川謙の略歴と業績」（石川謙『日本学校史の研究』日本図書センター、一九七七年、所収）および城戸幡太郎『教育科学七十年』（北海道大学図書刊行会、一九七八年）二一頁参照。

32 乙竹岩造「個性教育の過去現在及将来」（『教育学術界』第三四巻第五号、一九一七年二月）。なお乙竹は「教育が被教育者の個性に適するやうにせられ無ければならぬといふ考は、随分古い昔から存して居るのであって」と、古代ペルシャやギリシャ、ローマにも個性尊重の考えがあったと述べているが、このように、「過去にもあった」として、新たな概念登場の意味を十分吟味しないのは、悪しき歴史主義である。

33 及川平治『分団式動的教育法』（中野光編『世界教育学選集』六九、明治図書、一九七二年）二三頁。

34 同前、一六九頁。

35 同前、二七頁。

36 同前、編者はしがき。

37 天野正輝『教育評価史研究』（東信堂、一九九三年）一九八頁。

38 篠原助市『批判的教育学の問題』（宝文館、一九二二年）二一三頁。

39 篠原助市は言う、「（自然的個性を普遍的個性へと―引用者）理性化し純化するに当り、威圧によらずして自由により、画一的ならずして個性を顧慮し、人為的ならずして自然的なれといふならば、それは何人も異議を挟みやうはあるまい。けれども、是は方法の上の事である。此の方法上の問題を訳もなく目的上の問題に代置し、自然的個性の擁護を教育の理想の如く考ふるは教育本来の意味を没却するものである。（中略）私は此の意味に於て、動もすれば誤解を起し易い「個性尊重」といふ語を教育学の語彙より抹殺したい」（同書、二三一―

二三二頁）。

40　一九一二年一一月二五日発行の『教育時論』第九三二号に帝国小学校を創設したばかりの西山哲治は「教授上に於ける個性」という一文を寄せ、次のように述べている。「個人を退け自遜以て任じ他に従ふのを一大美徳と心得て自我を冷却し個性を抑圧することを以て最高善と認めた時代は去って近世教育の旗幟は自我といふ二字を血書して愈々鮮明になった、自我活動、自我表示、自我発展、自覚、自信等の絶叫となり、斯くて自我は道徳の中心となり、哲学研究の出発点となり、科学的発明の根元となり、教育的努力の基礎となった、教育の目的は自我を発達せしむるにありとまで変ったのである」。〔もっともこの一文は、『現代日本児童問題文献選集』六（日本図書センター、一九八六年）「解題」（加登田恵子執筆）に、前年出版の西山哲治『児童中心主義攻究的新教授法』（宝文館、一九一一年）から引用した個所と同文であるところを見ると、その書の一部分であるらしいが、未確認である。〕

　また、志垣寛は一九二四年二月の『教育の世紀』第二巻第二号に「生命の個性に徹せよ——いかに生くべきかについて」という、まさに個性讃歌というべき一文を寄せ、次のように述べている。「生命至上の教育に於ては、生命の個性こそすべての規範である。個性を表現して初めて美があり、個性に徹して初めて真理がある。個性の完成に於て善を見るのである。（中略）たゞ生命の個性のみが規範であり、唯一最高の標的である。」

「批評するものは云ふ。個性は偏倚性ではない。個性尊重の声にかぶれて偏倚の性をも之を尊重しようと云ふのは大なる誤りだと。（中略）偏倚性をぬきにして何処に個性が存在するか、偏倚性こそ個性中の個性であり之をぬきにすれば、個性ではなく、普遍（？）性のみが残るのである」。

41　木下竹次『学習原論』（目黒書店、一九二三年）一四—一五頁（『世界教育学選集』六四、明治図書、一九七二年収録、二一一頁）。

42　同前、五〇八頁（『世界教育学選集』六四、二六一頁）。

43 清水甚吾「個性尊重と学習指導」(『学習研究』第三巻第一二号、一九二四年一二月)。
44 同前。清水は自らの実践を『学習法実施と各学年の学級経営』正続二編にまとめて公刊し(共に東洋図書より、正編は一九二五年、続編は一九二八年に出版)、これは当時のベストセラーとして広く教師たちに読まれたのであった。私の手元にある正編は一九三三年刊行の第七三版である。
45 文部省構内実業補習教育研究会編『児童生徒の個性尊重及び職業指導』(同会、一九二七年。『近代日本青年期教育叢書』第Ⅳ期第五巻、日本図書センター、一九九三年、による)二、四頁。
46 日本職業指導協会『日本職業指導(進路指導)発達史』(同会、一九七五年)三五頁。
47 増田幸一『職業指導二十講』(三省堂、一九三〇年、前掲『近代日本青年期教育叢書』第Ⅳ期第八巻による)一五五頁。
48 文部省『国体の本義』(一九三七年)一一―一二頁。
49 日本放送協会編『文部省国民学校教則案説明要領及解説』(一九四〇年)一〇三頁。
50 同前、一〇―一一頁。
51 石山脩平『国民教育要論』(目黒書店、一九四〇年)四八頁。
52 同前。
53 天野正輝・前掲書、二四〇頁。
54 文部省普通学務局編『国民学校制度ニ関スル解説』(内閣印刷局、一九四二年)三八頁。
55 石山脩平・前掲書、五八頁。
56 『新教育指針』の内容は大きく三つの部分、第一部前編・新日本建設の根本問題、第一部後編・新日本教育の重点、第二部・新教育の方法、からなる。一九四六年五月第一分冊(第一部前編の第一章―第三章)、同年六月第二分冊(第一部前編の第四章―第六章)、同年一一月第三分冊(第一部後編)、翌四七年二月第四分冊(第二部）というように分冊形式で刊行された。本稿では伊ケ崎暁生・吉原公一郎編『戦後教育の原典一・新教育指針』（現代史出版会、一九七五年）を資料として使用したが、この書では原典の旧仮名遣いが新仮名遣いに改められている。

57 同前、六〇頁。

58 石山脩平は当時文部省を訪ねた知人に「三分の一は、アメリカ側に書けといわれたそのまま書き、三分の一は両方で話し合って書き、残り三分の一は、私の考えで書いた」と言ったといわれる（吉村達二『教育山脈』学陽書房、一九七四年、二五頁）。

59 伊ケ崎暁生ほか編・前掲書、八七頁。

60 杉山明男「現代社会の求める個性」（『児童心理』一九六七年三月）。

61 宇留田敬一「個性を伸ばす学級経営のあり方」（同前）。

62 ただし別記「期待される人間像」のなかに「個性を伸ばすこと」がある。

63 乾彰夫『日本の教育と企業社会』（大月書店、一九九〇年）七二頁。

64 教育制度検討委員会・梅根悟編『日本の教育はどうあるべきか』（勁草書房、一九七一年）二頁。なお、一九七四年五月に出された最終報告書（『日本の教育改革を求めて』）では、引用部分に若干の字句修正が行なわれた。

65 同前、九〇―九一頁。

66 教育政策研究会編著『臨教審総覧』上巻（第一法規、一九八七年）六八頁。

67 同前、六九頁。

68 乾彰夫「『個性重視の原則』と臨教審の日本社会像・人間像」（『教育』一九八五年八月臨時増刊号）。

69 「答申」前文。

70　水越敏行ほか編・前掲書、四頁。
71　『文部時報』一九九一年五月臨時増刊号、一六頁。

9章

1　『福翁自伝』(岩波文庫、一九五四年)一九三―四頁。たしかに慶応四年四月制定の入社規則に「会社に入る者は其式として金壱両可相納事」とあり(石河幹明『福澤諭吉傳』第一巻、岩波書店、一九三七年、六〇三頁)、この入社規則は「入社帳一号」(「入社姓名録　第一」)の冒頭にも、「定」としてかかげられた(福澤研究センター編『慶應義塾入社帳』第一巻、慶應義塾、一九八六年)。さらにこれは、翌六九(明治二)年八月に改められ、「入社帳二号」(同上『慶應義塾入社帳』所収)の冒頭に次のように記された。

一　入社の式は金三両を払ふべし
一　受教の費は毎月金二分づゝ払ふべし
一　盆と暮と金千匹づゝ納むべし
　但し金を納むるに水引のしを用ゆべからず

この授業料制定について福澤は、『自伝』以外にも、次のように述べている。いささかくどくなるが、これも引用しておこう。「古来日本に於て人に教授する者は所謂儒者にして、此儒者なるものは衣食を其仕る所の藩主に仰ぐ歟、若くは出入の旦那より扶持米を収領し、或は揮毫して潤筆料を取り、或は講筵に出頭して謝物を受る等、極めて曖昧の間に心身を悩まして人の為に道を教へたることとなれども、今や世界中の時勢は斯る曖昧なるものに非ず、教授も亦是れ人の労力なり、労して報酬を取る、何の妨あらんや、断じて旧慣を破て学生より授業金を取るの法を創造す可し、且束脩とは師弟一個人の間に行はる可き礼式なれども、今や衆教員にして、教る者は皆師にして学ぶ者は皆弟子なり、或は塾中今日の弟子にして明日同塾の師たることもあらん、束脩の名義甚だ不適当なれば、改めて之を入社金と名け、其金額を規則に明記して、之を納るに熨斗水引を要せずとて、生徒入社の時に必ず金三円を払はしむることに定めたり」（「慶應義塾紀事」（初版、一八八三）、慶應義塾編纂『福澤諭吉全集』岩波書店（以下、『全集』と記す）第一九巻、四一六頁）。

2 海原徹『近世私塾の研究』（思文閣出版、一九八三年）。

3 同前、四〇頁。

4 『西洋事情』二編（一八七〇）『全集』第一巻、五一八頁。

5 伊藤正雄『福澤諭吉論考』吉川弘文館（一九六九年、一一五頁）。なお、福澤が明治維新の際、上野の山で彰義隊の戦争があったとき、その砲声を聞きながら慶應義塾で平然と英書を使って経済学を講義していたという逸話に出てくるのが、この『経済論』である（「明治十二年一月廿五日慶應義塾新年発会之記」『福澤文集』二編巻二（一八七九年）『全集』第四巻、五三四頁）。

6 この意味で安川寿之輔が、福澤の「学問・教育＝商品論」が「日本の資本主義的発展がほぼ軌道にのる一八八〇年代後半期」に「社会体制をおびやかす『貧智者』の出現を、あらかじめチェックしようとした」ものとして新たに登場したかのように言うのは正確ではない（『日本近代教育の思想構造―福沢諭吉の教育思想研究』（新評論、一九七〇年）二六六頁参照）。

7 「教育の経済」『時事新報』（一八八七・七・一四―一六）『全集』第一一巻、三〇九頁。

8 「子弟教育費」『時事新報』（一八九一・九・一二）『全集』第一三巻、一八八頁。

9 「明治三十年九月十八日慶應義塾演説館にて学事改革の旨を本塾の学生に告ぐ」『時事新報』（一八九七・九・二一）『全集』第一六巻、一一〇―一一二頁。

10 福澤の教育論についての研究は、安川寿之輔の前掲書や、佐伯友弘の「日本近代公教育における『時事新報』の教育史的意義Ⅰ」（『鳥取大学教育学部研究報告』教育科学、第三四巻第一号、一九九二年、所収）に至る一連の研究、あるいは山住正巳「解説」(『福澤諭吉選集第三巻』岩波書店、一九八〇年、所収)及び「解説」(『福沢諭吉教育論集』岩波文庫、一九九一年、所収)、上沼八郎「解題」(『福沢諭吉教育論集』明治図書、一九八一年、所収)など、少なくないが、福澤の、ここに言う「授業科の精神」に注目してその教育論を検討したものは管見ではない。もっとも安川の研究においては福澤の「学問・教育=商品論」が検討されているのだが、その積極的意味は全く無視されている。また、田原宏人『授業科の解像力』(東京大学出版会、一九九三年)は「教育の自由と公教育費の形態とを切り離すことなく教育制度を構想しようとする営み」の例として福澤の「共同私有学校」構想をあげているが(同書、一五〇頁)、具体的検討はなされていない。他方、教育論研究以外では、坂本多加雄が『市場・道徳・秩序』(創文社、一九九一年)という野心的な著作の第一章で「福沢が理想とした『文明社会』を『市場社会』と捉えること」によって、その社会観と人間観を明らかにしようとしている(同書、七頁)。なお、このほか最近刊行された安西敏三『福沢諭吉と西欧思想――自然法・功利主義・進化論』(名古屋大学出版会、一九九五年)は福澤の手沢本を精査に検討することによって彼の西欧思想摂取過程を明らかにし、これを通して福澤の思想の本質に迫ろうとした力作である。これら坂本多加雄や安西敏三の研究を見ると、近年福澤研究も新たな段階に入ったことが感じられる。

11 『士人処世論』(一八八五)『全集』第五巻、五三四頁。なお安西敏三・前掲書、三四〇頁参照。

12 「西洋の文明開化は銭に在り」『時事新報』(一八八五・四・二九)『全集』第一〇巻、二七〇頁。

13 「日本をして銭の国たらしむるに法あり」『時事新報』(一八八五・五・二)『全集』第一〇巻、二七六頁。

14 同前、二七六—二七七頁。

15 例えば丸山眞男『「文明論之概略」を読む』中(岩波新書、一九八六年)二九〇頁。安西敏三・前掲書、三四〇頁。

16 丸山眞男・前掲書、二九〇頁。

17 「日本は尚未だ銭の国に非ず」『時事新報』（一八八五・五・一）『全集』第一〇巻、二七二頁。
18 同前、二七四頁。
19 「農に告るの文」『民間雑誌』（一八七四・二）『全集』第一九巻、五一一頁。
20 坂本多加雄・前掲書、一五頁。
21 前掲「農に告るの文」五一一頁。
22 ここに言う「徹底して『功利的』」とは、「既成の社会関係にたいする順応を意味する卑俗な実用主義から学問を解放し、これを『真理原則』に基礎づけることによって、はじめて学問が実生活を向上させる効果をもたらす」（丸山眞男「福沢・岡倉・内村」『丸山眞男集』第七巻、岩波書店、一九九六年、三五二頁）という意味においてである。なお福澤の功利論については、安西敏三・前掲書参照。
23 「慶應義塾暑中休業に付き演説」『時事新報』（一八八五・七・三一）『全集』第一〇巻、三五五頁。
24 「慶應義塾学生諸氏に告ぐ」『時事新報』（一八八六・二・二）『全集』第一〇巻、五五〇—五五一頁。
25 前掲「子弟教育費」一八七頁。
26 安西敏三・前掲書、三七〇頁。
27 以下の引用は、「文部大臣の後任」『時事新報』（一八八九・二・二八）『全集』第一二巻、五三—五四頁。
28 「二十年来教育の結果如何」『時事新報』（一八八九・六・一二—一三）『全集』第一二巻、一六〇頁。
29 「社会の形勢学者の方向、慶應義塾学生に告ぐ」『時事新報』（一八八七・一・一五—二四）『全集』第一一巻、二〇三頁。
30 「慶應義塾学生諸氏に告ぐ」『時事新報』（一八八六・二・二）『全集』第一〇巻、五四九頁。
31 前掲「社会の形勢学者の方向、慶應義塾学生に告ぐ」一八六頁。
32 同前、一九六頁。

33 前掲「慶應義塾学生諸氏に告ぐ」五五一頁。
34 同前。
35 同前、五五一―五五二頁。
36 同前、五五二頁。
37 「教育の流行亦可なり」『時事新報』（一八九三・五・三）『全集』第一四巻、四二頁。
38 「教育流毒の結果を如何す可きや」『時事新報』（一八九七・一〇・二三）第一六巻、一四〇―一四一頁。
39 「遺伝之能力」『時事新報』（一八八二・三・二五・二七）『全集』第八巻、五八頁。
40 「同窓の旧情」『時事新報』（一八九〇・一一・一九）『全集』第一二巻、五三六頁。
41 同時に福澤は人間性に対してきわめて大きな信頼を持っていたという点で、間違いなく啓蒙主義者の一人であった。この点については安西敏三・前掲書、四〇五頁等参照。
42 「教育の力は唯人の天賦を発達せしむるのみ」『福翁百話』（一八九七・七）『全集』第六巻、三一〇―三一一頁。
43 同前、三一一頁。
44 前掲「遺伝之能力」五七頁。
45 同前、五九頁。
46 ひろたまさき『福沢諭吉研究』（東京大学出版会、一九七六年）一九五―一九八頁。
47 安西敏三・前掲書、四一―四二頁。
48 「一般教育に就て」『全集』第一九巻、七六〇頁。
49 「貧富論」『時事新報』（一八九一・四・二七―五・一一）『全集』第一三巻、六九頁。
50 前掲「遺伝之能力」五八―五九頁。
51 安西敏三も同様のことを述べている（安西敏三・前掲書、四二頁）。なお、この意味で福澤の遺伝決定論を安川寿之輔のように「遺伝絶対論」と呼ぶ（前掲書、後編第二章三）のは正しくないであろう。また山住正巳は前掲岩波文庫「解説」において、『時事新報』刊行（一八八二年）前後の時期以後「遺伝によって人々の能力が規定されていることを強調するようになった。（中略）人間の発達する可能性についての考えが、この時期に変化したといえるのではないか」と述べている点についても慎重な検討を要する。小論のように考えれば「変化」よりも一貫性に注目すべきではあるまいか。

52 「徳育余論」『時事新報』（一八八二・一二・二〇—二二）『全集』第八巻、四六七頁。

53 同前、四六八頁。

54 「通俗道徳論」『時事新報』（一八八四・一二・一—六）『全集』第一〇巻、一一四—一一五頁。

55 同前、一一五頁。

56 同前、一二九頁。

57 同前、一三〇頁。

58 同前。

59 同前、一三二頁。

60 「徳教は目より入りて耳より入らず」『時事新報』（一八八九・一・三〇）『全集』第一二巻、九頁。

61 このように教育の原点は家庭にあるとする福澤の考えが、早く父親に死に別れ母の手一つで育てられた彼自身の体験に根ざし、またのちに結婚後自らの家庭を非常に大事にしたことは『自伝』などでよく知られているところである。

62 「子弟の教育費に吝なり」『福翁百話』（一八九七・七）『全集』第六巻、二六八頁。

63 「官立公立学校の利害」『時事新報』（一八八八・三・二六）『全集』第一一巻、四六七頁。

64 「小学教育の事　四」『福澤文集』二編巻二（一八七九）『全集』第四巻、五二七頁。

65 「教育の事」『福澤文集』巻之二（一八七八）『全集』第四巻、三九八頁。
66 「小学維持の事」『家庭叢談』（一八七七・一一・四）『全集』第一九巻、六三七頁。
67 前掲「社会の形勢学者の方向、慶應義塾学生に告ぐ」二〇〇頁。
68 「国民の教育」『時事新報』（一八八七・七・八）『全集』第一一巻、三〇〇頁。
69 「教育組織の改革を祈る」『時事新報』（一八八八・三・二八）『全集』第一一巻、四七二頁。
70 伊藤正雄・前掲書、一四三頁。
71 「人民の教育」『西洋事情』外編巻之三（一八六七・慶応三）『全集』第一巻、四五四頁。
72 前掲「国民の教育」三〇一頁。
73 前掲「子弟教育費」一八八頁。
74 以下の引用は「教育費」『時事新報』（一八九六・一一・九）『全集』第一五巻、三五六―三五八頁。
75 前掲『福翁自伝』三〇〇頁。

10章

1 森田伸子「近代教育と読み書きの思想」〈フォーラム2・報告〉（教育思想史学会『近代教育フォーラム』一〇、二〇〇一年）六〇―六一頁。
2 柳田國男「国語教育への期待」（一九三五年四月、初等国語教育研究会講演）（『国語の将来』創元文庫、一九五三年）二三五頁。
3 同前、二三六頁。
4 柳田國男「国語の将来」（一九三八年八月、國學院大學夏期講演）（同前）一三頁。
5 前掲「国語教育への期待」二四〇頁。

6　同前、二三六―二三七頁。
7　柳田國男「昔の国語教育」（一九三七年七月、岩波国語教育講座）（同前）九四頁。
8　同前、一〇二頁。
9　同前、一〇一頁。
10　同前、九六頁。
11　東洋『日本人のしつけと教育――発達の日米比較にもとづいて』（東京大学出版会、一九九四年）八三頁。
12　福澤諭吉「学問のすゝめ」一二編（『福澤諭吉全集』第三巻、岩波書店、一九五九年）一〇二頁。
13　同前。
14　前掲「国語教育への期待」二三二頁。
15　同前、二四四頁。
16　日本教育史研究では、最近、「寺子屋」ではなく「手習塾」が使われるようになっている。それは、寺子屋の呼称自体、文部省が編纂した『日本教育史資料』以後一般に流布したが江戸時代には上方方面を除いてほとんど使われず、しかもその教育実態が、書くこと（習字）を中心とする手習であったことによる。なお、『岩波日本史辞典』（一九九九年）も、寺子屋に変わって手習塾が採用されている（入江宏「寺子屋」と「手習塾」『日本教育史往来』一〇三号、一九九六年八月参照）。
17　石川謙『寺子屋』（至文堂、一九六〇年）二二四頁。
18　森田伸子・前掲論文、六三頁。
19　国立教育研究所編『日本近代教育百年史』三（一九七四年）一四三、一四五頁。
20　森田伸子・前掲論文、六三―六四頁。
21　石川謙・前掲書、二三二頁。

22 同前、二一八―二二六頁。
23 前掲「昔の国語教育」一〇五頁。
24 同前、一〇一頁
25 同前、五九頁
26 前掲「国語教育への期待」二二九頁。
27 高橋敏『国定忠治の時代』(平凡社、一九九一年)一四三頁以下。辻本雅史『「学び」の復権』(角川書店、一九九九年)三七頁。
28 これも従来、教育史研究では前記『日本教育史資料』に拠って私塾と称されていたが、入江宏によって学問塾と称することが提案されている(前掲論文)。
29 高井浩『天保期、少年少女の教養形成過程の研究』(河出書房新社、一九九一年)一一七頁以下。
30 辻本雅史・前掲書、六九頁。
31 渡部学『近世朝鮮教育史研究』(雄山閣、一九六九年)五二〇、二七〇頁。
32 しかし、私は、素読とは具体的にどのように読むことなのか、今ひとつ判らないところがある。渋沢栄一『伝記資料』第一巻に次の一節がある。「五才の春から親しく父の口授の下に、習ひ始めた「三字経」といふのは、其頃汎く世に行はれたもので「人之初。性本善。性相近。習相違」などと韻を踏んで、倫理・道徳、天文、歴史、文学を極めて平易に説いた、三十枚程の本であつた」(前田愛『近代読者の成立』岩波書店、一九九三年、一六一頁より重引)。この場合、訓読ではなく、「ジンシショ、セイホンゼン、……」と「韻を踏んで」直読されたのではないか。すなわち、日本の場合も、特に入門時、テキストによっては、訓読ではなく、直読される場合もあったのではないか。
33 辻本雅史・前掲書、七二頁。

34 宇野田尚哉「書を読むは書を看るに如かず——荻生徂徠と近世儒家言語論——」(『思想』八〇九、一九九一年一一月)参照。なおこの論文の注の中に、雨森芳洲にふれながら、次のような述べている個所がある。「朝鮮の儒者の《声》は「口誦音読」し得るように秩序づけられているが、日本の儒者の《声》はそのようではない。そのために、日本の儒者の《声》の体系は、《漢字=エクリチュール》の代数学(デリダ—引用者)と、甚だしく不整合的になっている。このことが芳洲にとって問題なのである。」

35 前掲「学問のすゝめ」一二編(前掲書)一〇三頁。

36 高井浩・前掲書、一三一—一三二頁。

37 注(20)に同じ。

38 前掲「国語教育への期待」二五〇—二五一頁。

39 渡部学・前掲書、五二〇—五二一頁。

40 辻本雅史氏は「素読は、音の響きや抑揚、リズムをともなって反復復誦することによって、いわばからだ全体が動員してなされる読書である」と述べている(前掲書、七二頁)。このとき「韓国」と同じように、体を揺すりながら読まれたのであろうか。ちなみに辻本氏はこれが個別指導であったことを強調しているが、「韓国」の場合は、一斉に大きな声で音読したという(渡部学・前掲書、五二〇頁)。

41 岐阜県立図書館編『美濃国民俗誌稿・関口議官巡察復命書』(一九六八年)。

42 乙竹岩造『日本庶民教育史』下(目黒書店、一九二九年)九二八頁。

43 R・P・ドーア『江戸時代の教育』(岩波書店、一九七〇年)二九九—三〇〇頁。

44 乙竹岩造・前掲書、九二八—九二九頁。

45 R・P・ドーア・前掲書、二六八頁。

46 柳田國男「国語の成長といふこと」(前掲書)五一頁。

47 前掲「昔の国語教育」六〇頁。
48 前掲「国語教育への期待」二三二頁。
49 滑川道夫『日本作文綴方教育史』一・明治篇（国土社、一九七七年）二〇二頁。
50 なお言文一致運動について柄谷行人の、これは「根本的には文字改革であり、漢字の否定なのだ」（『日本近代文学の起源』講談社文芸文庫、一九八八年、五四頁。）との指摘は重要である。「漢字の否定」は「漢字からの解放」と称すべきだと私は思うが、同時に漢字にとどまらず、平仮名の統一と片仮名の使用、すなわち仮名の改良も必要であった。現行をはるかに四倍は越える字体を持っていた平仮名を、現行に「ゐ」と「ゑ」を加えた四八字体（及び濁音・半濁音）に統一したのは、「国語」科が成立した一九〇〇年の小学校令の附表による。以後、この国定からはずれた字体は、一括して変体仮名と称される。なおこのとき漢字の制限やいわゆる「棒びきかなづかい」の採用などが行なわれた。
51 高橋修「作文教育におけるディスクール——〈日常〉の発見の写生文」（小森陽一他『メディア・表象・イデオロギー』（小沢書店、一九九七年）二五七頁。
52 滑川道夫・前掲書、二一三頁。
53 同前、二四五—二五〇頁。
54 樋口勘次郎『統合主義新教授法』（同文館、一八九九年）教育名著叢書6（日本図書センター、一九八二年）一五六頁。
55 同前、一四九—一五〇頁。
56 滑川道夫『日本作文綴方教育史』二・大正篇（国土社、一九七八年）六六—六七頁。
57 小砂丘忠義「作品に表はれたる現代綴方の功罪」（『綴方生活』創刊号、一九二九年一〇月）。
58 「宣言」『綴方生活』一九三〇年一〇月号。

59 川村湊『作文のなかの大日本帝国』（岩波書店、二〇〇〇年）九六頁。
60 同前、九二頁。
61 森田伸子・前掲論文、七四頁。

11章

1 ジャック・デリダ（足立和浩訳）『根源のかなたに――グラマトロジーについて』（現代思潮社、一九七二年）：Jacque Derrida, *De la grammatologie*, 1967.

2 デリダはここに、次のような注を付している。「den Statarischen 古ドイツ語の言葉で、これまでは《immobile》〔不動の〕、《statilue》〔静的な〕などと訳されてきた」（足立和浩訳・前掲書・上、六一頁）。なおヘーゲル原書からの樫山欽四郎らの翻訳では、「静学的な姿」となっている（ヘーゲル『エンチュクロペディー』世界の大思想Ⅱ―三、河出書房新社、一九六八年、三六四頁）。

3 足立和浩訳・前掲書・上、五八頁。

4 白川静『文字逍遙』（平凡社ライブラリー、一九九四年）二二三―二二四頁。

5 注（3）に同じ。

6 「東アジア」について、次のような記述があることに留意しておこう。「しかしながら、「東アジア」（東亜細亜）という用語そのものは、一歩、日本を出てみれば、それほど流通性のある言葉ではないことがわかる。数年前までは韓国や中国では書籍や論文でも、ほとんど眼にすることはなかった。国際的な規模でみれば、歴史や文化を議論の対象とするときに、「東アジア」は必ずしも自明の枠組みではないのである。」（李成市『東アジア文化圏の形成』山川出版社、二〇〇〇年、二頁）

7 魯迅（竹内好訳）「朝花夕拾」（『魯迅選集』第二巻、岩波書店、一九六四年改訂版、二〇一―二〇二頁）。

8 田中謙二「旧支那に於ける児童の学塾生活」(『東方学報』一五―二、一九四六年一月、『田中謙二著作集』第二巻、汲古書院、二〇〇〇年、所収)。

9 これについては片野英一「アジアにおける『三字経』の普及に関する一考察」(教育史学会『日本の教育史学』第四五集、二〇〇二年)が詳しい。なお片野は「韓国」では『三字経』がほとんど普及しなかったとしているが(一九一頁)、「韓国」では後述のように子どもが学ぶ最初の教本としてもっぱら『千字文』が使用されたのである。

10 小川環樹「解説」(小川環樹・木田章義注解『千字文』、ワイド版岩波文庫、二〇〇一年)。

11 『千字文』の日本における普及については尾形裕康『我国における千字文の教育史的研究』(校倉書房、一九六六年)参照。なお片野英一は、乙竹岩造が行った手習塾の実態調査をもとに、日本における『三字経』と『千字文』の使用状況について、前者が主として「読書教材」として使用されたのに対して、後者はほとんどの場合「習字教材」として使用された、と述べている(前掲論文、一八八頁)。

12 田中謙二・前掲論文、九四頁。

13 このような暗誦の方法は、「韓国」も同様であり、コーラン、聖書あるいはチベットの僧の経文の暗誦法などに共通するものであろう。日本の素読もこのように行なわれたのであろうか。

14 田中謙二・前掲論文、九四頁。

15 藤枝晃『文字の文化史』(講談社学術文庫、一九九九年)一八二頁。

16 これに比して、日本の江戸時代の手習塾(寺子屋)では「習字」をどのように教えていたのであろうか。梅村佳代が紹介する江戸時代の手習稽古論のうち、橘行精『入木抄釈義』の場合、「先行字を可有御習学」とまず行書から学ぶことを薦め、笹山梅庵『手習仕用集』の場合、「行の草、草の真」すなわち草書を手本として示している。これは、行書体を基本とする青蓮院流(「御家流」)が幕府公式の書体とされたことにもよる。また平仮名を主体とする女筆の場合、いっそう草書体である（梅村佳代『近世民衆の手習いと往来物』梓出版社、二〇〇二年、第四章、第六章）。

17 宮崎市定『科挙』（中公新書、一九六三年）一三二頁。

18 なお「科挙」の語は、唐代にはあまり見かけず、宋代にはじまるという（村上哲見『科挙の話』講談社学術文庫、二〇〇〇年、一一頁）。

19 同前、三七頁。

20 宮崎市定・前掲書、一五頁。

21 ただし、父祖三代の間に賤業についたことがない、などの制限はあった（同前、二〇頁参照）。

22 一六世紀になると、いわゆる「明朝体」が出現する。これは更なる本の量産化に対応する、版木製作分業化のために生まれた書体である、（藤枝晃・前掲書、二九〇—二九一頁）。

23 宮崎市定・前掲書、二〇三頁。

24 以下の記述は、藤井（宮西）久美子『近現代中国における言語政策——文字改革を中心に——』（三元社、二〇〇三年）に多くを負っている。

25 同前、五〇頁。

26 毛沢東は一九四〇年一月の「新民主主義論」の中で「文字は必ず一定条件の下で改革しなければならないし、言語は必ず大衆に近づかなければならない」と主張し、「ラテン化新文字」を支持した（同前、七七頁）。

27 同前、八二—八三頁。

28 大原信一『中国の識字運動』（東方書店、一九九七年）二一三—二一四頁より重引。

29 同前、二一九頁。

30 大原信一は「漢字特有の複雑さのために、読み書きの普及が妨げられていたという考えは、確かに一理あると思われるが、万人を納得させる十分な検証がなされたわけではない。」と述べている（同前、三頁）。

31 現在、大韓民国と朝鮮民主主義人民共和国が統治する地域を、一般に、どのように表記するかは、とりわけ日本の研究者にとって慎重にならざるを得ない問題であるが、ここでは括弧を付して「韓国」と表記することにした。日本では通常、これを一般に、「朝鮮」と表記するが、これは一九一〇年、いわゆる日韓併合により、日本が大韓帝国（通称「韓国」）を廃して、この地域をこのように称することにしたことに始まる。現在の大韓民国で、「朝鮮」「朝鮮時代」とは、日本でいわゆる「李朝」または「李氏朝鮮」という特定の時代の呼称である。さりとて、大韓民国で一般にするように、この地域全体を、括弧なしで「韓国」と表記することにも躊躇せざるをえないので、括弧を付して「韓国」と表記することにした。

32 築島裕『仮名』（『日本語の世界』5、中央公論社、一九八一年）五三頁。

33 李文基（藤本幸夫訳）『韓国語の歴史』（大修館、一九七五年）六六頁。

34 同前。

35 『童蒙先習』については、渡部学『近世朝鮮教育史研究』（雄山閣、一九六九年）第五章に詳しい。なお、李大淳・望月幹夫編訳『童蒙先習』（YB出版、二〇〇一年）がある。

36 したがって例えば「正」の字は「正門・정문」も「正月・정월」も常に「정・チョン」と読み、「せい」や「しょう」であったり、ましてや「まさ」や「ただし」と読むことはありえない。

37 『訓民正音』（ハングル学会（ソウル）、一九四六年初刊）第一丁。

38 もっとも訓民正音創制の理由は、このような世宗の愛民思想にのみ求めることはできない。儒教にもとづく王道政治を理想として世宗は、儒教を正しく学ぶために、まず中国語の音韻を正しく学ぶ必要がある（「正音」）と考えていた。そのためには当時使われていた「吏読」では不十分だと考えたのである。同時にこれは、中国からの自立化の表れであり、また、より強固な中央集権的政治を確立するためには、漢字に防御された両班官僚達の特権を牽制するために、民衆に新しい表現手段を与える必要があった、とも考えられる。なお詳しくは姜信沆『ハングルの成立と歴史』（大修館書店、一九九三年）参照。

39 現在では複合字母も加えると、子音一九、母音二一の計四〇字母である。

40 この文字の構造は、音声学的なもきわめて合理的・科学的であり、じつに驚嘆すべきものだと思うが、その説明は省略する。ちなみに当時の日本語は合計八七語音。

41 ちなみに「韓国」の科挙制度は、中国のそれと同様、建前上、全民衆に開かれていたが、実際には、合格したのは上層階級である両班子弟のみであった。詳しくは、李成茂『改正増補・韓國의科擧制度』（集文堂（ソウル）、二〇〇〇年）参照。

42 姜信沆・前掲書、一八〇―一九二頁。

43 ヘンドリック・ハメル（生田滋訳）『朝鮮幽囚記』（平凡社・東洋文庫一三二、一九六九年）五六頁。

44 金両基『ハングルの世界』（中公新書、一九八四年）一三六頁。

45 「韓国」を代表する「春香伝」のパンソリ化と小説化の過程は、薛盛璟（西岡健治訳）『春香伝の世界』（法政大学出版局、二〇〇二年）に詳しい。

46 梅田博之『韓民族・韓国における漢字の伝統と現在』（戸川芳郎編『漢字の潮流』山川出版社、二〇〇〇年）一〇六頁。

47 したがって一八世紀になると朴趾源のように、初学者のテキストとして『千字文』は不適当だとする、『千字文』不可読説を主張する者も現れる（渡部学・前掲書、第一四章）。

48 この点につき、不十分ながら、拙稿「書堂《ソダン》」（藤田英典ほか編『教育学年報』6、世織書房、一九九七年、所収）も参照されたい。

49 梅田博之・前掲論文、一〇七頁。

50 例えば日本語で「心理」と「真理」は、ともに仮名表記も発音も「シンリ」であるが、ハングルでは、前者は「심리」、後者は「진리」と異なって表記され、発音も「シムニ」、「チンリ」とまったく異なる。

51 それ故、単純な音節構造に慣れたおおかたの日本人は、外国語学習において、自ら意志によってコントロール可能な口を使う speaking はともかく、それが不可能な耳による hearing は苦手である。

52 白川静「漢字の思想」（『白川静著作集』2、平凡社、二〇〇〇年）四七四頁。

53 築島裕・前掲書、一五二頁。

54 藤枝晃・前掲書、二三九頁。

55 築島裕・前掲書、三四七頁。

56 なお、平仮名交り文と片仮名交り文との関係について、網野善彦は大略次のように述べている。「歴史史料に平仮名、片仮名交りの文書が出てくるのは一〇世紀ぐらいからだが、一三世紀後半頃から、文書全体の二〇%ぐらいが平仮名、片仮名交りになり、室町時代、一五世紀になると、五〇%から六〇~七〇%に跳ね上がる。しかし、これらはほとんど平仮名交り文書で、片仮名交りの文書はこの間を通して一~二%にとどまる。これは片仮名が「口頭でいわれた言葉を記す文字」であったからである。神仏に何事かを誓う起請文、願文あるいは落書、訴状などに片仮名交りが多いのは、このような理由と考えられる。」（『日本の歴史をよみなおす』筑摩書房、一九九一年、一八—二四頁。なおこの点については、同「日本の文学社会の特質をめぐって」（『列島の文化史』8、日本エディタースクール出版部、一九八八年）でさらに詳しく検討がなされている。」

片仮名が一般に普及しなかったのは、すでにその名称（片仮名）に示されているとおり、漢字の一部を省略した「不完全な文字」と見なされたからであろう。漢字草書体から生まれた平仮名のほうが「平易であるが完全な文字」であり、意識的に、学習するにたる文字であったのではないか。漢字の一部を記号化した片仮名ではなく、漢字全画から変形した平仮名が普及したということは、日本においても、漢字からかなり解放されたとはいえ、なお意識の下ではその支配下にあったと言うべきかもしれない。その一方で、片仮名は平仮名に比べて、字画が少なく直線的なので、とくに毛筆書きの場合、初学者には習いかつ書きやすかったであろう。明治以後の学校教育の文字学習が、片仮名から始められた理由はここにあった。一八八六（明治一九）年九月に文部省編輯局から刊行された小学校教科書『読書入門』巻頭の「教師須知」に、次のようにある。「読ミ書キヲ併セ授ケンニハ、其文字モ易キヲ先ニシテ、難キヲ後ニスルヨリ善キハナシ。而ルニ、片仮名ハ、概ネ直線ヨリ成リテ、学ビ易ク、平仮名ハ、悉ク曲線ヨリ成リテ、写シ難シ。是本書ニ、片仮名ヲ先ニシテ、平仮名ヲ後ニスル所以ナリ。」

57　松田毅一・E・ヨリッセン『フロイスの日本覚書』（中公新書、一九八三年）八六頁。

58　石川松太郎ほか編『日本子どもの歴史』4（第一法規、一九七七年）二四四―二四五頁。

59　同前、二四六頁。

60　松田毅一・E・ヨリッセン・前掲書、八二頁。

61　姜信沆・前掲書、一八〇―一八一頁。

62　高島俊男『漢字と日本人』（文春新書、二〇〇一年）二二〇頁。

63　とりあえず川本邦衛「ベトナムの漢字文化――伝統と現在」（戸川芳郎編・前掲書）、今井昭夫「ベトナムにおける漢字と文字ナショナリズム」（『ことばと社会』5、三元社、二〇〇一年）等参照。

64　八鍬友宏『近世民衆の教育と政治参加』（校倉書房、二〇〇一年）、同「近世民衆の人間形成と文化」（辻本雅史・沖田行司編『新体系日本史16　教育社会史』山川出版社、二〇〇二年、第五章）、辻本雅史「文学社会の成立と出版メディア」（同前、第三章）等。なお、八鍬友宏「近世民衆の織学をめぐる諸問題」（『日本教育史研究』12、日本教育史研究会、一九九三年）が、先行研究のレヴューとして参考になる。また、二〇〇七年にルビンジャーの *Popular Literacy in Early Modern Japan* が刊行され、川村肇によって『日本人のリテラシー・

一六〇〇―一九〇〇年』（柏書房、二〇〇八年）と題して翻訳刊行された。ここには木村政伸や八鍬友広らの研究が大幅に取り入れられている。

65 アルヴェルト・マングェル（原田範行訳）『読書の歴史』柏書房、一九九九年、二〇二頁。

12章

1 竹内洋『日本のメリトクラシー――構造と心性』（東京大学出版会、一九九五年）二三四―二三五頁。

2 苅谷剛彦『階層化日本と教育危機――不平等再生産から意欲格差社会へ』（有信堂、二〇〇一年）六八頁。

3 同前、一五頁。

4 志水宏吉『学校文化の比較社会学――日本とイギリスの中等教育』（東京大学出版会、二〇〇二年）。

5 同前、八頁。

6 同前、三一四頁。

7 同前、三〇四頁。

8 苅谷剛彦・前掲書、九五頁。

9 志水宏吉・前掲書、三〇四頁。

10 佐藤学「教育史像の脱構築へ」（『教育学年報』六、世織書房、一九九七年）一二六頁。

11 佐藤学「新しい公共圏の創出へ」（『教育学研究』第六六巻第一号、一九九九年三月、『学びの快楽』世織書房、一九九九年、所収）一八―一九頁。

12 佐藤学「子どもたちは何故『学び』から逃走するか」（『世界』二〇〇〇年五月号）、同「グローバリゼーションの中の東アジア型教育」（『教育学研究』第六九巻第一号、二〇〇二年三月）等。

13 佐藤学「学校という装置――『学級王国』の成立と崩壊」（栗原彬ほか編『越境する知』四、東京大学出版会、二〇〇〇年）には、「日本型システム」の継承された戦後についてのより詳しい検討がある。
14 東洋『日本人のしつけと教育――発達の日米比較にもとづいて』（東京大学出版会、一九九四年）。
15 ちなみに東は、日米の特質を、単純な優劣や発展段階の先後として論ずることには警戒的である。この点については本稿末尾であらためて述べる。
16 佐藤秀夫「明治期における小学校観の成立――小学校における課程編制の形成過程を中心として」（野間教育研究所紀要第二七集『学校観の史的研究』野間教育研究所、一九七二年、所収）。
17 同前、六三―六四頁。
18 同前、八七頁。
19 同前、九四頁。
20 同前、一一八頁。
21 同前、一一六頁。
22 同前、一〇四頁。
23 この指摘は、戦後の「大学」及び「高等学校」の、名称（外面）の単一性とその内実の多様（差異・格差・序列）性をも想起させて興味深い。
24 佐藤秀夫「近代日本の学校観再考」（『教育学研究』第五八巻第三号、一九九一年九月）四頁。
25 同前。
26 同前、八頁。
27 森川輝紀『国民道徳論の道――「伝統」と「近代化」の相克』（三元社、二〇〇三年）。
28 同前、一一頁。
29 同前、二一頁。

30 同前、二二頁。
31 同前、三二頁。
32 同前、三三頁。
33 同前、一一五―一一六頁
34 同前、一一六頁。
35 同前、一三頁。
36 念のため付記すれば、美濃部達吉自身は、尾藤正英の参照する『憲法講話』において、「一般社会的意識」の語は使っているが（有斐閣書房、一九一八年版、四三九頁）、「一般的社会意識」の語は使用していない。なお美濃部は、右の個所で次のように述べている。「吾々は国家の命令には従はなければならぬ、之に服従するの義務があると云ふ事を意識して居るが為に、此の一般的意識に基いて国家の命令が法たる効力を有するのであります。それであるから法も道徳も結局吾々の一般社会的意識に存立の根拠を有つて居ることに於ては全く同様であります。其の区別の在る所は唯道徳的意識と法律的意識とに多少の性質の差異が有るといふに止まるのであります」（傍点―引用者）。
37 森川輝紀・前掲書、二二頁。
38 「高度な文明をもつ大陸の縁辺に適当な距離をもって離れて位置する一かたまりの列島という地理的歴史的条件が、海の彼方からの新文化への憧憬と、受容した外来文化の自在な自国化との、史的周期を作りだしたといえる。（中略）つまり、その時々の支配層の動向を中心に焦点をあてるならば、外来性に起原をもつ文化の受容によって支配の正当性を固めようとする努力の一環として古代天皇制国家の時代から第二次大戦後の教育改革に至るまで、日本では学校の『制度』の創設や改革が教育そのものの創設・改革を意味してきたと表現しうるような、長くかつ根強い学校の歴史が形づくられてきたとみることができる」（佐藤秀夫・前掲一九九一年論文、二頁)。

39 尾藤正英『江戸時代とはなにか——日本史上の近世と近代』(岩波書店、一九九二年)二三一頁。

40 同前、二三二—二三三頁。

41 同前、二三三頁。

42 なお、美濃部達吉の法哲学を検討したものに、尾藤も引証している長尾龍一『日本法思想史研究』(創文社、一九八一年)所収の「美濃部達吉の法哲学」という論文がある。ここでは美濃部達吉の法哲学の根底に孟子に対する親近感に見られるような「オプティミズムの人間観・歴史観・世界観」(二一二頁)があることが指摘されていて、示唆に富む。なお森川輝紀によれば、元田永孚も「孟子の性善説にたつ人間観・政治観に確信をもつことになる」(森川・前掲書、二八頁)とされており、注目すべきである。

43 尾藤正英・前掲書、二三九頁。

44 同前、六〇頁。

45 同前、三九頁。「禁中並(ならびに)公家諸法度」第一条「天子諸芸能之事、第一御学問也」。

46 同前、六二頁

47 東洋・前掲書、九頁。

48 丸山眞男「原型・古層・執拗低音」(『丸山眞男集』第一二巻、岩波書店、一九九六年)一四一—一四二頁。

49 丸山眞男の「洪水型」によれば、同じくヴェトナムも中国に「併呑」された、と言うことになるのであろうが、それは歴史的事実に反することは明らかである。近いがゆえに「流されない壁」を必死になって造る、ということもあるのである。

50 もっともこの点が、日本文化論への傾斜として、丸山眞男の「本質的な限界」、あるいは「勇み足」として、丸山評価において最も論争的なテーマとなっているところであるが、ここではそれに立ち入らない。石田雄・

51 姜尚中『丸山眞男と市民社会』（世織書房、一九九七年）等参照。

52 和辻哲郎『風土――人間学的考察』（岩波文庫、一九七九年）一八頁以下。たとえば高取正男は、日本の伝統的家屋には個室がないが、欧米ではある。このような事実を、家長の権限の強さや個人主義の発達と関係させて論ずることがあるが、他方、食器は、日本では各個人が使用するものが決まっているのに、欧米ではそうではない。したがって、各地域の人々の精神の問題に入るまえに、湿度の高さや建築材料が木か石・煉瓦か等、「自然と風土の条件とふかく関連しあっている建築の材料とか、構造の問題として考えられねばならない」と述べている（『日本的思考の原型――民俗学の視角』平凡社ライブラリー、一九九五年、二〇頁）。

53 東洋・前掲書、一九―二〇頁。

54 濱口恵俊を代表者とする国際日本文化研究センターの共同研究をまとめた本の書名。参照、濱口恵俊編著『世界のなかの日本型システム』（新曜社、一九九八年）。

55 「日本型教育論」を検討するとき、これまで比較のモデルが欧米でありすぎた。この点で、本稿では、全く紹介することができなかったが、中村高康・藤田武志・有田伸編著『学歴・選抜・学校の比較社会学――教育からみる日本と韓国』（東洋館出版社、二〇〇二年）は、貴重な研究成果である。ここで抽出される韓国の教育システムが、次元によって、欧米と比較される日本のそれに似てくるのも興味深い。

〈初出一覧〉

序章　書き下し。

1章　「教育史研究論ノート」森田・藤田・黒崎・片桐・佐藤編『教育学年報』1、世織書房、一九九二年。

2章　「日本教育史における近代問題」教育思想史学会『近代教育フォーラム』4、一九九五年。

3章　「日本における近代教育学の成立と教育史研究の位置――吉田熊次の場合」教育史学会『日本の教育史学』四二、一九九九年

4章　「『子供不在の教育史』考」藤田・黒崎・片桐・佐藤編『教育学年報』8、世織書房、二〇〇一年。

補論　「書評・教育史学と教育社会学――広田照幸『陸軍将校の教育社会史』を読む」『教育学年報』7、世織書房、一九九九年。

5章　「日本の小学校――その特質」森田・藤田・黒崎・片桐・佐藤編『教育学年報』2、世織書房、一九九三年。

6章　「小学校と国民統合――刈谷尋常小学校「学校日誌」を手がかりとして」『教育学年報』3、一九九四年。

7章　「優等生の社会史――学級と優等生」『叢書・産む・育てる・教える』5、藤原書店、一九九五年。

8章　「日本における『個性』と教育・素描」森田・藤田・黒崎・片桐・佐藤編『教育学年報』4、世織書房、一九九五年。

9章　「福澤諭吉における『授業料の精神』」『教育学年報』5、一九九六年。

10章　「日本のなかの『考える』『聴く』『話す』『読む』『書く』」教育思想史学会『近代教育フォーラム』10、二〇〇一年。

11章　「東アジアにおける読み書き能力の歴史――漢字支配とその簒奪、廃棄、馴致」日本教育学会『教育学研究』七〇―四、二〇〇三年。
12章　「『日本型教育論』の可能性」藤田・黒崎・片桐・佐藤編『教育学年報』10、世織書房、二〇〇四年。

人名索引

（漢字は音読みにしている）

ア　行

カ　行

サ　行

タ　行

ナ　行

ハ　行

マ　行

ヤ　行

ラ　行

ワ　行

著者紹介
片桐芳雄（かたぎり・よしお）
1944年生まれ。東京大学大学院教育学研究科博士課程単位取得退学。教育学博士。愛知教育大学教授を経て、現在、日本女子大学人間社会学部教授。
主な著書に、『自由民権期教育史研究——近代公教育と民衆』（東京大学出版会、1990年）『教育学の最前線』（共編著、世織書房、2004年）『教育から見る日本の社会と歴史』（共編著、八千代出版、2008年）などがある。

教育と歴史、あるいはその認識と記述

2009年 4 月21日　第 1 刷発行©

著　者｜片桐芳雄
装幀者｜M. 冠着
発行者｜伊藤晶宣
発行所｜㈱世織書房
印刷所｜㈱シナノ
製本所｜㈱シナノ

〒224-0042　神奈川県横浜市西区戸部町7丁目240番地　文教堂ビル
電話045(317)3176　振替00250-2-18694

落丁本・乱丁本はお取替いたします　Printed in Japan
ISBN978-4-902163-43-8